宁波大红鹰学院国泰安创业学院

国泰安创业教育系列教材

商业计划书
Business Plan

主　编：陈工孟　孙惠敏　副主编：唐雪莲　丁　艳

图书在版编目（CIP）数据

商业计划书/陈工孟，孙惠敏主编.—北京：经济管理出版社，2017.5

ISBN 978-7-5096-5125-4

Ⅰ.①商… Ⅱ.①陈…②孙… Ⅲ.①商业计划-文书-写作-高等学校-教材 Ⅳ.①H152.3

中国版本图书馆 CIP 数据核字（2017）第 103831 号

组稿编辑：魏晨红
责任编辑：魏晨红
责任印制：黄章平
责任校对：超 凡 曹 平

出版发行：经济管理出版社
　　　　　（北京市海淀区北蜂窝 8 号中雅大厦 A 座 11 层　100038）
网　　址：www.E-mp.com.cn
电　　话：（010）51915602
印　　刷：北京市海淀区唐家岭福利印刷厂
经　　销：新华书店
开　　本：787mm×1092mm /16
印　　张：17
字　　数：334 千字
版　　次：2017 年 5 月第 1 版　2017 年 5 月第 1 次印刷
书　　号：ISBN 978-7-5096-5125-4
定　　价：45.00 元

·版权所有　翻印必究·

凡购本社图书，如有印装错误，由本社读者服务部负责调换。
联系地址：北京阜外月坛北小街 2 号
电话：（010）68022974　邮编：100836

国泰安创业教育系列教材编写委员会

主编

陈工孟　国泰安集团董事长兼总裁
　　　　上海交通大学金融学教授、博士生导师
　　　　中国创业研究院院长

孙惠敏　宁波大红鹰学院校长

副主编

唐雪莲　宁波大红鹰学院工商管理（创业管理）专业负责人

丁　艳　国泰安创业学院高级副院长

指导专家委员

丁　艳　仇旭东　王春雷　李　羽　李书进
房巧红　赵迎军　高　宁　高宝岩　高思凯

编委会委员（按姓氏笔画排序）

申　丽　刘微娜　朱　青　何　悦　吴海燕　张　芬
时昌玉　李　畅　李文婷　金　秀　唐雪莲　徐小红
徐晨晨　陶　娜　梅　榕　盛　洁　袭　伟　黄　婷
傅小凤　曾园英

前　言

有说走就走的旅行，却很少有说干就干的创业。

当你想创办一家新的企业或者准备开展一项新的项目时，你需要提前考虑到以下问题：

新的构想是否可行？产品和服务是什么？怎样解决用户的问题？需要通过哪些渠道和手段来推广营销？市场机会和发展潜力有多大？同竞争对手相比你的优势在哪里？未来有什么样的发展规划？如何进行财务分析并制订融资计划？发展过程中会遇到哪些风险？等等。

要回答这些问题，你需要一份商业计划书。

对于创业企业来说，商业计划书可以帮助其对自己进行再认识。编写商业计划书的过程也是企业逐步对自身产品、市场、财务、管理团队等进行把控和完善的过程，它能使商业活动更为有序地开展，增加成功概率；对于已经建成的企业来说，商业计划书可以帮助其重新评估自身的优势和劣势，为企业未来的发展定下具体目标和重点任务，激励员工在进一步了解企业的基础上为共同目标而努力。

酒香也怕巷子深。你需要一份切实而动人的商业计划书来吸引未来的合作伙伴（投资人、合伙人、银行、政府机构等），这些合作伙伴能带来创业所需的资金和资源。可以这么说，作为创业者思考的载体，作为争取项目投资的敲门砖，商业计划书是不可或缺的。

本书立足于普通高等学校的创业教育规划和创业活动自身的特点，旨在满足创业者和大学生对商业计划书制作原理和演示技巧的学习需求，理论与案例相结合，重点突出、实用性强，兼具完整的商业计划书案例和重点内容的针对性解读。本书分为三大部分：第一部分为商业计划书概述，主要阐述商业计划书的基本概念和制作原理，并通过对初创期、成长期企业各具特色的商业计划书的全面认知，引导学生揭开商业计划书的神秘面纱；第二部分为商业计划书重点解读，即对商业计划书的主要内容进行重点突破，包括商业计划书的企业概述、产品与服务分析、市场与竞争分析、管理团队和公司结构、财务分析与融资计划、风险应对等；第三部分为商业计划书的应用，主要阐述商业计划书与创业融资、风险投资之间的关系，初步了解创业企业如何才能找到合适的风险投资，掌握商业计划书的相关演示技巧。

  千里之行，始于足下。希望本书能有效提高读者制作和演示商业计划书的水平，为今后的创业活动做好准备。

编者

2017 年 3 月

目 录

第一部分 商业计划书概述 ... 1

1. 了解商业计划书 ... 3
2. 初创期企业的商业计划书 ... 18
3. 成长期企业的商业计划书 ... 74

第二部分 商业计划书重点解读 ... 121

4. 商业计划书——企业概述 ... 123
5. 商业计划书——产品与服务分析 ... 131
6. 商业计划书——市场与竞争分析 ... 139
7. 商业计划书——管理团队和公司结构 ... 152
8. 商业计划书——财务分析与融资计划 ... 162
9. 商业计划书——风险应对 ... 188
10. 商业计划书的完善 ... 195

第三部分 商业计划书的应用 ... 207

11. 商业计划书与创业融资 ... 209
12. 商业计划书的演示 ... 223

附录 知名 VC 名单及简介 ... 247

参考文献 ... 261

> 如果你想踏踏实实地做一份工作的话，写一份商业计划书能迫使你进行系统的思考。有些创意可能听起来很棒，但是当你把所有的细节和数据写下来的时候，自己就崩溃了。

——著名风险投资家 Eugene Kleiner

第一部分　商业计划书概述

第一部分 商业计划书概述

1. 了解商业计划书

学习要点

- ◆ 什么是商业计划书?
- ◆ 商业计划书包括哪些主要内容?
- ◆ 商业计划书有什么作用?
- ◆ 了解商业计划书的主要编写格式。

如果你正在为一项全新的或已有的业务来寻求投资,那么你需要一份商业计划书。

商业计划书的撰写是一个复杂的系统工程,不但要对行业、市场进行充分的研究,而且还要有较好的文字功底。作为一份标准性的文件,商业计划书有着大同小异的架构。但是,有的商业计划书能迅速抓住投资人的目光,而有的计划书却只能以进入"回收站"作为使命的终结。客观地说,项目自身素质是最关键、最核心的原因,但是,一个完美的、专业的表现形式也同样重要。

近年来,融资的程序日益规范,作为投资公司进行项目审批的正式文件之一,制作商业计划书已经成为越来越多企业的"必修课程"。

商业计划书在中国

在美国,商业计划书是获得风险投资的第一步。风险投资机构收集雪花般蜂拥而至的商业计划书,据此对项目进行初次审查,并挑选出少数感兴趣者做进一步考察,最后只有约2%的立项能获得资金。

商业计划书

20世纪90年代,风险投资在美国大行其道,在硅谷的咖啡馆里拿着一张单薄的商业计划书给投资人讲生动故事,在几个星期内融到几百万甚至几千万美元的也大有人在。1995年4月,在斯坦福大学攻读电机工程博士学位的杨致远休学创立了Yahoo,他制定了一份周密的商业计划书,每天带着计划书早出晚归,不停地拜访风险投资者,最终获得硅谷最具知名度的风险投资商——红杉资本的近200万美元融资,开启了硅谷一代新神话。

在中国,人们对商业计划书的魔力是逐步认识的。从人们的早期记忆来看,风险投资像"傻钱",一纸空文就可换来。1996年,张朝阳凭借自己的执着和对国外互联网公司的简单模仿,以一纸商业计划书成功融资18.5万美元,回到中国后,创办了当时人们尚不熟悉的互联网公司,人们逐渐明白了这一纸商业计划书可以换来创业资金,于是纷纷投身其中。

在2000年前后,以搜狐、新浪、网易等门户媒体为代表的互联网企业在风险投资的启蒙下纷纷崛起,仅1999~2001年,吸引的风险投资额就在15亿美元左右。

在这次热潮中,美国风险投资首次进入中国,以跑马圈地的速度拓展领地,一手催生了当时还显得稚嫩的中国互联网产业,给人们普及了商业计划书的概念。IDG、华登等拓荒者从新浪、搜狐、网易等早期幸运儿身上赚取了丰厚收益,成为中国互联网产业的幸运者和获益者。

2000年,马化腾拿着改了6个版本、20多页的商业计划书,凭着早期QQ的400万个用户数量,从IDG和盈科数码那里拿到了220万美元风险投资,并迅速壮大。如今的腾讯以4亿多用户为筹码,迅速在中国门户网站、在线游戏等多个领域做到市场前三。

(以上内容选编自国家科技风险开发事业中心编辑的《商业计划书编写指南》。)

小组讨论

(1)商业计划书与风险投资有什么关系?
(2)在中国,商业计划书是怎样开始被逐步认识的?

第一部分 商业计划书概述

知识链接

▶ 1.1 商业计划书的概念

> 拥有商业计划书的企业（项目）平均比没有商业计划书的企业融资成本高出100%。
> ——安达信（Arthur Andersen）所作调查的结论
>
> 拥有商业计划书的企业（项目）平均比没有商业计划书的企业利润高出100%。
> ——安达信（Arthur Andersen）公司所作调查的另一个结论

商业计划书（Business Plan，BP）是公司、企业或项目单位以招商融资和其他发展目标为目的，在经过前期对项目科学地调研、分析、搜集与整理有关资料的基础上，根据一定的格式和内容的具体要求而编辑整理的一个向读者全面展示公司和项目目前状况、未来发展潜力的书面材料。

百度的第一份商业计划书

凡客诚品商业计划书

好的商业计划书是融资成功的一半。从某种意义上说，商业计划书就是一份创意的推销说明书，它不仅能说明技术优势、市场潜力和企业的发展规划，而且也是一个人思维方式的反映，是风险投资家特别看重的一份文件。企业的融资项目要想获得投资商的青睐，良好的融资策划和财务包装是融资过程中必不可少的环节，其中最重要的是应做好符合国际惯例的高质量的商业计划书。

苹果公司的商业计划书　　　　　　　MSN房地产的商业计划书（英）

1.2　商业计划书的内容

商业计划书应能反映经营者对项目的认识及取得成功的把握，应突出经营者的核心竞争力，最大限度地反映经营者如何创造自己的竞争优势。如何在市场中脱颖而出，如何争取较大的市场份额，如何发展和扩张，这些是构成商业计划书的主要内容。若只有远景目标、期望而忽略"如何"，商业计划书则只是"宣传口号"而已。

商业计划书以书面形式全面描述企业所从事的业务，详尽地介绍公司的产品服务、生产工艺、市场和客户、营销策略、人力资源、组织架构、对基础设施和供给的需求、融资需求以及资源和资金的利用。

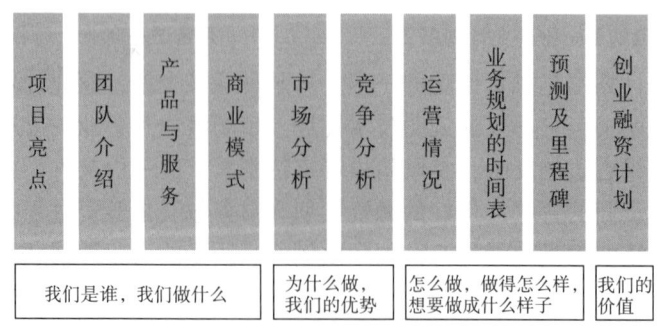

| 项目亮点 | 团队介绍 | 产品与服务 | 商业模式 | 市场分析 | 竞争分析 | 运营情况 | 业务规划的时间表 | 预测及里程碑 | 创业融资计划 |

| 我们是谁，我们做什么 | 为什么做，我们的优势 | 怎么做，做得怎么样，想要做成什么样子 | 我们的价值 |

商业计划书包含的范围很广，但一般应包括以下内容：经营者的理念、市场、客户、比较优势、管理团队、财务预测、风险因素等。对市场的分析应由大入小，从宏观到微观，以数据为基础，深刻地描述公司/项目在市场中的定位。通过编写商业计划书，经营者会更了解企业的整体情况及业务模型，亦能让投资者判断该企业的可营利性，它是市场融资的关键工具之一。

1.3 商业计划书的作用

制定商业计划书有很多作用，其中最重要的有以下几条：

1.3.1 达到企业融资的目的

如何吸引投资者特别是风险投资家参与创业投资项目，这是一份高质量且内容丰富的商业计划书所要考虑的首要问题，它将会使投资者更快、更有效地了解投资项目，使投资者对项目充满信心，并投资参与该项目，最终达到为项目筹集资金的作用。

商业计划书是争取项目融资投资的敲门砖。投资者每天会收到很多商业计划书，商业计划书的质量和专业性就成为企业需求投资的关键点。企业家在争取获得风险投资之初，首先应该将商业计划书的制作列为头等大事。

1.3.2 全面了解你的企业

通过制订相应的商业计划，你会对自己的企业有一个全面的了解。它可以更好地帮助你分析目标客户、规划市场范畴、形成定价策略并对竞争性的环境做出界定，在其中开展业务以求成功。商业计划书的制定能够将这些方方面面的因素协调一致。另外，在制定过程中还能够发现颇具竞争力的优势，或者计划书本身所蕴藏的新机遇和不足。只有将计划付诸纸上，才能确保你能提高管理企业的能力，才能抢在情况恶化之前应对计划书中出现的任何偏差。同样，你将有足够的时间为未来做打算，做到防患于未然。

1.3.3 向合作伙伴提供信息

使用商业计划书，为业务合作伙伴和其他相关机构提供信息。

编写计划书最主要的目的是找到一个战略合作伙伴，使企业更加充满活力，达到多方的共同发展。

1.4 商业计划书的主要编写格式

1.4.1 商业计划书摘要

商业计划书摘要是风险投资者首先要看到的内容,它浓缩了商业计划书的精华,反映了商业的全貌,是全部计划书的核心所在。它必须让风险投资者有兴趣,并渴望得到更多的信息。

摘要的篇幅一般控制在两千字左右,主要包括以下几项内容:
(1) 公司概述。
(2) 研究与开发。
(3) 产品或服务。
(4) 管理团队和管理组织情况。
(5) 行业及市场。
(6) 营销策略。
(7) 融资说明。
(8) 财务计划与分析。
(9) 风险因素。
(10) 退出机制。

1.4.2 公司概述

公司概述主要是介绍公司过去的发展历史、现在的情况以及未来的规划。具体而言,主要有公司概述(包括公司名称、地址、联系方法等)、公司的自然业务情况、公司的发展历史、对公司未来发展的预测、本公司与众不同的竞争优势或者独特性、公司的纳税情况等。

1.4.3 公司的研究与开发

它主要介绍投入研究开发的人员和资金计划及所要实现的目标,主要包括:
(1) 研究资金投入。
(2) 研发人员情况。
(3) 研发设备。
(4) 研发产品的技术先进性及发展趋势。

1.4.4 产品或者服务

创业者必须将自己的产品或服务创意向风险投资者做一介绍。主要有下列内容：

(1) 产品的名称、特征及性能用途。
(2) 产品的开发过程。
(3) 产品处于生命周期的哪一阶段。
(4) 产品的市场前景和竞争力如何。
(5) 产品的技术改进和更新换代计划及成本。

1.4.5 管理团队

风险投资者在考察企业时，"人"是非常重要的因素。在某种意义上讲，风险创业者的创业能否成功，主要取决于该企业是否拥有一支强有力的管理团队，这一点特别重要。全面介绍公司管理团队情况，主要包括：公司的管理机构，主要的股东、董事，关键的雇员，薪金，股票期权，劳工协议，奖惩制度及各部门的构成等情况都要明晰地展示出来；要展示公司管理团队的战斗力和独特性及与众不同的凝聚力和团结战斗精神。

1.4.6 市场与竞争分析

目标市场：主要对产品的销售额、增长率和产品或服务的总需求等做出有充分依据的判断。目标市场是企业将产品送达的目的地，而市场细分是对企业的定位，应该细分各个目标市场，并且讨论你到底想从他们那里取得多少销售收入、市场份额和利润。同时，估计你的产品真正具有的潜力。

风险投资者是不会因一个简单的数字就相信你的计划的，你必须对可能影响需求、市场和策略的因素做进一步的分析，以使潜在的投资者能够判断你公司目标的合理性，以及他们将相应承担的风险，一定要说明你是如何得出结论的。

目标市场的阐述，应解决以下问题：

(1) 你的细分市场是什么？
(2) 你的目标顾客群是谁？
(3) 你的5年生产计划、收入和利润是多少？
(4) 你拥有多大的市场？你的目标市场份额为多大？
(5) 你的营销策略是什么？

行业分析，应该回答以下问题：

(1) 该行业的发展程度如何？
(2) 现在的发展动态如何？
(3) 该行业的总销售额有多少？总收入有多少？发展趋势怎样？
(4) 经济发展对该行业的影响程度如何？
(5) 政府是如何影响该行业的？

（6）什么因素能决定它的发展？
（7）竞争的本质是什么？你会采取什么样的战略？
（8）进入该行业的障碍是什么？你将如何克服？

竞争分析，要回答如下问题：
（1）你的主要竞争对手是谁？
（2）你的竞争对手所占的市场份额和市场策略是什么？
（3）可能出现什么样的新发展？
（4）我们的策略是什么？
（5）在竞争中，你的发展、市场和地理位置的优势所在？
（6）你能否承受竞争所带来的压力？
（7）产品的价格、性能、质量在市场竞争中所具备的优势？

市场营销是风险投资家十分关心的问题，所以你的市场影响策略应该说明以下问题：
（1）营销机构和营销队伍。
（2）营销渠道的选择和营销网络的建设。
（3）广告策略和促销策略。
（4）价格策略。
（5）市场渗透与开拓计划。
（6）市场营销中意外情况的应急对策。

1.4.7　生产经营计划

生产经营计划主要阐述创业者新产品的生产制造及经营过程。这一部分非常重要，风险投资者从这一部分要了解生产产品原料的采购及供应商的有关情况，劳动力和雇员的情况，生产资金的安排以及厂房、土地等。内容要详细，细节要明确。这一部分是以后投资谈判中对投资项目进行估值时的重要依据，也是风险创业者所占股权的一个重要组成部分。生产经营计划主要包括以下内容：
（1）新产品的生产经营计划。
（2）公司现有的生产技术能力。
（3）品质控制和质量改进能力。
（4）现有的生产设备或者将要购置的生产设备。
（5）现有的生产工艺流程。
（6）生产产品的经济分析及生产过程。

1.4.8　财务分析和融资需求

财务分析是一个需要花费相当多的时间和精力来编写的部分。风险投资者将会期望从财务分析部分来判断未来经营的财务损益状况,进而从中判断能否确保自己的投资获得预期的理想回报。财务分析包括以下三个方面的内容:

(1) 过去三年的历史数据,今后三年的发展预测。

主要提供过去三年的现金流量表、资产负债表、损益表以及年度的财务总结报告书。

(2) 投资计划。

- 预计的风险投资数额。
- 风险企业未来的筹资资本结构如何安排。
- 获取风险投资的抵押、担保条件。
- 投资收益和再投资的安排。
- 风险投资者投资后双方股权的比例安排。
- 投资资金的收支安排及财务报告编制。
- 投资者介入公司经营管理的程度。

(3) 融资需求。

资金需求计划:为实现公司发展计划所需要的资金额,资金需求的时间性,资金用途(详细说明资金用途并列表说明)。

融资方案:公司所希望的投资人及所占股份的说明,资金的其他来源,如银行贷款等。

1.4.9 风险因素

详细说明项目实施过程中可能遇到的风险,提出有效的风险控制和防范手段,包括技术风险、市场风险、管理风险、财务风险和其他不可预见的风险。

1.4.10 投资者退出方式

(1) 股票上市。依照商业计划的分析,对公司上市的可能性做出分析,对上市的前提条件做出说明。

(2) 股权转让。投资商可以通过股权转让的方式收回投资。

(3) 股权回购。依照商业计划的分析,公司对实施股权回购计划应向投资者说明。

(4) 利润分红。投资商可以通过公司利润分红达到收回投资的目的,按照本商业计划书的分析,公司对实施股权利润分红计划应向投资者说明。

1.4.11 附录

附录是商业计划书的一个重要组成部分。为了使正文言简意赅,许多不能在正文中过多叙述的内容可以放在附录部分,特别是一些表格、个人简历、市场调查结果、相关的辅助证明材料等。因此，附录绝不是可有可无的，它是正文的重要补充。

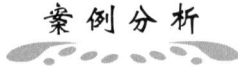

案例分析

商业计划书是全面介绍公司或项目运作情况及阐述未来发展前景和融资要求的书面材料。为使公司商业计划更全面地被投资者了解，一般应按照下列要求详细编制（供初创期、成长期的企业融资参考）。

商业计划书

项目单位_____
地　　址_____
电　　话_____
传　　真_____
电子邮件_____
联 系 人_____

保密协议

_____
_____

创业计划编号：　　　　　　　　　　收方：
公司：　　　　　　　　　　　　　　签字：
　　　　　　　　　　　　　　　　　日期：

目录

一、市场概述
二、市场分析
（一）华阳家具竞争对手分析
（二）华阳家具产品分析
（三）消费者分析
三、机会与问题分析
（一）机会分析

（二）问题分析

（三）主要竞争对手产品价格分析图表

（四）决策分析

四、营销战略

（一）市场目标原则

（二）销售目标

（三）销售目标分解图表

五、营销定位

（一）市场定位

（二）品牌定位

（三）理念定位

六、营销策略

（一）终端市场策略与业务人员管理

（二）客户的档案管理、开发及维护

（三）2005年大庆地区华阳家具产品市场促销方案

（四）华阳家具的产品整合

（五）渠道整合

（六）广告策略

七、费用的预算

八、华阳家具背景资料

1. 摘要

(1) 公司简介：公司名称、性质、公司地址、电话、成立时间、联系人。

(2) 业务类型：所属行业、业务范围、业务性质。

(3) 公司产品和经营概况：公司产品情况和经营情况的概述。

(4) 公司现有股权状况：

(a) 股东名单。

(b) 各股东的认股权、股份比例和特权等。

(5) 资金需求与融资阶段：

(a) 总资金需求及运作周期。

(b) 合作方式。

2. 公司背景与历史

(1) 公司创建时间。

(2) 公司的主导产品。

(3) 公司发展的历史及重要事件。

3. 法律协议与诉讼

（1）公司签署的各项法律协议。如雇员协议、特许权、营销许可、专利权等。

（2）诉讼。说明与公司相关的诉讼事件。

4. 公司发展计划（目标）

（1）近期发展目标（1~2年）。

（2）中长期发展目标（3~5年）。

（3）资金使用计划。

（a）阶段资金用途及金额。

（b）资金投入后要取得的效益或阶段目标。

5. 企业组织与管理

（1）企业组织结构。

（a）行政管理。

（b）生产运营。

（2）董事和高级职员。列出董事、主要高级职员的姓名、职务和年龄，简要介绍他们的背景和经历。

（3）薪酬体系。列表说明公司所有的关键雇员、股东和高级职员的个人收入状况，包括姓名、职务、薪金及其他收入情况，薪金指由公司取得的全部收入，包括股东收入、咨询费、佣金、红利、工资等。

6. 产品、服务与行业介绍

（1）产品或服务。

（a）准确描述产品，以免对产品和生产计划有理解上的歧义。

（b）如果有多种产品或服务，应分项说明。

（c）说明产品价格、定价依据和获利水准。

（d）全面分析影响价格的因素，并应对各种情况均能做出尽可能的解释。

（e）产品或技术的版权、专利权和商标权等。

（f）关于产品的报道、介绍、样品与图片。

（2）产品或服务的竞争优势。

（a）竞争对手的产品特点、市场状况及发展趋势。

（b）自有产品的竞争优势。

（3）行业或市场。

（a）行业概况。

（b）产品市场的分布与结构。

（c）产品或服务的市场总需求量（市场容量）。

（d）政府政策。

7. 研究与开发

(1) 明确列出已用于研究、开发的费用总额。

(2) 研究开发的现状、计划发展方向和目标。

(3) 计划将来用于研究与开发的费用预算。

(4) 说明准备利用研究与开发资金完成的具体任务。

8. 市场与营销

(1) 市场分析。

(a) 目标用户群的需求及其变化发展预测。

(b) 用户群的性质、特点。

(c) 市场形成的背景、过程及发展速度。

(d) 现有的市场规模和特点。

(e) 推动市场发展的动力以及市场的发展前景。

(f) 影响市场发展的有利因素和不利因素。

(2) 市场销售。

(a) 现有销售模式以及现有的市场机构和销售渠道。

(b) 发展方向和各阶段目标。

(c) 现有销售队伍以及管理方法。

(d) 发展过程中销售队伍的建立和管理。

(e) 现有的广告、促销手段以及实施效果和未来计划。

(f) 现行价格策略以及制定原因、效果和未来计划。

(g) 公司以往的销售业绩。

(h) 预期分阶段销售目标。

(3) 售后服务。(略)

9. 生产与经营

(1) 生产与服务。

(a) 描述生产或服务的全部过程,并着重说明主要生产阶段。

(b) 生产成本及其控制,特别要说明计划采用什么措施,把成本控制在理想水准。

(c) 质量控制方案。

(2) 生产类型。

(a) 技术难度。

(b) 是否为高科技产品。

(c) 协作或外购部分的比例是多少。

(d) 生产过程有哪些关键技术。

(e) 技术人员培训的有关情况。

(3) 生产或营业设施。
(a) 公司自有或合用的作为生产、营业场所的不动产。
(b) 营业场所占地面积和每平方米的价格。
(4) 设备。
(a) 公司现有或计划购置的主要设备。
(b) 现存固定资产的基本情况及其价值。
(c) 现存可用于生产的设备总量及价值。
(d) 设备的先进程度。
(5) 供应情况。
(a) 供应本公司原材料和其他资源的有关公司情况。
(b) 完整的主要原材料供应商的明细表。
(c) 原材料市场分析。
(6) 协作生产商。如果有协作生产商或委托加工部分，则应在计划书中说明主要协作生产商的名称、地址和合同金额。
(7) 关键技术人员。
(a) 说明现有关键技术人员的人数及主要作用。
(b) 保证关键技术人员稳定可靠的有关措施。
10. 基本经营模式（可以用图表说明）
11. 竞争与风险
(1) 竞争分析。
(a) 说明已有的竞争产品及相关公司的情况。
(b) 说明各竞争公司的销售额和市场占有率，同时要说明各公司的实力。
(c) 本公司产品与竞争对手的产品有哪些区别。
(d) 如果竞争力不强，应分析缺少竞争力的原因。
(e) 如果认为将来可能有竞争力，则应指出潜在的主要竞争对手，分析它们何时可能进入市场。
(2) 其他弱点与潜在威胁。(略)
12. 财务
(1) 以往财务状况。
(a) 现金流量表。
(b) 损益表。
(c) 资产负债表。
(2) 经营计划的分阶段条件假设。
(a) 产品的销售价格和销售量。
(b) 产品的生产成本。

（c）研发费用（人员、设备、场地、调研、办公费用等）。

（d）销售费用（渠道、推广费用等）。

（e）利润。

（f）资金缺口。

（3）预计财务状况。

（a）企业或项目收益预测。

（b）财务盈亏分析。

13. 投资建议

对投资人阐明企业期望的投资和退出方式。

14. 附录

（1）主要合同资料。

（2）信誉证明。

（3）相关图片。

（4）分支机构列表。

（5）市场调查结果。

（6）主要领导人简历。

（7）生产技术信息平面布置。

 **思考与分析**

（1）案例中的商业计划书内容是否符合商业计划书的主要编写格式？

（2）你认为哪些模块对商业计划书来说是不可或缺的？

商业计划书

2. 初创期企业的商业计划书

学习要点

- ◆ 什么是创业计划书?
- ◆ 创业计划书和商业计划书的关系是怎样的?
- ◆ 商业计划书的主要目的分为哪两种?

当新建一个企业或已有企业进入新的发展阶段需要投资者介入时,最重要的是让投资者能够清楚地了解和认可你的项目。大多数企业家或创业团队的做法是准备一份简单的项目介绍,通过与投资者面谈来争取获得投资。这种方式尽管有成功的例子,可成功率很低。企业家或创业团队不了解投资者的投资决策程序,从而不能把项目完整、准确地表达出来,是融资成功率不高的重要因素之一。

商业计划书是企业与投资者之间的桥梁,是企业展示自身形象的机会,撰写商业计划书是对企业的管理能力、策划能力和人才素质的考验。撰写商业计划书的过程,也是企业对未来发展的一次模拟推演,可以发现项目的优点和不足。

课堂导读

没有商业计划书的初创公司只是一个"昂贵的爱好"

如果你有成功的创业经验,即使是最保守的投资人可能也不会担心你的下一个商业计划书的质量。但是,对大多数人来说,千万别相信所谓的"硅谷神话"——把价值百万美元的点子写在餐巾纸的背面,投资人就会蜂拥而至。

作为投资者和指导者,面对志向远大的企业家们,前人的经验是,毁掉你的新创企业和信誉最快的办法之一就是递交一份糟糕的商业计划书,甚至根本没有计划书。如今,真的很难为没有商业计划书这件事找到借口,因为在网络上就能找到例文，每家书店都有关于商业计划书的书籍，很多手机应用甚至可以自动完成草拟过程。

商业计划书不必像一本书那样长，也不一定要附上大量的财务报表。不少好的计划书只有25页，就详尽地介绍了商业计划的内容、时间、地点以及具体实施步骤。计划书必须简要地回答每一个相关问题——所有你能想象到的来自你的团队、合伙人和投资人的问题。事实上，组织和撰写计划书的过程是确定自己能够回答这些问题的最好途径。

大多数投资者倾向于把没有计划书的初创企业当成一种"昂贵的爱好"。虽然没有一种神奇的公式能让你按照一定的格式和顺序写出正式的商业计划书，但是我推荐以下10个要点，你可以按照这个顺序陈述相关内容：

(1) 经营概要。
(2) 问题和解决办法。
(3) 公司简介。
(4) 市场机会。
(5) 商业模式。
(6) 竞争分析。
(7) 市场推广及销售策略。
(8) 管理团队。
(9) 财务预测。
(10) 退出策略。

省略其中一项或更多主题的商业计划都是不完整的，仅提供部分计划就浪费了大好机会，无法给投资人留下深刻的印象。你只需要多做点额外工作就能让它变成一份专业的文件，包括封面、目录、标题和页码。不要试图使用技术术语、行话和缩略语来打动投资人。如果你没时间写计划书或者你的写作技巧不尽如人意，你可以找人帮忙。建议进行自我检视，找到一位具有商业经验和专业知识的指导者或者合伙人，帮你制订一份具有可行性的商业计划。也许你的想法在技术上是正确的，但是如果没有商业计划书，它可能会胎死腹中，这是谁都不愿看到的。虽然不能打包票，但是各种研究发现，一般来说，制订了优秀商业计划的企业家有更多机会获得投资，企业也更容易成功。在任何情况下，特别是在初创企业这个成功率低于50%的高风险领域，你必须占据先机。

小组讨论

(1) 好的商业计划书是怎样的？

（2）为什么说没有商业计划书的初创公司只是一个"昂贵的爱好"？

企业在创业初期编写的商业计划书也可以称作创业计划书。这个时期，企业的风险较大，一般很难获得银行贷款或风险投资商的支持，因此，企业在这一时期编写的商业计划书具有不同于其他时期的特点。通过编制创业计划书能够使创业者在创业之前，对整个创业过程进行有效的把握，对市场机会的开拓和变化有一个明确的认识和清晰的思路，从而降低进入新领域所面临的各种风险，提高创业成功的可能。

2.1 创业计划书的概念

首先我们来区分以下概念：

（1）创业计划书。当你选定了创业目标与确定了创业的动机之后，而在资金、人脉、市场等方面的条件都已准备妥当或已经累积了相当实力，这时候，就必须提出一份完整的创业计划书，创业计划书是整个创业过程的灵魂，在这份计划书中，详细记载了一切创业的内容，包括创业的种类、资金规划、阶段目标、财务预估、行销策略、可能风险评估、内部管理规划等，在创业的过程中，这些都是不可或缺的元素。

（2）项目投资书。项目投资是一种以特定项目为对象，直接与新建项目或更新改造项目有关的长期投资行为。项目投资按其涉及内容还可进一步细分为单纯固定资产投资项目和完整工业投资项目。单纯固定资产投资项目的特点在于在投资中只包括为取得固定资产而发生的垫支资本投入而不涉及周转资本的投入；完整工业投资项目则不仅包括固定资产投资，而且还涉及流动资金投资，甚至包括其他长期资产项目（如无形资产、长期待摊费用等）的投资。

（3）商业计划书。商业计划书是包括企业筹资、融资、企业战略规划与执行等一切经营活动的蓝图与指南，也是企业的行动纲领和执行方案，其目的在于为投资者提供一份创业的项目介绍，向他们展现创业的潜力和价值，并说服他们对项目进行投资。

商业计划书有别于传统的项目建议书和项目可行性研究报告，它考虑问题更全面，更注重操作性，更强调经济效益，也有不同的格式和内容的具体要求。另外，所针对的对象也有所不同，项目建议书和项目可行性研究报告是针对我国各级政府和其他有关部门的要求而整理的书面材料，商业计划书是针对各类潜在的投资者而一开始就需要准备的一项最重要的书面材料。如果国际融资是融资计划的一个范畴，那么你一定要准备一份英文版的商业计划书。

一般来说，商业计划书的目的主要可分为两个：一是创业融资。即在创业前或创业中期利用商业计划书向外部投资者寻找投资，商业计划书是融资过程中不可缺少的一部分。二是发展规划。很多人错误地认为只有创业者在融资时才需要一份商业计划书，实际上，公司发展的每个阶段都需要一份相应的商业计划书，它不仅有助于诸如向外部融资等企业的资本运作，而且有助于企业整理、思考并确定其中长期的发展战略和规划。

商业计划书的目的之一是创业融资，由此，我们可以得出这样一个结论：商业计划书的概念内涵要大于创业计划书，创业计划书是商业计划书体系下的一个重要分支。

2.2 创业计划书的基本特征

创业计划书是创业的纲领性文件，其基本特征如下：

（1）开拓性。创业计划书最鲜明的特点是具有创新性。这种创新性是通过其开拓性表现和反映出来的。就一般情况而言，不仅要求提出的是新项目、新技术、新材料、新营销模式，更重要的是要把新东西通过一种开拓性的商业模式变成现实。这是创业计划书不同于一般项目建议书的根本之处。

（2）客观性。创业计划书的客观性是创业计划书又一个十分重要的特点。这种客观性突出表现在创业者提出的创业设想和创业商业模式，是建立在大量的、充分的市场调研和客观分析的基础之上的，而不是拍脑门想出来的。这种来自实践的大量鲜活信息和素材是创业计划书生命力的体现，是使其具有实战性和可操作性的基础。

（3）哲理性。这种哲理性要求我们把严密的逻辑思维融汇在客观事实中体现和表达出来。通过项目的市场调研、市场分析、市场开发及生产安排、组织运作，以及全程的接口管理、过程管理和严密的组织去把提出和设计好的商业模式付诸实施，把预想的效益变成切实的商业利润。

（4）实战性。创业计划书的实战性是指创业计划书具有可操作性。写在计划书上的商业模式不仅是可以运作的，而且是必须进行实战的。因为只有在实战中，创业计划书中预测的价值才能实现。这种实战性尽管没有设计出每一个细节，但是项目运作的整体思路和战略设想应该是清晰的。

（5）增值性。创业计划书是一种与国际接轨的商业文件，有着十分鲜明的商业增值特点，主要包括创业计划书的创新性必须能找到创收点、创业计划书具有鲜明的证据链条和创业计划书体现的是明显的商业价值观。

案例分析

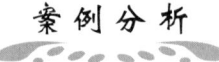

美味佳食品有限责任公司创业计划书

1. 计划摘要

1.1 公司介绍

美味佳食品有限责任公司（以下简称美味佳食品公司）是一家由大学生自主创业而创立的有限责任公司，是一家集开发、销售、管理于一体的食品销售企业。美味佳食品公司致力于生产符合大学生口味以及社会大众化的休闲食品，在人民生活条件提高的基础上丰富人民的饮食生活。美味佳食品公司通过严格的选材、推陈出新的秘方以及严格的管理模式生产绿色健康的休闲食品。美味佳食品公司旗下允许开设特许加盟店和连锁经营模式的存在，以此来推动公司的发展壮大。

休闲食品其实也是快速消费品的一类，只是因不属于生活中经常需要用到的食品，只是用来消费、待客时的食品，故称为休闲食品。最贴切的解释是吃的、玩的食品。休闲食品往往包装新颖、时尚，越来越受到广大人民群众的喜爱，目前在我国涌现出上好佳、喜之郎、可比克、旺旺、徐福记、洽洽等知名的休闲食品企业。

1.2 经营范围

美味佳食品公司的经营范围包括炒货产品和糕点零食类产品。炒货产品主要包括干果、板栗、瓜子、花生、松子、开心果、杏仁等。糕点零食类产品主要包括面包、糖果、虾条、薯片、鱼片、肉干等。另外，美味佳食品公司还有专门的部门负责顾客提出的问题和建议，及时对公司的管理和产品做出调整和改善，致力于打造最健康、最绿色、顾客最满意的休闲食品品牌。

1.3 市场概貌

近年来，随着经济的发展和消费水平的提高，休闲食品正在逐渐成为日常必需消费品，消费者对于休闲食品数量和品质的要求在不断增长。据国家统计局统计，我国休闲食品产值已经超过 400 亿元。我国的休闲食品共有以下几大类：谷物膨化类、油炸果仁类、油炸薯片类、油炸谷物类、糖食类、肉禽鱼类、干制水果类、干制蔬菜类等。休闲食品在主要超市、重点商场食品经营比重中已占到 10% 以上，名列第一。

休闲食品是具有旺盛生命力的产品，有着广阔的市场和巨大的发展潜力。同时食品行业已经进入了完全竞争阶段，企业利润日趋平均化，行业整合、市场细分即将完成，因此，美味佳食品公司应抓住机遇，扬长避短，通过新产品开发、品牌建设和市场拓展，走出一条快速、健康、可持续发展的道路。

作为一个大的且快速膨胀的市场，中国休闲食品市场有如下几个特点，也是休闲食品的几个主流方向：

（1）越来越贴近人的饮食习惯和心理，要适口。①带汤汁的，便于咀嚼，利于下咽和消化的，如将薯片与矿泉水捆绑销售；②满足求新、求变心态，人的味蕾要不断地在新的滋味或口感的刺激中才可以保持持续的满意；③健康，尽管消费者对这一点不十分明确，但在其购买决策的诸影响因素中却很重要，消费者会对食品的功能性有一定需求，基于不同的功能成为市场细分的前提。

（2）从人的购买和消费习惯与心理来看，要赏心悦目、满足支配心。①方便性：卖点要近，购买过程要体现休闲的概念。②时效性：满足其心血来潮的非理性需求。③可观性：休闲是一个全面的概念，不但要好吃还要好看，试问卖场里哪里最靓？答案是：散装产品区。④参与性：每个人都有支配欲，好吃好看再好玩就更酷了。

（3）行业法规及宏观调控的拉动和改变。①食品卫生准入制度，保证了更卫生更放心的消费环境，对进入门槛相对较低的食品来讲无疑是抬高了门槛，客观上改善了行业环境。②行业的宏观调控促成区域的差异化，加入世界贸易组织，休闲食品不仅面临产品本身的升级问题，而且意味着竞争状态的改变，从国家对部分重工业的调控经验可以预见，整体性的调控不会发生，今后国家会以产业的角度出台相关法规引导行业做大做强，因此区域之间的同质化将逐步改善，其过程中会在一定区域表现出相当产品消失的情况，但同时，国家对一些传统的、民族的东西重视起来，导致新行业的产生或发展。③从绿色食品标准的推进情况来看，绿色消费最终将成为世界大势，因此在休闲食品行业人们将更关注原产地和产品的上游环节，如啤酒等很注意水质等原料的产地资源条件等。

（4）某些突发事件改变或强化某种消费习惯或趋势造成新的休闲产业机会。如"非典"过后，北京人对食品的观念肯定发生了某些变化，在生命与习惯之间，一些不利于生命持续发展的习惯将逐步消失，新的习惯必将导致新的细分市场诞生。

（5）区位资源差异化优势在食品中成为附加价值中很重要的部分。需要指出的是，中国的幅员辽阔为休闲食品的产业格局产生了巨大作用。原材料的生产状况和原材料的产地对产品价值的三个层次产生不同的影响。全国的一些有明显自然禀赋的区域将被发掘、深化、重整、升值。如内蒙古、西藏、海南等，特别是内蒙古的区位优势就比较明显，而且这种优势信息有了相当的传播基础：蒙药、蒙牛、草原绿鸟鸡以及红遍大江南北的肥牛火锅，这些极大地提升了其区位的品牌力，它不可复制，发展到一定程度后若加以整合则将是一笔浩大的无形资产，基于同质化时代，这是不可逾越的差异化。

以上（1）、（2）两点类似于"软着陆"，是历史的理性发展观，（3）、（4）两点类似于"硬着陆"，是当前市场的不确定性因素成因，第（5）点是未来的产业整合方向之一，也是渠道选择经营目标的考量因素之一，因为这个方向会在消费者的实际消费中表现出来，随着同质化的加剧，产品在流通过程中表现出来的流通价值不足以成为渠道客户的盈利促进因素，渠道客户要睁大眼睛看清楚产品的消费价值。

1.4 营销策略

营销策略是企业以顾客需要为出发点，根据经验获得顾客需求量以及购买力的信息、商业界的期望值，有计划地组织各项经营活动，通过相互协调一致的产品策略、价格策略、渠道策略和促销策略，为顾客提供满意的商品和服务而实现企业目标的过程。

在竞争激烈的市场经济下，美味佳食品公司决定实施差异化战略。差异化战略是指企业通过提供独特的产出特性，以及技术、品牌形象、附加特性及特色服务等来强化产品特点，增加消费者价值。因此，差异化战略的实质是用差异化特征来提高消费者的转换成本，用产品在消费者眼中的内在优越性将消费者与企业紧密联系起来。休闲食品企业的差异化战略，可以从以下三个方面来实现：

首先，塑造良好的品牌形象。品牌是一个企业综合实力的体现，是企业的生命和灵魂，企业之间的竞争最终反映在品牌的竞争上面。现在的消费者已不仅关注某种具体的食品，更注重其品牌。从大多数休闲食品的销售看，顾客的选择性消费占到相当高的比例，好品牌占有较大优势。因此，实施有效管理，维护自己的品牌，在消费者中建立顾客忠诚，将会是休闲食品企业得以持续稳定发展的基础。

其次，突出产品特色。企业通过生产出具有特色风味和食用效果的产品来实现差异化。伴随着经济发展和人民生活水平的不断提高，人们的饮食习惯和食品结构也开始发生变化，各式各样的休闲食品凭借良好的口感、炫目的包装、独特便捷的食用方法赢得许多人的青睐，俨然成为食品消费的重要内容。

最后，建立畅通的分销网络。分销主要涉及销售渠道和范围。选择适宜的销售渠道，把自己的产品以最适宜和最经济的方式展现到消费者的面前，已是影响到企业能否成功的关键因素。目前，传统的销售渠道主要是超市及便利店，其次是大卖场、食品店、杂货店等。另外，休闲食品的连锁模式也已出现，还有电子商务的出现，给休闲食品的销售提供了新的机遇。美味佳食品公司建立自己的销售公司，直接控制产品的分销系统，不仅能够有效地降低销售费用，更能直接面对消费者，把消费者的需求及时反馈回美味佳食品公司。

1.5 销售计划

专门针对年轻情侣的情侣食品——以情感为基础，强化在食用环境、场合下的情感因素，如温情、体贴、沟通等；针对家庭休闲的家庭食品——以情感为基础，强调家庭成员之间在家、在外休闲的共欢与和睦；针对旅游的旅游食品——以情绪放纵为基础，强调尽情、尽兴旅游与心情共振；针对白领办公一族的办公食品——以效率为基础，强调工作压力的释放与工作效率的提高；针对小斟一杯的佐酒食品——以基本功能为基础，强调小聚与自饮的自得其乐及清闲与心情的放松。

1.6 生产管理计划

(1) 制订生产计划。这里所说的生产计划主要是指月计划和日计划。原则上，美味佳食品公司生产部门要以营销部门的销售计划为基准来确定自己的生产计划，否则在实行时就很可能会出现产销脱节的问题——要么是生产出来的产品不能出货，要么是能出货的产品却没有生产，不管是哪一种情形，都会给企业带来浪费。当然，由于市场本身瞬息万变，所以市场部门有时也无法确定未来一段时间内的销售计划。这时，生产部门就要根据以往的出货及当前的库存情况去安排计划。

(2) 把握材料的供给情况。虽然说材料的供给是采购部门的职责，但生产部门有必要随时把握生产所需的各种原材料的库存数量，目的是在材料发生短缺前能及时调整生产并通报营销部门，以便最大限度地减少材料不足所带来的损失。

(3) 把握生产进度。为了完成事先制订的生产计划，生产管理者必须不断地确认生产的实际进度。起码要每天一次将生产实绩与计划作比较，以便及时发现差距并采取有效的补救措施。

(4) 把握产品的品质状况。衡量产品品质的指标一般有两个：工程不良率及出货检查不良率。把握品质不仅要求生产管理者去了解关于不良的数据，而且更要对品质问题进行持续有效的改善和追踪。

(5) 按计划出货。按照营销部门的出货计划安排出货，如果库存不足，应提前与营销部门联系以确定解决方法。

(6) 对从业人员的管理。和单纯技术工作不同的是，生产管理者要对自己属下的从业人员负责，包括把握他们的工作、健康、安全及思想状况。对人员的管理能力是生产管理者业务能力的重要组成部分。

(7) 职务教育。要对属下的各级人员实施持续的职务教育，目的在于不断提高他们的思想水平和工作能力，同时还可以预防某些问题的再发生。为了做到这一点，生产管理者要不断地提高自身的业务水准，因为他不可能完全聘请外部讲师来完成他的教育计划。

当然，生产管理的业务规定不是一成不变的，它要根据生产的规模以及它在实行过程中出现的问题而权变。但是，在一定时期内，生产管理业务应该是相对稳定的。作为生产管理人员，他面对的事务很多，如果对自身业务不够明白，那么就很容易出现顾此失彼的尴尬局面。生产是从原材料到完成品的转换过程。不同的企业对生产管理业务有不同的划分，它们之间的差异主要体现在生产管理者的责任与权力范围之上。不管是哪一种划分方法，只要它有利于生产快速度高质量地完成，那么它就是一种好的业务规定。

1.7 企业行情及竞争对手

目前，我国休闲食品市场的问题：

（a）产品类别太单一，薯类、谷类占据大半江山。

（b）目标消费者面不宽，影响产品延伸。

（c）没有很好地处理传统与现代、民族与洋化的关系。

中国的休闲食品走过了民粹时期和全盘洋化阶段，现在进入了严重的同质化时期，从概念到实体都没有实质的差异性，同质的代价是销售费用的爬升：2003年我国饼干类产品促销费用为 13.38 亿元，年环比增加 16.25%，行业利润下降到 4.5%（工业生产的危险点是 5%），这是条看不到希望的路，生产者和经销者都很迷茫——休闲食品应走向何方？

在国内厂家拼命洋化的时候，以肯德基为代表的洋休闲食品却将眼睛瞄准了我们的民族精粹，将传统技术进行再加工和再传播：融入许多新的消费元素，如借鉴北京烤鸭的技术推出"老北京鸡肉卷"，创造出了地道的差异化，其贴身战法还有"皮蛋瘦肉粥"。

其实，在 WTO 一体的世界里，造成原来概念的基础和市场矛盾早已消失或转化，所以在休闲食品界里传统的和洋化的、民族的和传统的早已经没有了界限，一种东西接受时间长了就成了传统，与它对立的就是反传统。

所以，未来的休闲食品行业必将非常接近人们的日常生活和饮食习惯，由之，返回头来看现在的许多饮食习惯其实就是现实的产业机会，极有开发价值，如对馒头（也称馍）的研究和深加工将是一条广阔的产业之路。

近年来，洋休闲食品的不确定因素在一定程度上限制了其发展，如防腐剂、芳香剂、转基因等成分，而我国馒头在 1700 年的时间里在 60% 的国土上一直作为 50% 强人口的主食，馒头的市场空间极其巨大，而且据不完全统计，我国每年馒头类产品的成长率不低于 5%，馒头的消费地位是不容置疑的。

但是长期以来，馒头的市场化程度一直处于简单初步加工的程度，产品开发一直不能适应市场的需求，以至于很多人对其只能临渊羡鱼，望馍兴叹。

馒头休闲产业化的关键就是"怎么吃""吃什么"。

在所有的馒头试水的企业里也不乏尝试者，这些企业始终站在消费者的角度，抓住了"馒头烤着吃最香"这一点研发"休闲"风味概念系列。但是这些企业普遍缺乏系统的整合和统一明确的战略认知和规划，因此尚处于既依赖馒头，又想超脱出馒头的概念的模糊状态，所以导致整个产品感觉既像馒头又非馒头，很尴尬。

馒头休闲化首先要解决概念的问题，其次在运作上要解决馒头易风干变硬的难题，并以不同口味改善传统馒头兼容性差的特点，可以设计有麻辣、牛肉等口味，原料也可不限于小麦，总之将传统的饮食习惯之安全性、营养性和现代的休闲概念之注重口味需求成功嫁接，在口感上要既香又脆。刚开始消费群应以涵盖全人群为宜，在传播策略上可以尝试从成年人群到儿童人群的方式，因此怎样拉动大人的认知，达到人群往下蔓延的效果是中心。因为一般的休闲食品是从儿童到成年人的渲染过程，一些快乐的有纪念意义的东西是促成逐步尝试的要素。

最终将之做成学生早餐、零食和上班族（大人、老人）养胃、娱乐的佳品。

在推广过程中，可以实行双层拉动策略，注意从大人小时候烤馒头的体验入手激发消费欲望，进而因为意识形态的偏好和产品本身的安全性等推荐给孩子，对孩子则加强学校和社区的铺货，很容易形成全家共分享的局面。

产品保质期要加长，要不但具有庞大的消费者还有优越的流通价值。

从经销商处获悉某品牌的产品半年时间仅北京就回款 300 万元，前景广阔。证明了休闲食品行业的一个发展方向是有价值的。

需要指出的是，这个产品不会有太大的流量，应当处理差异化的相关配套工作，找准通路，找准客户，找准尝试推荐的时间和人群，找准传播的点，并且在样板市场上及时总结经验教训尤其是销售曲线的特征，对于以后推广的原料准备、生产供应、人员配置、客户服务等方面都有积极价值。

面食饼干化工艺的是不是也可以包括新疆的馕？馕是不是也有进一步加工的可能？

中国已经进入了社会群体多元化的时代，群体之间的价值导向和需求标准也是多元化的，因此很多差异化的空间为小企业和具有地方特色产品的经济开发提供了发挥的基础。把地域性的禀赋产品做成具有一般认知价值的流通产品将是很多地区产品甚至包括一些传统手艺得以保留传承的有意义的方向。无论是休闲化还是多元化，其实就是一个现代化，现代化的口号喊了很长时间了，我想我们的饼干行业的现代化是不是也要多元化一些？眼睛向外是对的，但并不就是说眼睛向内就不是现代化，现代化的一个重要元素应该是多元化。

站在中国巨大的版图面前，我们看到的不应当仅仅是应有的绝对市场的巨大，而且也应当看到这些相对的市场价值。

2. 公司介绍

2.1 创办的思路与形成过程

2.1.1 创办思路

随着人们生活水平的不断提高，原来以温饱型为主体的休闲食品消费格局，逐渐向风味型、营养型、享受型甚至功能型的方向转变。尤其随着市场的不断扩大，休闲类食品市场开始快速发展，而且呈现出一片前所未有的繁忙景象。

我国休闲食品市场也呈现出由低端到高端的发展态势，国民消费能力的提升对高端需求的拉动效果十分明显，使高端休闲食品市场发展旺盛，中国本土高端消费群体也已开始浮出水面，也由此促成一批高端休闲食品品牌的诞生。消费高端化时代的到来，对各方面发展尚不成熟的休闲食品企业而言，不仅是一个巨大的挑战，更是前所未有的发展机遇。一方面，我国休闲食品企业尽管发展速度快、数量多，但整个行业的历史积淀薄，整体实力依然较弱。中投顾问食品行业研究员周思然认为，虽然中国休闲食品的市场规模近几年一直以几何级的速度在增长，但面对世界经济的一体化，我国的休闲食品却略显底气不足。各休闲食品生产企业要想以最快速度缩短与国际品牌之间的差距，需要在产品研发创新和营销思路拓展上下功夫，这对于处于发展起步阶段的中国休闲食品企业而言，无疑是一个巨大的挑战。另一方面，中国休闲食品市场潜力巨大，国内企业如果能抓住这一战略机遇期，将会迎来企业的高速发展和快速突破，这对于多数企业而言，又是难得的发展机遇。

2.1.2　形成过程

美味佳食品公司是由安徽省滁州学院经济与管理学院的六位学生经过SIYB创业意识培训和创业实训，结合当今社会市场情况分析创立的一家以"美味食品、快乐生活"为经营理念，提倡以人为本的优质生活新理念，通过对食品材料的严格选拔、严格的管理程序和负责任的工作态度，力求为客户提供最健康、最绿色、顾客最满意的休闲食品的公司。

2.2　成立的时间与形式

成立时间：2016年5月。

地址：中国安徽省滁州市扬子工业园区。

形式：有限责任公司。

2.3　公司性质与结构

公司性质：有限责任公司。

公司结构：

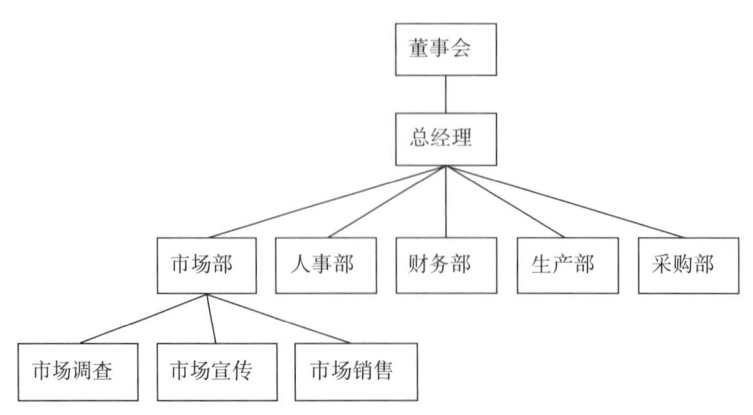

2.4　目标与发展战略

2.4.1　目标

本公司是一家以普通小吃为基础，休闲食品为特色的多元化经营的全国连锁性公司为发展目标的专业休闲食品公司。通过对食品材料的严格选拔、严格的管理模式，力求为客户提供绿色、健康的休闲食品，立志为顾客提供高质量、全方位的销售服务。立志在10年内完成占据一定的市场份额，并树立公司的休闲食品品牌与企业形象，成为家喻户晓、顾客满意的休闲食品公司。

2.4.2　发展战略

(1) 从营销模式上进行创新。营销的实质其实是围绕消费者多变的需求来适应和引导的。其模式本来就应该是多变的，不可能一种模式适应所有的产品。

随着休闲食品产业的高速发展，传统的广告轰炸、明星代言、价格战等普通的营销手法已越来越难引起客户的购买欲望了。所以说营销差异化成了当前休闲食品品牌要正视的主题，特别是产品的差异化和持续创新，就显得格外重要。

对于很多中小休闲食品企业来讲，由于领先者在市场中占有优势地位，因此很难与它在整体市场上展开全面的竞争。有效的措施是，主动将市场进行细分，选择领先者不具备优势的有利细分市场进入，并集中人力物力财力等营销资源投入该细分市场，变整体劣势为局部优势，将该细分市场建设成为己方强势市场，使自己成为该细分市场的第一。

这样的"新品细分"策略，不但能帮助企业寻找到新的利润源泉，同时还能迅速切开市场，打开销路。更重要的是，因为有了这个创造性的"新品类"，企业品牌就有了新的开路尖刀，企业就可以利用这把刀，在市场铁幕中撕开一条血路，为企业整体的产品线铺路搭桥。当新的细分市场开辟出来后，我们的目标并不只是在新细分市场做到第一，更关键的是，我们要利用局部的第一，去争取整体的第一。即新品细分的终极目标，并不是只做新品第一，而只是希望通过首先切割"新细分市场"这个分众市场，撕开市场缺口，创建一个时尚品牌，形成一个分众产业，然后以这个分众产业为基础，向大众市场扩张，最终扩展成一个大众市场。如此，企业就可根据这一策略，一年推出一个新品，一年打造出一个局部第一，化整为零，积小胜为大胜，积少成多，终有一天，化零为整，企业整体优势就这样被锻造出来。因此，"细分模式升级法"要分三步走。第一步，推出一个创新性细分产品，打开一个新细分市场，最终形成一个分众产业，建立局部优势；第二步，在第一个分众产品创造的品牌基础和渠道基础上，一年再推一个新分众产品，两年推两个，三年推三个，积少成多，积小胜为大胜，建立多个局部优势；第三步，企业经过多年的积累，积少成多，积多个局部优势为整体优势，化零为整，企业最终在大众市场成为领先品牌，开始一轮新的市场细分。这一轮新的细分，就跟前面的不同，它是领导者对自己市场的主动细分，这是防御中的进攻战。

当然，营销模式的创新，可以有产品模式的创新，也可以有渠道模式的创新，还可以有消费体验模式的创新等。各休闲食品企业，只有找到最适合自己的营销模式，以模式去拓展市场，而不是依靠一个单点去参与竞争，才能事半功倍。

（2）从产品品类上进行创新。在休闲食品行业，如果你不幸只是一个跟随者，而不是领导者，那么，你必须要突破市场，才有可能取得强势地位。作为后来者，我们经常面对的是，每一个产品类别都挤满了强势的竞争对手，在强手如林的市场上，我们过于弱小，但是又不得不与强大对手展开竞争，该怎么办？产品品类创新，以新对好，这是最有效的方法。

品类不是一个单一的品牌，而是多个品牌的集合体，如运动饮料里有脉动、激活等品牌，运动饮料就属于一个品类；在饮料里，还有其他品类，如果汁、水饮料、碳酸饮料、茶饮料等。打造品牌最有效、最具生产力、最快捷的方法是创造一个新的商品类别，使自身品牌成为一个全新类别里的第一品牌。

要创建新品牌，你的核心任务就是成为某一个新品类的第一。对于打造新品牌来说，就是创造一个新品类。"没有竞争是最好的竞争"，你一旦在某个新类别里成为第一，实际上，你在这个品类里是没有任何竞争对手的。雅客V9为什么成功？因为它打造了"维生素糖果"这个新品类。脉动为什么成功？因为它打造了运动饮料这个新品类。王老吉为什么几年时间就能做到90亿元？因为它创造了"凉茶"这个新品类。康师傅是在大陆第一个建立方便面品类品牌的，在中国台湾原比它大得多的统一，在大陆一直超越不了康师傅，就是这个品类在起作用。也就是说，不管创造品类的方法有多少，最重要的，是要能在消费者心目中树立"我能代表什么？"即要塑造消费者的心理认知，实施休闲食品品牌营销的核心就是明确地告诉消费者我是卖什么的。一个食品品牌，只有当它能够代表一个什么东西的时候，它才能成其为一个品牌。而在近几年的休闲食品发展过程中，健康化、时尚化、功能化正是休闲食品创新的好方向。

（3）品牌时尚化。年轻人是休闲食品新产品的首批试用者、意见领袖和口碑扩大者，绝大部分休闲食品，只要抓住了年轻人的心，就抓住了整个市场的关键。虽然产品的物质利益点非常重要，但是，一个产品的感觉，同样是不可或缺的。如果说物质利益点是弦的话，那么品牌感觉就是拨弦的颤音；如果说物质利益点是咖啡的话，那么品牌感觉就是咖啡的香气。没有颤音，弦拨不出音乐；没有香气，咖啡不称其为咖啡。一个休闲食品品牌，必须要抓准年轻人的感觉，跟着年轻人的感觉走，只有有了感觉，品牌才能活起来。

如何抓住年轻人的感觉呢？需要为自己塑造时尚的感觉。对于食品来说，什么是时尚呢？时尚就是产品概念要么是社会流行的，要么产品本身就是市场流行、大众争相购买的。

第一，产品概念要傍上社会流行。麒麟午后红茶，傍华丽的风尚；雅客V9维生素糖果，傍上2003年"非典"过后的补维热。另外，品牌的感觉要是时尚的，比如，统一冰红茶请时尚的孙燕姿做代言，给人感觉是时尚；达利可比克薯片力邀最红的周杰伦代言，演绎了一出时尚秀；可口可乐与百事可乐每年都换一个时尚主题，一会儿音乐，一会儿足球，一会儿明星，更是给人永远时尚的印象。

第二，要给年轻人自我表达的机会。每一个人都有表达自我的欲望，特别是年轻人更是有自己的故事需要表达。休闲食品在消费过程中，会体现出年轻人的价值观和生活方式。随着中国经济的发展和人民生活水平的提高，中国人被压抑了几千年的自我表达欲望，在近些年喷薄而出。蒙牛酸酸乳正是紧贴《超级女声》，表达出年轻人心中的话语，才创造出从7亿元到25亿元的飞跃。我们不妨来看看《超级女声》是如何表达年轻人的心的："推开夜的窗，对流星说愿望；给我一双翅膀，能够接近太阳；我学着一个人成长，爱给我能量；梦想是神奇的营养，催促我开放。想唱就唱要唱得响亮，就算没有人为我鼓掌，至少我还能够，勇敢地自我欣赏。想唱就唱要唱得漂亮，就算这舞台多空旷，总有一天能看到，挥舞的荧光棒！"看到这样的心灵表达，不仅是年轻人，我想，几乎所有人，都会为这样的心语所感动的。我们的品牌，如果能够这样去帮助年轻人表达自己，没有不受到年轻人热捧的。

第三，表现休闲、酷的感觉。很多食品品牌言必称自己"酷"，实际上，在年轻人心目中，"酷"是不用说出来的。它只体现在年轻人的言语中、体现在他们的行为和生活方式中。所以，你只要能准确把握年轻族群的生活方式，把年轻人的生活态度准确地表现出来，"酷"的感觉自然就来了：咖啡体现的也是一种人生态度；喝可口可乐与喝白开水，就直接表示着不同的生活态度。休闲食品有着比较强烈的道具性价值，特别是对于年轻人，食品更是表现生活态度的道具之一。体现人生态度是食品附加利益的一种，可惜的是国内企业很少将其当作核心利益来进行强化，而国外的企业就走在了前面。我们熟知的品客薯片，就强烈地利用了产品的道具价值，或者叫作"角色营销"：品客薯片是面向年轻人的休闲食品，受众为18~28岁的年轻消费群体。品客薯片塑造品牌时，在包装、广告和促销礼品等各方面，都会出现夸张的"翘胡子"，到后来，只要一说到品客，每个消费者都能形容出"翘胡子洋芋片"，这就是"角色营销"。这种方法，把品客消费者对于生活的幽默、乐观、轻松的态度表达得淋漓尽致。

第四，渠道重心下沉。休闲食品行业一级市场已基本饱和，二、三级市场是新的空间。一级市场是骨头，二、三级市场是肉，而要吃到这块肉，休闲食品企业的渠道重心必须下沉到二、三级市场甚至四级市场。如此，渠道如何实施下沉

商业计划书

就摆在了我们的面前。首先，对经销商，我们要打一批拉一批，扶强不扶弱：对代理商进行评估分类，根据代理商的态度、能力、市场现状等因素将代理商分为A类经销商、B类经销商和C类经销商三类。A类经销商市场口碑好，财务良性运转，经营能力强，发展目标明确，是可持续经营的经销商。这类经销商对企业来讲，是高价值渠道资源，必须重点发展。对重点培育的代理商进行大力扶持。在营销政策、激励政策等方面重点倾斜。B类经销商经营能力稍弱，当前销售额稍低，但具有较高的潜力，信誉好，是企业要重点扶持的对象。对可用的代理商要求无条件接受培训提升和改造，工作重点是帮助他们建立业务员队伍，提升其管理和信息功能。主要对代理商进行管理、营销、产品、技术等方面的专业培训，培养他们的综合素质。C类经销商经营能力弱，又不思进取，信誉不好，对此类经销商，要坚决予以取缔。这样，企业对部分C类经销商进行取缔，更新换代，即打一批，更重要的是，通过打一批来吓一批，即对B类经销商施加压力，然后再对B类和A类经销商进行重点扶持和助销。

其次，按20:80原则，运作关键二批商：在渠道运作中，往往20%的二批商就能够覆盖80%的终端网络。因此，为什么二批商中间的精英分子不能成为我们的合作伙伴呢？

第一步，企业要筛选二批商，挑选出市场上20%的关键二批商，通过"分销联合"模式或其他模式将他们招至麾下。第二步，要通过资源配置，充分调动二批商的积极性。在划分分销区域、产品经销政策等方面，企业给予这些二批商实惠。举例，一个城市总的销售额是1000万元，如果把这1000万元分给50个二批商去分销，那么，每个二批商只能销售20万元，他们的积极性当然调动不起来。相反，如果把这1000万元分给5个二批商去分销，每个人可以分销200万元，他们当然愿意积极分销，企业再通过区域和政策的倾斜，二批商自然愿意卖命。第三步，企业要对二批商进行助销支持。派出助销人员，与一级经销商一道，对二批商进行直接促销、服务和管理。

最后，企业要实现渠道重心下沉，展开协销和主销：在推行一系列新措施的同时，休闲食品企业要实施销售人员"重心下沉，深度助销"的营销策略。即销售人员不能停留于表面工作，销售的过程及管理不只停留在对总代理商的送货和收款这两项工作上。要求每一个销售人员必须扎下去，深入市场一线，掌握最终用户的信息。帮助代理商完成产品的二三级分销网络的建设、市场的开发、重点工程的投标开发、销售队伍管理和指导等工作，实现对分销渠道的增值性助销工作。销售人员下市场后，从经销商谈判、销售小组管理、客户订单回款、价格协调控制和终端网络的组建与控制，到促销活动安排、卖场陈列买位、新产品上市铺货等，都需要企业下沉销售人员完成。从企业角度，则要转换观念，树立助销意识，列出专项超市陈列、买位费用，注重大卖场的陈列销售，当然，所有这些费用，都应掌握在企业下派的销售人员手中。总之，以上措施，其核心目的就是避免企业销售人员孤军奋战，而是企业要联合经销商、联合二批商，进行利益捆绑和伙伴联盟，共同开发终端，掌控二批，扼住渠道的咽喉，使渠道真正地为企业服务，不仅有利于销售业绩的提升，更有利于企业销售体系的完善和顺利管理。

3. 战略规划

3.1 行业前景

本公司主要经营休闲食品。休闲食品俗称"零食"，行业内并没有统一的定义，统计部门也未将其作为食品行业独立的子行业进行统计。一般来说，休闲食品其实也是快速消费品的一类，是人们在闲暇、休息时所吃的食品，而非主食。休闲食品的主要分类有干果、膨化食品、糖果、肉制食品等。休闲食品一直是深受广大消费者喜爱的食品，随着生活水平的提高，正在逐渐升格成为百姓日常的必需消费品，消费者对于休闲食品数量和品质的需求不断增长。而本公司主要经营的则是糕点中的面包和炒货。

糕点行业前景不可估量，现在国内烘焙类食品占据了休闲食品的半壁江山，曾经热衷中式糕点的人们也开始青睐烘焙类食品，新口味新产品的开发速度不断加快，品种多样的面包、蛋糕、西点受到年轻人和小朋友的喜爱，并且会随着人们消费水平不断提高以及生活节奏不断加快，烘焙类食品的市场需求会不断上升，尤其是面包现在可以替代主食，在良好的发展氛围下也出现了一个不争的事实，糕点行业前景不可估量。

西点行业的前景也蕴藏了巨大的商机，必然也产生了大量的就业岗位，据权威机构调查，未来五年，西点烘焙师社会需求量达到200万人，目前，中国西点烘焙人才稀缺，从业人员约100万，优秀烘焙技术人才更少。当前，花样多多的面包、西点、蛋糕受到越来越多的年轻人和小孩子的欢迎。

如今，人们生活水平不断提高，生活节奏也在不断加快。人们在日常生活中对各种烘焙食品的需求不断上升，烘焙市场前景不可估量。

虽然我国烘焙行业前景广阔，但有市场就有竞争。烘焙业中最大的竞争力在于品牌，品牌形象越好，市场竞争越强。当前，烘焙食品行业的竞争十分残酷。近年来，随着保鲜冷藏等技术的不断发展，国际烘焙食品品牌也开始纷纷进军中国市场。国内外烘焙食品品牌的竞争达到白热化阶段。各大知名企业不断提高产品质量，加快新产品的研发，加大营销推广力度，在我国休闲食品行业迅速占领市场。

炒货行业近几年迎来了发展的黄金期：行业规模不断扩大，市场逐渐成熟，消费者对炒货产品的认知正在由传统食品向时尚、休闲食品转换；企业的品牌意识增强，有影响力的品牌增多；行业营销、管理水平较之前有了很大的提高，业内崛起了一大批像华泰、真心、大好大这样具有现代管理理念和意识的企业,同时伴随着大量的中小型企业;各企业的营业额均有大幅增长,有的企业甚至连年翻番中。虽然炒货行业已经具有一定规模,但是,我公司有信心在炒货行业中占有一席之地。

我公司将进行以下的管理理念:
(1) 注重品牌及品牌效应,创造属于自己的品牌。
(2) 任用人才,培养高素质的人才。
(3) 把客户看为上帝,着眼服务,为大家提供良好的服务。
(4) 注重产品质量,生产出高质量、适当价格的产品,让大家吃得放心,买得安心。

3.2 资源配置

将加大人力和企业资本投入,把企业发展方案和人力资源配置与打算配套,要把人才造就作为企业领导事迹考核重要指标。对于高级管理人员,要履行持续教导,使其掌握市场经济理论和现代企业管理知识。对普通员工要履行在岗培训,通过培训激发员工的积极性与创造性。和本公司的员工签订合同,建立良好的经营管理机制。

将创造属于自己的企业文化,使企业员工有正视自我、否定苦楚的勇气,需要有分辨是非的能力,需要有遭遇挫折和失败的心理准备。营建企业文化,加强职工的理想信心、人生观、职业道德等方面的教导,使企业价值观灌输到职工思想举动中,转化为员工价值观,对所设的岗位进行全面而过细的工作分析。通过工作分析,可以检验岗位设置的合理性,明确各个岗位的工作任务、工作职责、履职所必须具备的各种素质,例如教学背景、经验和专业知识等。通过深入调研做出工作分析,编制好岗位规范,因岗取人,还要定期对员工的工作事迹、工作态度、职务能力和个性等方面进行综合性的考核评价。

将建立科学的绩效考核系统和长期有效的勉励机制。我公司将因地制宜地对各类员工采取有效的勉励措施,除通过待遇留人外,企业对不同需要的员工还可采取信任勉励、职务勉励、知识勉励、情绪勉励、目标勉励、荣誉勉励和行动勉励等,从而构建长期有效的勉励机制。

我公司还将对企业员工进行培训,让员工个人在培训中充分施展主观能动性等,以达到应对来自市场竞争的各种压力的目标。

3.3 公司的成长与发展

美味佳食品公司是一家由大学生自主创业而创立的有限责任公司,是一家集开发、销售、管理于一体的食品销售企业。美味佳食品公司致力于生产符合大学生口味以及社会大众化的休闲食品,在人民生活条件提高的基础上丰富人民的饮食生活。美味佳食品公司通过严格的选材、推陈出新的秘方以及严格的管理模式生产绿色健康的休闲食品。美味佳食品公司旗下允许开设特许加盟店和连锁经营模式的存在,以此来推动公司的发展壮大。我公司将严格选拔人才,对企业的工作人员进行培训,力求办成一个高技术、高服务、高品质的公司。

3.3.1 初期(1~3年)

第一年,做好公司的登记、产品研发、税务以及工商登记工作,大力发展美味佳的糕点以及炒货产品,并借助国庆假期的黄金时机,将我公司的新型休闲食品美味佳推向安徽市场。

第二年,主要生产中高端的美味佳休闲食品,作为主打产品销售,逐步积累产能。结合区域商品交易会这一契机,逐步与安徽周边省市客商建立良好的供销关系,并通过一系列事件营销,形成强大的宣传攻势,将美味佳休闲食品引入人们的视线。

第三年,这个时期产业逐渐发展起来,应开始注重品牌建设,区分我公司产品与其他企业产品的不同之处,突出我公司产品的独特、发展和创新。提高产品核心竞争力,优化组织结构,继续增大技术工人的培养力度和生产设备的更新换代,同时加大新产品的研发进度,进一步扩大产能。重点发展产品、客户群,并以滁州本地市场为发展基石,开始将华东地区作为主要市场,并在当年实现盈利。

3.3.2 中期(4~6年)

第四年,适当减少产品组合中中低端产品比例,逐渐使我公司的产品向中高端转化,提高美味佳食品的附加值,从而创造更多的利润空间,不断完善营销网络和物流体系。

第五年,加强美味佳系列产品的研究,积极推出美味佳下一代更高端的产品,并迅速抢占安徽和华东地区市场,并向全国市场蔓延。

第六年,在现有市场上保持市场占有率,同时进一步优化组织结构和实施人才优化战略,形成一套完善的管理体系,提高公司效率,提高员工素质,形成公司特有的企业文化,成为行业内的成功典范,成为全国著名公司。

3.3.3 长期(7~10年)

第七年,以华中地区为基础,向全国开始辐射,抢占全国市场,形成覆盖全国的营销服务网络。

第八年,成立产品研发中心,加强新产品的研发工作。不断开发新的市场——国外市场,拓展生存空间,提高公司的利润空间。

第九年,搞好资本运作、引入外资,进行战略联盟,实现企业跨越发展,并准备上市。

第十年,公司组织生产、管理和渠道等都已成熟,品牌拥有较高的知名度和美誉度。继续维持公司的良好势头,逐步进入国际市场,具备国际竞争力。

4. 创业组织

4.1　组织形式

总经理：郭靖

销售总监：金昆

生产总监：温扬威

供应总监：吴璇

财务总监：江旭

人力总监：孟思思

"美味佳"创业团队

4.2　组织体系

公司性质为有限责任制，其严格按现代企业制度建立组织机构，设置董事会，实行董事会领导下的总经理负责制。

4.3　组织结构

公司由四个部门组成，即财务部、行政人事部、研发部、市场部。

公司的组织结构如下：

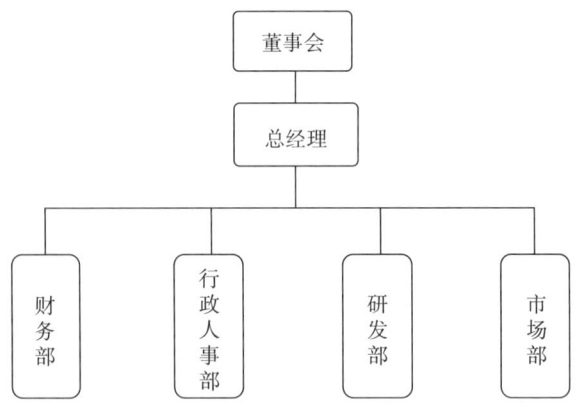

各部门的主要职责如下：

部　门	主　要　职　责
董事会	负责公司的经营决策，制定公司的总体发展战略及长远目标，决定总经理的人选
总经理	负责公司的日常经营事务，对董事会负责；组织实施公司的生产经营计划和投资方案、内部管理机构的设置；批准公司的基本管理制度；决定副总经理和部门经理的人选，协调各部门之间的关系
财务部	负责公司的会计核算、监督、划拨款项、报销、资金计划制订、财务预决算编制，协调银行、税务机关的关系等

续表

部门	主 要 职 责
行政人事部	负责公司行政、办公、人事等工作，同时负责协调公司各部门的关系
研发部	负责根据市场需求产品开发计划，产品的研发设计，开发新产品，改进原有产品，最大限度地使公司在产品和技术上占有领先地位，以及产品的生产、管理、包装、设备、质量控制等的设计
市场部	负责采购管理及实施，储运管理等，市场日常经营、管理、拓展，协调各用户之间的关系等。企业整体市场宣传战略的制定与实施，企业形象的宣传与推广管理

4.4 管理理念

公司本着人本精神，以科学发展观为指导，以团结进取、开拓创新为企业精神，着眼于长远发展，其管理理念详细如下：

(1) 尊重员工的需求，注重员工能力的提升。

(2) 管理不是知道，而是做到。

(3) 管理不是使事情复杂，而是使事情简单。

(4) 管理不是控制别人，而是给人自由，没有管理的管理是最好的管理。

(5) 管理要从管好自己开始。

(6) 自我管理与他人管理的有机统一。

(7) 对预见性、不确定性和创新的管理将成为管理的重点。

(8) 用人之长，不挑人之短。

(9) 灵活要有原则，原则不可灵活；严格按照公司的规章制度办事。

(10) 不能有活无人做，也不可有人无活做。

(11) 工作标准化、工作表单化、工作流程化、工作细致化、工作合理化是发展型企业必要的"五化"。

(12) 以目标为导向，以结果为导向，做到让制度管人，不要让人管人。

4.5 管理团队

"投资是一项经营人才的业务"，商业竞争的实质就是人才的竞争。公司拥有一支优秀的管理队伍，他们在财务、行政人事关系、企划宣传、研发、生产管理、业务、市场等各种有影响的岗位上具有直接的技术与丰富的经验。其主要由下列成员组成：

总经理：郭靖。具有较强的管理能力和沟通策划能力，有较强的社会实践能力，因此为本公司最高负责人。

销售总监：金昆。接受能力强，精通电脑操作，具有过硬的电脑知识，曾学过《市场营销学》，且有一定的业务能力，故为本公司的销售总监。

生产总监：温扬威。在大学学过管理学、商品学基础知识，辅修采购知识，并有摆摊炒卖板栗的经验。他平时工作细心、能吃苦耐劳，因此担任生产总监。

供应总监：吴璇。本身具有管理潜质，自学过多部管理学著作，故为本公司人力资源部总监，又因在校外兼职负责过文书工作，故又负责本公司的供应工作。

财务总监：江旭。精通电脑操作，平时社交广泛，是本团队的主要负责人。曾辅修过《会计学》和《市场营销学》，故兼任本公司的财务总监。

人力总监：孟思思。具有独特的服务意识，对服务方式的创新有一定的认知和见解，故担任公司人力总监。

4.6 人力资源开发规划

人员采用聘用制，员工的福利待遇根据国家有关规定执行。公司按税后利润的一定比例提取奖励基金，对有重大贡献的员工实行特别奖励，形成公司长期的凝聚力。

4.7 员工发展原则

公司着眼于内部组织和人员结构的合理性以及人员整体素质的高水平，对新进员工采用的编制取决于现有组织结构和人员结构的调整与平衡，包括对不合格员工的淘汰。公开招聘，择优录取。根据未来公司发展战略，未来需求人才的条件为以下几点：

（1）至少2~3年专业经验，具有较高水平的专业素质与技能或管理经验。

（2）具有管理、经济等相关专业大学以上学历，专业理论素养较高。

（3）有多年的从事管理、营销等专业经验的资深人士。

4.8 高级管理人员的招募

公司的高级管理人员以内部招聘为主，外部招聘为辅。公司内部招聘采取自荐形式，然后经过有关部门审议通过决定。公司外部招聘主要采取招聘广告和招聘会的形式，筛选求职简历，笔试、面试、体检，然后进入试用期，通过试用期者签订劳动合同，并对其进行相关培训，再正式工作。其中，公司外部招聘除采取招聘广告和招聘会的形式，在必要时，辅之以猎头公司的帮助。

5. 产品服务

5.1 产品概述

美味佳食品公司是一家主要从事炒货和糕点等休闲食品生产经营的企业。休闲食品一直在人群中扮演着重要的角色，无论年龄、性别、年代，人们对休闲食品的需求都很大，在大部分的休闲食品中，又尤以炒货和糕点最为常见，备受人们喜爱，成为居家旅行、走亲探友的必备佳品。

炒货中，瓜子是大头，瓜子本身营养就很高，其中所含有的维生素、蛋白质、油类含量都属佼佼者（每天吃一把瓜子对于安定情绪、防止老化、预防成人疾病非常有效果，能够治疗失眠、增强记忆力、预防癌症、高血压、心脏病等）。

"嗑"更让人受益颇多，能增强消化功能，这是因为瓜子的香味刺激了舌头上的"味蕾",使它进入兴奋状态,传到消化器官,各种消化酶的唾液、胃液等的分泌相应地就会旺盛起来,显而易见利于消食化滞。饭前嗑,能够促进食欲;饭后嗑,能够促进食物消化。尤其是在吃了油腻的东西后,嗑一把瓜子,好处更大,饭后嗑瓜子很好,因为葵花子与西瓜子都富含脂肪、蛋白质、锌等微量元素,可以增强消化功能。

板栗是时令干果,以前只有秋后才有,如今科技发展,种植、保鲜已不再是问题。板栗含有很多糖、脂肪、蛋白质,还含有钙、锌、铁、钾等矿物质,以及维生素C、维生素B_1、维生素B_2等,有强身健体的功效。

熟食板栗能够健脾,缓解脾虚。将板栗仁蒸熟、磨粉,制成糕饼,适用于饮食少、身体瘦弱的儿童,可以增加食欲,调理肠胃。使用板栗和粳米熬粥,既有利于脾胃虚寒所导致的慢性腹泻患者早日康复,也是老年人消化不良、气虚乏力的食疗妙方。

板栗还有较高的药用价值,具有健脾胃、益气、补肾、强心的功用,主治反胃、吐血、便血等症,老少咸宜。栗子富含柔软的膳食纤维,血糖指数比米饭低,只要加工烹调中没有加入白糖,糖尿病人也可适量食用。

板栗中所含的丰富的不饱和脂肪酸和维生素,能防治高血压病、冠心病和动脉硬化等疾病。在21世纪顺应人们追求健康追求绿色的新要求,我们更是研发了新式休闲小食品,让人们在满足胃的需求的同时不必担心健康问题。

我公司另一主打产品就是面包,以速食面包为主,面包含有蛋白质、脂肪、碳水化合物、少量维生素及钙、钾、镁、锌等矿物质,有养心益肾、健脾厚肠、除热止渴的功效。不仅如此,而且口味多样,易于消化吸收,口感松软,老人小孩都方便食用,因此在日常生活中颇受人们喜爱。

5.2 产品类型

(1) 瓜子。瓜子有葵花子、海瓜子、白瓜子、吊瓜子、西瓜子、黄瓜子、丝瓜子等。葵花子是向日葵的果实,不但可以作为零食而且还可以作为制作糕点的原料,这一点可以同时与我公司的另一主打糕点生产互为补充。同时也是重要的榨油原料,是高档健康的油脂来源。海瓜子是一种海水特产,其特点是肉质鲜嫩、清爽可口。白瓜子炒熟后可直接食用,也可加料制成多味瓜子,味道香美。吊瓜子炒熟后味道润绵、脆香特异,其外观褐色艳丽、籽仁饱满,被誉为"瓜子之王",是食用瓜子中的上品。

(2) 板栗。以熟食板栗为主,糖炒板栗营养价值很高,甘甜芳香,含淀粉51%~60%,蛋白质5.7%~10.7%,脂肪2%~7.4%,糖、淀粉、粗纤维、胡萝卜素、维生素A、维生素B、维生素C及钙、磷、钾等矿物质,可供人体吸收和利用的养分高达98%。以十粒计算,热量为204卡路里,脂肪含量则少于1克,是有壳类果实中脂肪含量最低的。

（3）糕点。以速食面包为主，为时间紧的客户提供最快解决肚子饿问题的方法。主要客户为学生和早班族以及临时性需求的人群。在保证价格低廉的基础上美味，既能有效利用时间又能在口味上得到满足。

5.3 产品优势

炒货方面，坚持以人为本，注重个性化亲情化。我们能够提供大量供应，也接受自主订单。

现在市场上炒货质量良莠不齐，炒货食品的安全问题也备受公众关注。我公司看到了炒货这一个大的市场，同时也明白自身的责任，生产过程绝对安全。瓜子、板栗生产线引进了机械设备，可以科学地掌控温度、湿度及一些技术要求的指标，做到科学，批批精品，味道上佳，消费者可以放心。

5.3.1 主打专精

多品牌跨行业发展，最大限度地利用现有的渠道和人员来占领市场。在经营瓜子和板栗的基础上推出第三条生产线经营面包。

5.3.2 重点渗透

坚持自我，走规模化发展道路。比如通过做大区域市场份额，提升品牌影响力。对滁州以外的区域，尤其是在安徽每个重点城市都设立办事处，办事处不仅具有管理功能，还具有配送功能；通过经销商将产品渗透到乡镇市场，形成全方位覆盖。以终端的规模化来做大市场份额，提升品牌影响力，以地区代理店促销员形式结合多点陈列形成品牌优势。同时，也加大以经销商为切入点对乡镇大店、城中B/C类店的覆盖。在渠道上大卖场系统和经销商流通两条线运作，除了扩展产品品类线外，开始加大对经销商的开发，以期形成区域渠道充分覆盖。

5.3.3 外脑的介入

请营销咨询公司帮助企业进行资源整合，不断在线下做好基本功，在价格、渠道、陈列等要素上帮助企业快速成长。

公司可根据消费者的个性需求承接自主订单。美味佳食品公司致力于生产健康营养的高级食品，丰富人们的物质生活。不断改进生产技术，提高工作效率，扩大经营范围，从更广泛的角度生产出更顺应社会发展潮流的产品。公司不断提高产品质量，以更优质的产品和服务满足客户需求，创造良好的商业价值和社会价值，为股东提供稳定增长的利润，为员工提供发展的平台和空间。

5.4 技术描述

炒货瓜子采用专业设备，不锈钢材料，配脚轮，移动方便；有超大容量盆，每次可炒20升，装有油烟排放风扇，净化周围空气，具有环保功能；采用红外线保温灯，增强板栗展示效果，更节能，降低了加工成本，同时保证了性能稳定，温度任意调节。板栗瓜子原材料与当地种植户签订合同，种植过程我公司技术人员会进行技术指导，在原料上就先优于市场质量。更有技术师傅手工翻炒，师傅们常年从事炒货行业,经验丰富,手法娴熟。

5.4.1 独有技术

我公司有独家秘方特制板栗方法,采用独家焖煮法,现代化设备与独家秘方相结合,使产量可以量化,不局限于小作坊小产量生产。制作方法如下:

(1) 原料选择:应选用肉质细密,水分较少的小栗子。

(2) 分拣:如果大小颗粒一起炒制,常出现小粒熟大粒生或大粒熟小粒焦的现象。所以,在炒制前应剔除腐烂果、开果或虫蛀果,并按果形大小分级后,分别炒制。

(3) 备砂:选洁净及颗粒均匀的细砂(将细砂用清水洗净泥土,统一过筛、晒干,用饴糖、茶油拌炒成"熟砂"备用)。专业经营一般采用炒板栗专用"圆形颗粒炒货专用炒砂",保温性能高,不易碎,翻炒均匀,易筛易漏。

(4) 燃料:用木炭或煤。木炭发火快,火力旺,减火和来火方便,便于掌握火候。

(5) 锅灶:分滚筒和铁锅两种。使用滚筒较省力,但炒制的质量不及铁锅炒制的好。

(6) 配料:栗、砂、糖、油的比例是:栗与砂的数量之比为 1:1,每 100 千克栗子用饴糖 4~5 千克,茶油 200~250 克。

(7) 炒制:预先将砂炒热,以烫手分度,再倒入栗子,按比例加适量饴糖、茶油,连续翻炒。由于砂粒的焖热作用,经 20~30 分钟便可以炒熟。用筛筛去砂粒后,置于保温桶内,即可趁热食用。炒栗子时加入饴糖和茶油的目的在于滋润砂粒,减少果实粘砂,便于翻炒,并使栗果润泽光亮、香气宜人。

5.4.2 技术发展环境

近年来,随着我国经济的高速发展,国内消费市场的结构出现了整体升级的明显趋势,我国休闲食品的消费也随之呈现出了快速增长的态势,也使得我国炒货食品的市场空间更趋蓬勃。手工作坊的经营模式已经不能适应现代社会人们的消费需求,随着机器设备的出现,越来越多的新技术应用于炒货行业,技术含量越来越高,就整个大的环境而言,炒货行业的技术支持正在稳步攀升,生产日趋智能化、规模化。对于炒货行业来说,前景广阔。同时,国家政府支持技术进步,这样的利好政策也会推动炒货行业的发展。

另外,近年来我国网络服务业发展迅猛,电子商务蓬勃发展。炒货产业可以搭上这班快速列车,使得企业经营模式多样化,产品销售渠道更加多样,对于炒货这种易于保存的食品是个大福音。库存减少,资金周转快,企业运转更加灵活。

总的来说,炒货行业的技术支撑很到位,内有不断更新的技术设备和熟练老手的不断创新,外有电商平台的支持,炒货行业仍具有大有可为的市场。

5.5 产品定价

价格带宽（高中低覆盖），价格体系设计与营销战略紧密联系，不同的区域市场可以采用不同价格体系，零售价格要统一并严格控制价格体系的变动。我们的炒货价位覆盖中高低档，高档炒货走个性化需求，根据顾客的要求不但可以提供炒货成品，还可以让顾客参与其中，享受 DIY 的乐趣；中档炒货走超市柜台，礼品炒货作为地方特产，味道上佳质量上乘，成为顾客走亲访友的礼赠佳品，在保证口味的基础上，给予包装上的档次，让拎上一盒美味佳的炒货成为流行潮流；低档价位走街边小店，让人们随时都可以享受到美味佳炒货的美味与香气，价格低廉，人们走在街上，无论是去上班还是逛街，随时可以捎上一袋美味佳的瓜子、板栗，让人口齿留香，回味无穷。同时，低价位的街边小店我们也注意产品品质和对品牌的影响，价低不代表低品质，价位最低线要与品牌相匹配。

5.6 新产品研发

在企业的竞争中，成本和产品的差异化，一直都是核心因素，技术的创新可以降低产品的成本，同样，新的生产方式也会为企业的产品差异提供帮助，如果企业能够充分利用其创新的能量，就一定能在市场中击败对手，占据优势地位。当然，技术创新本身具有高投入、高风险性，因此在技术创新的过程中，必须通过建立良好的市场环境和政策条件，充分激发企业创新的内在动力，为企业创造最大价值。

未来几年仍是瓜子等炒货市场发展的黄金期，抓住机会，规划产品，进行新产品研发，拓宽产品线，在创新上下苦功夫，在产品上赋予养生概念，提升产品附加值。我公司初期以葵花子和板栗为主，初期完成资金累积同打响品牌，营造口碑，让消费者去认同这个产品，在完成了初期目标后，我公司将会推出后续产品，扩大产业链，给予消费者多种选择，市场细分，为特殊的消费群提供选择的空间。在多品种的基础上推出绿茶味、奶油味、草莓味……多种口味任君挑选，在能品尝到我公司炒瓜子独特的色香之余，还有多种口味的选择。养生保健系列是紧随其后可以推出的系列，全素瓜子更具健康性，符合炒货产品升级做养生概念的趋势。

板栗走深加工路线。板栗营养价值丰富，一直是人们青睐的栗果。食用方法多种多样，鲜食自有一番清凉香甜，熟食除了糖炒之外，还可蒸煮，参与烹调，成为桌上美食。另外可以研制成板栗粉，进行冲调，与其他材料进行组合，成为营养米糊，又是集营养、味道、养身于一体的上等佳品，必然会受到消费者的欢迎。

面包走标准化路线。面包生产走流水线生产，作为辅助产业。瓜子、板栗都可以成为面包的制成原料，在企业内部就形成了一个健康有序再循环过程，减少了成本，提高了效率。

5.7　企业价值文化

美味佳食品公司是一家立足滁州，展望安徽乃至全国的主营干鲜炒货和糕点的公司。希望我们的产品除了带给顾客嘴上的享受之外，能够使顾客生活更美好。坚持以创新立足企业发展，力求以独特的创意满足消费者的需求。坚持以质量留住顾客，履行承诺，坚持提供最优的产品给消费者。坚持安全生产，确保以高质量生产所有产品。令消费者放心。坚持尊重消费者的选择，为顾客提供个性化人性化选择。坚持诚信立足企业发展，做一切有利于消费者的承诺。坚持开放发展，积极听取意见，鼓励沟通。

6. 市场预测

6.1　市场预测方法

定性预测方法：厂长经理人员判断法、销售人员估计法、购买者意图调查法、集体判断法、德尔菲法、领先指标分析法和类推法。

定量预测方法：一次移动平均数法、二次移动平均数法、一次指数平滑法、二次指数平滑法、三次指数平滑法、温斯特线性与季节指数平滑法、自适应过滤预测法、回归分析法。

6.2　市场环境分析

6.2.1　国外食品行业现状分析

（1）在德国，有机食品被贴上专门标志进行销售，由于有机食品的产量比较低，所以市场价格是普通农产品的2~3倍，当地的有机产品已经粗具规模，因而有机食品的市场销售渠道日趋多元化，目前有机食品的销售渠道主要有以下几类：①农户直销。这种销售方式占有机市场份额的25%，该行业模式没有中间商，减少了流通环节，效益比较好，农户直销有三种方式：一是农场设立直销店；二是到专业市场承租柜台进行专柜直销；三是宅配或者配送，根据订单直销送货上门。一些地区还实行网上订购和邮购。②有机食品专卖店直销。这种方式占有机食品市场份额的50%。目前德国鲜销有机食品专卖店有5000多家。这种销售形式专业化程度高，主要依托大中型有机食品批发配送中心进行调剂，因而完全实现了全国有机食品的货畅其流。③传统店设专柜、专区销售。这种方式占有机食品市场份额的25%。④连锁店。近几年，一些大型连锁食品店对投资有机食品营销抱有很大兴趣。有的开发了自己的有机食品商标，设专柜、专区进行有机食品销售。

（2）美国是目前全球最大的有机食品销售市场，市场规模大，且种类繁多，销售途径多种多样。其中，有机谷物、水果、蔬菜、坚果和香料市场已经具有一定规模，其他高附加值产品也在快速发展。随着超级购物中心等连锁店的崛起，市场竞争空前激烈，但有机食品市场仍然保持较快速度发展。

（3）在日本，有机食品的认证首先要从国家机构登陆，申请者基于日本有机农产品标准,登陆机关接受申请认可,在经过制度认可后才能在市场上流通。

6.2.2 我国食品行业现状

(1) 食品安全问题。食品安全事件时有发生,消费者对食品安全仍较担心。目前,我国食品质量标准体系尚不完善,食品卫生标准、食品质量标准、农产品质量安全标准和农药残留标准等标准体系有待进一步整合,不同行业间制定的标准在技术内容上存在交叉矛盾。技术保障能力尚难以满足食品安全监管需要,检测技术相对落后,仪器设备配置不足,部分检验设备严重老化;基层检验机构和人员数量偏少,检测能力亟须加强;食品安全监管机制还不够健全,食品安全责任追溯制度尚不完善。一些企业主体责任不落实,自律意识不强,诚信缺失。

(2) 食品加工行业存在低加工率、低附加值的现象。相比之下,发达国家食品具有高加工率、高附加值的特点,原料加工率在70%以上,有的高达92%,而我国只有20%~30%,说明我国食品工业还处在产业发展的初级阶段。

农产品加工比例低,说明我国食品行业未来有巨大发展空间。据国家统计局公开资料显示,我国与以美国、日本为代表的发达国家相比,加工比例相当低,侧面反映了我国农产品加工未来发展空间巨大。

(3) 公司原材料获取不稳定。现阶段我国很多食品企业获取原材料不稳定,许多原材料来自分散的小型供应商,并且质量不稳定,这给企业产品的品质带来了很大的问题,许多食品类上市企业为了解决这些问题,往往采用公司+基地+农户模式,虽然这也解决了一部分问题,但是这也会产生一些其他问题,如难以约束农户、管理成本过高。

(4) 产业竞争力较弱。产业竞争力较弱是中国食品工业发展所面临的最主要问题。竞争力薄弱主要体现在中国食品企业规模小、技术落后及布局分散等方面。

中国食品企业总体规模小,生产集中度不够高,达不到规模经济。多数食品企业生产设备落后,资源消耗多,经济效益低。如国内粮油加工企业合理的经济规模为面粉加工400~600吨/日,稻谷加工200~400吨/日,而中国78.9%的面粉企业为日处理小麦50~100吨的生产规模,80%的稻谷加工设备为日处理50吨以下的小机组。这严重制约企业规模经济的实现,极大地限制了中国食品工业国际竞争力的提升。

6.3 影响食品行业发展的因素

6.3.1 有利因素

(1) 居民收入保持不断提升。食品行业需求潜力巨大,食品行业在居民收入水平渐增、生活节奏加快、消费习惯逐渐升级等因素的驱动下,逐年保持高增长的态势,被誉为永不衰退的朝阳产业,特别是方便食品、速冻、休闲等细分领域,更是快速增长。居民收入提升会导致消费量的增长,还有质的提升。

(2) 城镇化水平的提升，有助于提升消费者对食品的需求。从以下几个方面影响食品行业的发展：①城镇化的演进，使得农村居民生活习惯向城市居民靠拢。②城镇化带来公路等基础设施，有利于食品消费突破地域限制，同时，大型商场和购物中心的建设，有利于实现消费规模化和便捷性，便于大品牌食品公司的三四线渠道下沉。③城镇化有利于提升农村居民收入，生活节奏加快，工业化食品替代家庭制作食品，目前农村食品支出低于城市居民，城镇化提高，也能提高其人均支出。2010年，农村居民人均食品支出为1700元，而城镇居民为4900元，一个城镇居民人均食品支出相当于农村2.5倍，则城市化能迅速增加食品需求。如工业化食品替代家庭自制食品，如近两年，速冻等食品需求快速增加。

6.3.2 不利因素

(1) 食品安全问题。就目前国内食品行业的现状来看，阻碍食品行业发展最重要的因素就是食品安全问题，食品安全问题存在于整个产业链的各个环节。食品安全问题如同一颗定时炸弹，对相关企业和整体行业都有巨大的伤害。食品企业为了规避风险，同时塑造品牌形象，有很强的意愿加强食品安全管理。"三聚氰胺"毒奶粉事件让全国最大奶粉企业之一——三鹿倒闭，对整个行业也造成很大冲击，包括伊利和蒙牛，其中奶业巨头伊利当年亏损近20亿元，利润指标大幅度下降，两年以后才恢复出事之前的收入及利润水平，近1/3的奶企被迫倒闭；"瘦肉精"使双汇集团面临数十亿元的损失，股价暴跌，2011年双汇集团的收入和利润大幅下降，其中净利润下降51%，至今没有恢复到2010年的水准，利润仍在下降。血淋淋的事实教育了国内食品企业，加强安全管理逐渐成为共识。综上所述，食品安全，尤其是重大的食品安全问题，会导致整个行业的灭顶之灾。随着我国对食品安全的日趋重视、消费者对食品安全意识的加深以及权益保护意识的增强，食品质量安全控制已经成为食品加工企业的重中之重。

2009年以来，《中华人民共和国食品安全法》以及《中华人民共和国食品安全法实施条例》等法律法规先后正式实施，政府相关部门不断加强对食品安全的监管力度，这对发行人在食品质量安全控制方面提出了更加严格的要求。这些都将提高行业的准入门槛，也将大大提升行业的检测及管理成本。

(2) 产业链的缺失。食品行业近几年大发展，但不同产业链环节的发展顺序和程度会不同。在现阶段，中游的成品加工生产环节发展较快，大规模工业化生产正逐步获得推广运用；上游农产品种养殖等原材料供应环节发展较滞后，供应商普遍处于小、散状态，原材料的数量、质量、价格波动较大；下游的销售流通环节放开较早，整合程度也较高，并因此导致销售、流通成本较高，企业在市场开发商的主导能力不足。产业链的不顺畅则是主要的发展制约因素。产业链不顺畅还导致不能全过程监督食品质量，以致潜藏食品安全问题。这些都会制约整个食品行业的发展。

发达国家为食品工业提供装备的食品机械行业已经发展成为一个完整的工业体系，成为机械工业的一个重要组成部分。食品机械产品品种齐全，多达3000种。食品工业加工设备的机械化、自动化程度很高，产值相当可观，由于不断运用新原理、新技术、新工艺、新材料，促进了食品机械工业的发展，产品质量可靠、稳定、标准化、通用化、系列化程度都较高。与国外发达国家相比，我国在整个领域还处于初级阶段。

（3）民族企业缺乏核心品牌。从国际视野来看，我国不少食品饮料品牌在整个业内可能只是二线品牌，在高端市场上不足与国际巨头抗衡，在中低端上又面对中小企业激烈的低成本竞争。比如佳隆食品号称我国鸡精鸡粉行业第一民族品牌，但在其上是拥有太太乐、豪吉、美极等品牌的雀巢，拥有家乐品牌的联合利华等跨国巨头，这些跨国巨头凭借雄厚的资金、成熟的营销管理和强势的品牌推广占据了整个行业的领先地位，以佳隆食品为代表的本土大型生产商只能靠差异化市场竞争策略在二三线城市及农村市场拥有一定的区域性优势。未来食品行业的竞争，从某种意义上讲，也是品牌的竞争。

随着国内居民生活水平的提升，人们对食品的消费要求也在不断提高，消费者更加关注产品的质量、口味、营养、功能等特质，而品牌正是产品上述诸多特性的综合体现。市场上的知名品牌都是经过消费者的认同和市场竞争的考验逐渐形成的，企业塑造、维护一个知名品牌需要建立严格的产品质量控制体系、强大的产品研发体系以及较高的广告费用投入等，这为进入本行业的企业设立了较高的门槛。此外，品牌形象一旦树立，消费者将会对品牌产生良好的忠诚度，习惯性地消费自己熟悉的品牌产品，而较少选择其他品牌产品，从而短时间内新进企业与具有品牌优势的企业在竞争中处于不利局面。因此，民族企业在与拥有品牌的外资企业竞争时，处于弱势地位，只能获取较低的附加值。

6.4 主要竞争对手的 SWOT 分析

优势	劣势
需求量大 交通便捷 竞争激烈程度小 配套设施完善	资金不足 知名度较小
机会	威胁
消费者对食品的重视 消费者对食品的新追求	其他食品公司的竞争 消费习惯的引导 价格的威胁

6.4.1 优势

民以食为天，中国有着 13 亿以上的人口，对食品的需求量很大，而目前针对消费者需求的食品公司所提供的产品、服务远远不能满足市场需求，尤为值得一提的是，随着经济的发展，消费者对食品的追求不仅仅局限于解决温饱，很多消费者对食品的要求是健康、安全。

美味佳食品公司在对市场充分调研的基础上，再结合自己所拥有的资源，决定成立美味佳食品有限公司。本公司的有利条件主要包括以下几个方面：①公司所在地属于一个人口密度比较大、人口集中的二线中型城市，消费者对食品需求大，且对食品的个性追求比较小。②公司所在地交通便利，有利于食品原料的采购，以及食品成品向外地输送，而且本市公交系统发达，也有利于消费者前往专卖店、超市等购买。③从事食品采购、加工、销售的公司相对较少，有利于公司的快速发展。④本市基础设施完善，配套实施齐全。

6.4.2 劣势

（1）资金不足。公司的注册资金仅 50 万元人民币，相对于国内知名品牌公司而言资金尤为不足，这将制约公司前期的发展，在机器设备采购、人员聘请、原料采购等方面劣势凸显。

（2）知名度不高。由于公司属于新成立的食品企业，在本市的知名度不够，难以打动消费者进行购买，前期销售将会遇到困难。

6.4.3 机会

（1）随着市场经济的快速发展，食品越来越受到消费者的重视。

（2）随着人们生活水平的提高，人们对食品的要求出现了一些改变，不仅对口味、质量、品种等基本条件有所要求，而且还较为看重其品牌和附加的情感因素。

6.4.4 威胁

（1）因食品行业的门槛较低，更多竞争对手的加入，使得市场竞争变得更加激烈和复杂。

（2）不同区域的不同消费习惯，使得如何改变和引导消费者有一定的难度和挑战。

（3）其他同类产品较低的价格也是本公司的另一大威胁。

7. 市场营销组合

7.1 产品策略

随着科学技术的进步，世界食品工业取得长足发展。尽管新兴产业不断涌现，但食品工业仍然是世界制造业中的第一大产业。食品工业的现代化水平已成为反映人民生活质量高低及国家发展程度的重要标志。

我国食品工业在中央及各级政府的高度重视下，在市场需求的快速增长和科技进步的有力推动下，已发展成为门类比较齐全，既能满足国内市场需求，又具有一定出口竞争能力的产业,并实现了持续、快速、健康发展的良好态势。

2011年全国食品工业主要经济指标完成情况良好。全年呈现出生产强劲增长,销售同步上升,投资效益水平提高的局面。2011年食品工业在结构调整中,固定资产投资呈现出强劲增长的态势,全年完成固定资产投资9790.4亿元,是"十一五"末的1.4倍。

2012年,我国食品工业保持了持续健康较快发展,全年完成现价食品工业总产值89551.84亿元,同比增长21.7%。2012年全国规模以上食品工业企业33692家,占同期全部工业企业的10.1%;从业人员707.04万人,比2011年新增39.70万人。

随着社会安定和人民生活水平的不断提高,安全、卫生、营养食品的需求量大幅度增长,将继续推动我国食品制造的快速发展。食品作为生活必需品,受到我国政府的广泛关注,为了促进食品行业健康、卫生、稳定地发展,国家针对不同食品制造业制定了不同的政策措施,以保证行业长期、健康发展。因此,未来几年我国食品制造行业的发展将会更加旺盛。到2015年,我国食品工业将成为在国民经济中的支柱地位进一步巩固、对社会贡献度进一步提高、具有较强自主创新能力、保障安全和营养健康、有一定国际竞争力的产业。

7.2 营销队伍与管理

7.2.1 管理现状

(1) 绩效管理方面。大部分企业的业绩管理考核能够采用量化的指标,并将销售目标达成率与奖金挂钩。

(2) 激励管理方面。人是需要激励的,容易产生挫折感的销售人员尤其需要激励。销售人员的激励包括外部激励和自我激励,优秀的销售人员一般都善于进行自我激励。激励销售人员士气的外部措施主要有:①将奖金与绩效挂钩。②赏罚公平。③提供晋升机会。④进行强化培训。

(3) 行动管理方面。就对业务员行动的追踪方式而言,多数企业以电话追踪和突击检查为主,部分企业还采取行程核实和客户追踪方式。

(4) 销售指导方面。多数企业通过课堂培训和现场培训的方式对业务员进行指导,部分企业采取言传身教、以会代训的方式。

(5) 业务员心态管理方面。市场竞争日趋激烈和市场的不景气都会增加业务员的挫折感,不同的企业、不同的业务员在不同时期都会存在不同的心态问题。通常,影响业务员心态和士气的主要因素是激励机制,激励力度不够、奖罚不明、奖励政策不兑现等情况都会影响业务员的士气。对于经营业绩差的企业,业务员更容易对企业的前途感到悲观失望,积极性不高。

7.2.2 管理的策略

(1) 加强销售团队建设,提升团队业绩。许多销售经理不注意团队建设与企业文化的关系。实际上，企业和销售经理想要建立有效率的团队，就必须塑造追求卓越的企业文化。企业文化与团队荣枯互为因果。团队成员之间应该能够取长补短，相互信任，相互支援，同舟共济，变阻力为助力，变助力为合力。销售经理应有效利用销售绩效评估会来进行头脑风暴，全体业务员都可为某位业务员的客户集体会诊，集思广益，群策群力。在这种情形下，业务员不再是单打独门、各自为战，而是背靠着整个团队的支持。

（2）重新定位销售经理的角色。销售经理的角色从"超级业务员"回归为"管理者"是销售业绩持续上升的关键所在。销售经理应扮演好销售团队领队和教练的角色，销售经理应着重做好以下六项工作：①制订业务发展计划。②制订业务员职业发展计划。③制订销售策略与销售目标。④指导、训练、发展业务。⑤评估及选择业务员。⑥支持销售队伍。

为了有效解决"出勤不出工，出工不出力，出力不出活，出活不出利"等问题，可以针对销售业绩不能达成的问题进行深入分析，透过现象发现本质性问题，从而找出真正的原因，因地、因人、因时、因事地进行诊断并对症下药。该项工作的重点在于正确地设立目标，制订计划，制定奖励政策并提供支持和辅导，尤为关键的步骤是追踪跟进。

（3）实施销售目标管理。销售目标管理可促使业务员进行自我管理，加强自我控制，使业务员能够从被动、消极转变为自动、自发、自主自控。销售目标应该体现循序渐进的原则，利用渐进式的目标管理系统可以使业务员在最少的监督之下创造出最佳的销售业绩。所谓渐进是指制定一系列连续的目标。比如，每个季度都要在前一个季度的基础上达到一个新的目标，最后在年末达到年度最终目标。日常目标包括完成销售额、把费用控制在计划内、增加潜在客户等。创造性目标就是给业务员增加压力，提高目标，促使其最大限度地发挥自己的潜能。在制定目标时，应该设定两种目标范围：现实目标和理想目标。概括而言，在制定目标时，应考虑以下问题：

1）你想在年底达成什么样的成果（年终目标：所有季度目标都应服从于年终目标）？

2）要取得这些成果，面临哪些障碍？

3）你的销售区域有哪些优势和不足？

4）如果本期（季度）目标未能顺利达成，这对实现最终目标有何影响？

5）在上期（季度）完成的目标之中，哪些是渐进式的？

6）你是如何取得这些进展的？

7）对于上期（季度）没有完成的目标，你是否有别的办法可以弥补？

（4）加强对业务员的培训和指导。以会代训、陪同拜访、联合拜访都是有效的方法。

1）销售经理应尽力与业务员进行"一对一"的沟通并提供指导，应该针对业务员自身的优缺点并结合市场和客户的特点对业务员给予辅导，双方可以共同讨论、拟订改善方案和行动计划。

2）销售经理还需要进行追踪管理，并定期检查进展情况或制订下一步计划。

3）销售经理也可以陪同业务员进行联合拜访。在联合拜访过程中，业务员充当主角，销售经理则充当教练这一配角角色。在联合拜访后，销售经理应进一步分析、检查业务员在拜访客户行动中的表现，并指出有待改进之处。只有通过持续的改善跟进循环，才能不断提升销售团队的整体销售能力。

（5）士气提升和能力提升双管齐下。应该加强企业文化建设，设计企业远景。经理和业务员应该保持良好、有效的沟通并制定行之有效的激励政策，以强化团队精神并确保业务员保持旺盛的斗志和进取心。销售经理还应该注意开发业务员的潜能，使业务员的能力和业绩获得同步成长。公正、客观地进行业绩评估，尽量将考核指标量化、标准化。可以制定以下目标并进行考核：①销售目标达成率。②毛利目标达成率。③应收账款回收率。④每天平均访问户数。⑤客户数量。⑥产品比例。

（6）提升销售会议效率和效果。对业绩评估可采取定量、定性两种方法：一种是根据企业的奖励政策进行考核，这是一种定量的方法；另一种是通过销售会议对业务员的绩效进行定性分析评估，研讨绩效未达成的真正原因，并研究、拟订改善对策。召开销售会议是销售经理需要投入大量精力来做的一项工作，任何一位优秀的销售经理都应该高度重视这项工作并致力于提高其效率和效果。

7.3 价格策略

对于某个特定产品的定价，成本是其价格底线，产品的顾客价值是价格的上限，而竞争对手同类产品的价格，决定了实际的价格水平。

成本导向型定价：价格=可变成本+固定成本+边际利润，可变成本包括原材料和劳动力成本。

竞争导向型定价：根据竞争对手的价格和情况，结合公司的实际进行定价。

需求导向型定价：必须考虑到适当的因素：顾客在什么时候感知到的价值是非货币成本或服务利益。

定价决策流程：产品的定价是一个持续的过程，价格不能一定下来就一成不变，在必要的时候需要进行修正和完善。所以在制定价格决策时，应该考虑的关键要素如下：

（1）根据定价分析企业的目标。

（2）从需求数量和质量两方面确定需求层次。

（3）分析所提供产品的预期成本。

（4）调查竞争对手的成本结构与价格定位。

（5）评估消费者感知价值。

（6）利用不同的定价理念设定价格。

（7）评估所定的价格与其他组合要素的兼容性，看能否增强所设想的定位。

（8）监测市场对价格的反应并发现问题。

食品业必须将价格作为一种有效的营销工具，及时调整价格适应市场。

本公司将根据自身的不同发展阶段和市场及竞争对手的实际情况制定自身的价格。

（1）成长阶段。进行稳健型经营，不追求公司短期的最大利益。主要是将本公司服务推向市场，提高公司知名度，树立品牌形象，逐步建立健全营销网络，扩大市场占有份额。所以，公司将在这个阶段实施成本导向型定价，以价格优势将本公司服务推向市场，提高公司知名度，树立品牌形象，逐步建立健全营销网络，扩大市场占有份额。

（2）发展期。这期间，公司将提升品牌形象，增加无形资产，建立完善的现代企业制度和公司治理结构，提高培训效率，降低成本，发展企业规模，加强市场开发和开拓，不断扩大市场占有率；根据市场的需求，增加新的服务项目，占有更多的市场份额。公司为了更好地提高知名度和发展，这阶段实施以成本导向型定价为主、竞争导向型定价为辅的价格战略。

（3）快速扩张期。为快速扩张与发展期。本期将进一步完善和健全营销网络，加大研发力度（公司可进行相关家政服务产品的研发与代理），实行多元化的经营战略，巩固已占有的市场。公司这阶段实施以竞争导向型定价为主、需求导向型定价为辅的价格战略，力求保证公司的快速扩张，巩固已占有的市场。

（4）多元化经营期。本期将开发更多新服务及家政产品，企业可跨行业发展，建立集团化经营模式。同时要加强企业内部管理，建立完善的综合经营体制，降低内耗，提高经济效率，占领国内市场，集中力量发展优势产业并迈向国际市场，打造国际知名品牌。公司这阶段实施需求导向型定价价格战略，根据市场的需求开发更多新服务及家政产品。

7.4　直销渠道

许多服务公司采用直销方式，不是用中间商与代理商。服务业通常有五种渠道可以选择：直销、代理或经纪、买方代理与卖方代理、特许经营、电子渠道。

服务的直销具有以下几个方面的优势：

（1）能严格控制服务质量。

（2）可以方便地评估顾客的需求和期望，进而做出相应调整以迎合顾客需求。

（3）可以加强对服务运作的管理控制。

（4）可以更有效地进行内外交流。

(5) 可以通过顾客参与和他们建立关系。
(6) 可以降低渠道成本或免去中间环节费用。
服务促销：广告、人员推销和促销、公共关系、口头传播和直销。
服务沟通中的教育与激励目标：
➢ 为特定公司或品牌树立形象。
➢ 引起对不熟悉的品牌或服务的兴趣。
➢ 通过品牌利益与专业力量的沟通建立偏好。
➢ 通过促销奖励鼓励试用。
➢ 让顾客在使用前熟悉服务程序。
➢ 教育顾客如何最大限度使用服务。
➢ 在需求低谷刺激需求，在需求高峰减少需求。
➢ 比较服务并还击竞争对手。
➢ 通过提供有用的信息降低不确定性与风险感。
➢ 让人放心。
➢ 认知并奖励有价值的顾客和员工。
➢ 针对竞争重新进行服务定位。
➢ 服务产品组合决策。
➢ 增加服务产品线的长度：向下延伸、向上延伸、双向延伸。
➢ 减少服务产品线的长度。
➢ 扩展服务产品组合的宽度。
➢ 缩小服务产品组合的宽度。
服务产品的生命周期：投入期、成长期、成熟期、衰退期。
• 投入期的营销策略：快速掠取策略、缓慢掠取策略、快速渗透策略、缓慢渗透策略。
• 成长期的营销策略：产品策略、市场细分策略、促销策略、价格策略。
• 成熟期的营销策略：市场改进策略、产品改进策略。
• 衰退期的营销策略：维持策略、缩减策略、撤退策略。

本公司在建立初期，选择滁州市中心、郊区作为目标市场。运用直接渠道策略，便于零距离的与消费者对接，便于了解消费者的心声，为公司后期开展业务打下基础。运用直销渠道可挖掘市场价值，这样更有利于公司未来的发展与规划。

公司创立初期，在滁州市场上的竞争力存在很大压力。本公司是新行业的进入者，缺乏相应的渠道经验，加上公司的综合实力有限，为此开展直接销售便于管理，市场运作更加灵活、方便。

7.5 促销策略

制定一个好的促销策略可以为公司传递消费者的信息，突出产品的特点，诱导需求,从而增加公司的销售量和利润,提高公司竞争力。本公司滁州市场采用的促销策略有广告、营业推广、公共关系、网络营销四种方式。

7.5.1 广告

通过问卷调查结果得知,消费者了解食品公司信息的途径主要有互联网和电视广告。电视广告的资金投入太高,在公司发展初期不建议采用。

(1) 在《滁州日报》上建立一个广告位。

(2) 在滁州市的公交站台和公交移动电视上做广告宣传。

(3) 在互联网上建立一个属于本公司的宣传网站。

借助互联网和公交移动电视广告可以提高本公司在滁州市场的知名度,但在做广告宣传的同时,需要明确广告的目标,找准广告定位,恰当的广告表现,更要找好适宜的广告媒体,才能更好地体现出我公司的特点。

7.5.2 营业推广

营业推广是在短期内刺激消费者和经销商的一种促销措施,是对人员推销和广告的一种补充手段,与其他促销工具相比,营业推广具有时效性、刺激性、多样性和直接性的特征。本公司在销售过程中可以运用赠送礼品和特价销售等营业推广手段来推销我们公司的品牌形象,这样可以提高我公司的市场知名度。

7.5.3 公共关系

因为公共关系营销可能是未来的营销核心。为此,我公司建议发挥组织(如政府)的力量,在恰当有效的时间内进行各种不同风格的展示,在食品行业当中可以产生积极的作用,更加有利于未来与消费者建立一种友好的关系。

7.5.4 网络营销

在科技时代的背景下,滁州市电子商务处于成长阶段。网络营销是一种很新型的营销手段,现在越来越多的消费者喜欢从网上购物。我们公司应当要完善网站上的销售、客户服务系统,这样便于传递公司的信息,让消费者更好更快地了解我们。同时也便于增加与消费者的感情,扩大市场占有率。

活动具体方案:通过滁州本土的一切可利用资源有针对性、有选择性地进行广告宣传,达到推广告公司的目的。

(1) 工作计划。

1) 宣传计划。市场部经理负责联系媒体,包括电视台、广播、街上 LED 显示屏三方面负责人,与其洽谈细节,包括播放的内容与播放的时间段与日期、所需要的费用等各方面的问题。

宣传部经理监督广告内容设计,印刷 1 万份,同时协商印刷费用等相关问题。

人力资源部负责人全权负责招人,系统安排培训临时员工。包括人员对应场地,躲避城管,防止被罚款或有损企业形象。

办公室文员每天更新网站，注入新的信息。

话务员定时发放信息给准客户，让准客户变成有效客户。

2）设计广告内容、形式。公司形象视频与背景音乐制作投放至电视台和广播台；宣传单页制作，用人工前往市区发放。同时，在公交车以及户外 LED 进行广告投放。同时采用公益广告的模式，集合队伍在街上宣传创建国家卫生文明城市的口号，以此来提高公司的知名度。

3）联系媒体负责人，洽谈宣传细节。

4）联系印刷厂。确定华益印刷厂为我们的合作单位。

5）找广告发放员。

（2）活动计划。

宣传单发放时间：2013 年 5 月 20~22 日。

1）××部经理××负责×××路到×××的路段中的铺面和小区楼道，安排 y 个人要全部到位。

2）××部经理××负责×××路到×××的路段中的铺面和小区楼道，安排 y 个人要全部到位。

3）××部经理××负责×××路到×××的路段中的铺面和小区楼道，安排 u 个人要全部到位。

4）公司统一安排 50 人前往市区进行游街宣传，统一服装，统一口号，5 月 21 日早上 8 点××处集合。

7.6 主要的影响因素

营销计划的主要特征：

（1）明确性（Specific）。

（2）可衡量性（Measureable）。

（3）可接受性（Accede）。

（4）实际性（Realist）。

（5）时限性（Timed）。

影响市场营销策略的因素主要可以分为宏观环境因素和微观环境因素。宏观环境因素是指企业运行的外部大环境，它对于企业来说，既不可控制又不可影响，而它对企业营销的成功与否起着十分重要的作用。

（1）人文环境。

1）人口因素。人口数量与市场构成的关系，人口城市化与市场的关系，世界人口年龄结构变化与市场的关系。

2）人口的地理迁移因素。客流的移动特点和规律与地理环境的关系，购买动机与地理环境的关系。

3）社会因素。家庭、社会地位阶层，影响细分市场。

（2）经济环境。

1）国民生产总值。

2）个人收入，反映购买力高低。

3）外贸收支情况。

（3）自然环境。自然资源的短缺和保护，环境的恶化，疾病的影响。

（4）技术环境。技术对企业竞争的影响，对消费者的影响。

（5）政治—法律环境。政治格局的稳定和国家的政治法律环境都直接影响营销渠道。

（6）社会—文化环境。教育水平、宗教信仰、传统习惯。

微观环境因素是指存在于企业周围并密切影响其营销活动的各种因素和条件，包括供应者、竞争者、公众以及企业自身等。

1）供应者。资源的保证，成本的控制。

2）购买者。①私人购买者：人多面广，需求差异大，多属小型购买，购买频率较高，多属非专家购买，购买流动性较大。②集团购买者：集团购买者数量较小，但购买者的规模较大，弹性较小。

3）中间商。其购买产品和服务，主要是为了专卖，以取得利润；由专家购买；购买次数较少；单批量大。

4）竞争者。①竞争者及其数量和规模。②消费者需求量与竞争供应量的关系。

5）公众。金融公众、政府公众、市民行动公众、地方公众、企业内部公众、一般群众。

6）企业内部各部门协作。

8. 生产管理计划

8.1 原料供应

本公司的炒货产品——板栗系列将从本地板栗种植商处购买，滁州市现有板栗种植面积近10万亩，总产量2200吨左右。全椒县马厂镇三位农民集资12万元建起了100多平方米的大冷库，将本地和附近农民生产的4万公斤板栗收购后存入冷库，贮存两个月依然保持新鲜，完全可以满足本企业的生产需要。

炒货产品——瓜子系列将从芜湖采购原材料，芜湖市被称为"瓜子城"，瓜子种类繁多，不仅可满足本市众多企业需要，还向外市提供大份市场。从芜湖采购至本地当天便可领货，发货快，价格低，质量好，是选择从芜湖进货的重要原因。

面包产品原料将从滁州市面粉厂购进。该企业注册资金3140万元，坐落于滁州市琅琊区大成路14号，送货速度快，产品质量好，信誉可靠，将与本企业建立长期战略合作伙伴关系。果酱、肉松等辅助原料将从滁州扬子大市场浪淘沙企业买进，该企业是一家专业从事果酱经营的企业，为本市多家果冻企业、甜品企业、面包糕点企业提供各类果酱、肉松等辅助原料。

8.2 技术人员与厂房选址、布局

炒货产品——板栗系列和瓜子系列将由温扬威担任技术总监，其有四年炒板栗经验，曾经独立经营一家板栗炒货门店，现投资加入本公司，同时提供技术支持。

公司将从扬子食品厂聘请两名面包师，具有七年专业生产知识，经验丰富，手法娴熟，技艺高超，可以培训一批新手迅速上岗。完全可以担任本公司技术人员，满足面包生产需要。

企业选定落户于滁州市扬子工业区，该工业区位于滁州市城东，交通便利，坐落于此可以享受"两年免所得税"的政策优惠。

8.3 生产工艺

炒货产品板栗系列和瓜子系列都是采用独特工艺完成。

板栗系列有多种口味的，本企业采用跟踪进货的方式确保原料质量可靠。购入板栗经过选料、清洗、浸泡、漂洗、干燥、烘焙、入锅翻炒（下），加入特制调料，经一道质检合格后包装入袋，拼装入箱，二道质检，贴码待销。

瓜子系列采用焖煮法生产，购入原料经过选料、清洗、浸泡、漂洗、干燥、烘焙、入瓜子焖煮锅焖煮（上），每煮完一批添加适量茴香、桂皮等香料，煮好后自动转出焖煮锅进行自然晾干，从而保持瓜子香脆可口、甘甜怡人的独特口味，晾干瓜子经一道质检合格后包装入袋，拼装入箱，经二道质检，贴码待销。

一道质检主要是采用翻转筛选加吹风机的组合将炒货表面的大块残渣去除，并剔除空壳、轻质产品，降低空壳率。二道质检主要是检查箱子的内外包装，内部装载数量和外部是否平整完好。完成质检后在临时仓标注发货批次地点批量等数据后入仓。

在生产过程中从投料清洗开始都是由机器自动完成，员工在隔离区域外实施机器控制、添加香料等操作。直至第六道工序结束后，产品已批量包装后员工才能接触到包装好的产品打包装箱。确保人货分离，保证产品生产中的安全卫生。同时为了保证两类产品不会混合，将严格按批次生产，并在切换产品时由机械师清理机器，确保产品不混合。

面包产品有单一生产线，为避免温度干扰，远离炒货区。原料在1区投入面筋机搅成面团，搅拌好的面团压缩传送至2区，由2区工人切割上架，并交由3区进行烘焙，烘焙好的面包运送至4区进行刷果酱、肉松。完成后送至5区包装入箱。6区为质检部办公处，面包生产采用动态质检，全程监督、严格把关，确保每一环节不出问题，每一步骤卫生可靠。

生产一个批次的糖炒板栗需要下料清洗5分钟，在浸泡池浸泡漂洗15分钟，

干燥 40 分钟或烘焙 5 分钟,翻炒 15 分钟,质检筛选需要 5 分钟,装袋封口 3 分钟,入箱后人工操作在 5 分钟内完成装箱及质检。总共需要 1~1.5 小时。配料根据具体口味需要额外计算时间。

生产一个批次的奶香瓜子需要下料清洗 5 分钟,在浸泡池浸泡漂洗 5 分钟,干燥 1 小时或烘焙 10 分钟,焖煮 1 小时,质检筛选需要 5 分钟,装袋封口 3 分钟,入箱后人工操作 5 分钟完成包装及二道质检。共计需要 1.5~3 小时。

生产最大数量的面包(满炉开工)需要搅拌面团半小时,贴面饼 3 分钟,上架开烤 2 分钟,烘烤 15 分钟,出炉两分钟内转移至果酱区,自动刷酱、肉松 5 分钟,包装封口 3 分钟,成箱转走 10 分钟,共计需要 1 小时 10 分钟。

8.4 生产规模、产品过渡

根据公司现有设备及即将买入安装的设备计算,最大生产量为糖炒板栗 0.3 吨/天,焖煮瓜子 0.15 吨/天,面包 7000 袋。但根据市场需要和企业作息时间,实际生产量不会达到最大产量。每月的生产批次产量都根据市场需要提前制定。

名称	分类	型号	规格		售价(元)
			重量(g)	数量(颗)	
美味佳糖心板栗	袋装	中包	500	120~140	10
美味佳奶香瓜子	袋装	中包	550	—	12
美味佳糖心板栗	袋装	小袋	200	40~60	6
美味佳奶香瓜子	袋装	小袋	300	—	6
美味佳速食面包	袋装	通用	200	1	2

公司根据产品市场反馈调整生产口味,采用不停产过渡。在原有车间和生产线的基础上,把新产品投产前的准备工作和老产品的生产交叉一起进行。在老产品不停产的情况下,逐步完成新产品的转产过渡工作。

8.5 质量管理

炒货产品板栗系列和瓜子系列分别采用翻炒法和焖煮法生产,全程自动化操作,严格执行国家规定食品行业生产卫生标准及安全标准。

面包产品采用先培训后上岗的管理方式,确保生产人员业务熟练,卫生清洁。面包生产部质检采用流动检查,跟踪记录生产过程全程,确保产品卫生质量安全。

公司成立两个质检小组,分别管理炒货产品和面包产品的质量检测。质检人员都是经专业培训,拥有国家证明的质检人员。确保质检结果真实可靠。

质检小组主要检查内容包括原料质量、生产流程中的卫生质量、配料的质量检测、袋装产品的称重。

8.6 包装运输

本公司炒货系列有两款包装，小袋装精致美观，由安庆市庆翔塑业有限公司提供，该公司成立于 2001 年，专业从事塑料袋生产，种类繁多，价格优惠，并有丰富的食品包装塑料袋生产经验，完全可以保证本厂产品出厂后密封合格，安全卫生的要求。大袋内袋（塑料袋）由安庆市庆翔塑业有限公司提供，外袋（纸袋）由上海华正纸袋包装有限公司买进。该公司建于 2011 年，是一家专业的牛皮纸阀口袋生产企业，在安徽有广阔市场，多家合作企业，包括国内知名瓜子品牌洽洽食品企业都与该纸袋包装公司有长期合作伙伴关系。本公司已经与上海华正纸袋包装有限公司签署三年合作伙伴协议，如无其他意外情况，未来三年所需牛皮纸袋都将从上海华正纸袋包装有限公司以特惠价买入。

面包产品的外包装亦由上海华正纸袋包装有限公司提供。

炒货产品和面包产品的大包装箱都由本地明光纸箱厂提供，该企业就近生产，供货迅速，可自定义安排箱包外包装版面，极具价格优势。

公司自有长丰面包车一辆，桑塔纳 2000 一辆，主要用于给各大商场和零散销售点供货，同时也可以让销售商自行提货，在仓库登记，由财务处的人划拨取货。

9. 财务规划

9.1 编制财务计划的作用

财务计划对保证企业财务目标的实现有以下三个作用：

9.1.1 财务计划可使企业目标具体化

在企业的总体目标或规划中，对企业在未来若干年内就达到的各项目标的规定，经过高度的概括和抽象，都比较原则和笼统。企业要完成其规定的经营目标，还要将其目标分解成各部门、各责任人应完成的具体指标。为保证这些具体指标的实施，各部门就要做好反复的预算平衡工作，明确各部门应完成的奋斗目标，以便合理地安排财务活动，做好财务工作。

9.1.2 财务计划可作为企业控制的标准和依据

财务计划的编制目的是约束和控制企业的财务行为。企业的财务部门需要把实际执行情况和计划进行对比，发现差异，找出原因，并采取必要的措施，保证计划的完成。因此，计划是控制日常财务活动的主要纲领。

9.1.3 财务计划是考核各部门工作业绩的依据

财务计划不仅可以约束和控制企业的各项活动，而且还可用于作为评判企业各部门工作业绩的标准和依据。

9.2 创业计划书的假设条件

公司注册资本 500 万元。股本结构与规模如下：

规 模	来 源	风险投资	美味佳食品有限责任公司	
			自筹资金	专利入股
金 额		300万元	185万元	15万元
比 例		60%	37%	3%

9.2.1 资金需求

资金需求包括三个方面：

（1）公司建立所需基本费用，如注册资金、办公场所费用（租赁、办公用品、水电杂费）、牌照办理注册登记。

（2）公司市场运营费用，如职员工资、店铺租赁费用、生产设备费用、食品加工原料费用、物流配送费用、广告宣传费用、公关费用、产品研发及市场拓展费用。

（3）公司经营管理、财务费用，如利息、税金、股利、自然损耗。

9.2.2 资金投入计划

固定资产	65万元
流动资产	300万元
开办费	11万元
无形资产	14万元
共计	390万元
固定资产投资：生产设备投资	58.05万元
产品检验设备投资	1.95万元
公司办公设备投资	5万元
开办费：注册会计师咨询费	1万元
律师费	0.7万元
登记费用	0.6万元
差旅费	1.9万元
人员招聘费	2.5万元
其他费用	3.3万元

根据资金占用情况，公司注册资本分两期投入，第一期投入资金390万元，第二期投入110万元，用于公司流动资金周转，共计500万元。

9.3 资金的来源与使用

由资金需求分析可以看出，本项目在前三年逐年扩大规模，初始即需要大量的资金。因此，本项目准备通过吸取风险投资家投资的途径弥补资金的不足，这也是我们写此商业计划书的目的所在。风险投资者投资后，双方商定，风险投资商对公司的所有权的比例以其投资的资本为条件，按照一定的比例分配给其一定所有权。

风险投资者投资后，投资收益和未来再投资的安排：

(1) 投资收益的安排可分为以下几个方面：
1) 作为管理人员的薪酬发放。
2) 作为风险投资收益将利润分配给风险投资者。
3) 用于后期返还风险投资。
4) 作为本项目部继续运作和进一步扩大规模的投入。

(2) 未来再投资的安排可以包括：
1) 作为本项目部继续运作、组织生产的资金。
2) 作为项目部进行管理体制研究的资金。
3) 作为项目部增添固定资产的资金。
4) 作为项目部扩大培训规模的资金。

9.4 具体的财务规划

为了达到在滁州市占有较高的市场份额，美味佳公司立足本地市场，努力拓展市区市场，打造省级知名的品牌企业的目标，拟采取如下措施，划分阶段，分期实施：

(1) 成长阶段：进行稳健型经营，不追求公司短期的最大利益。主要是将本公司产品推向市场，提高公司知名度，树立品牌形象，逐步建立健全营销网络，扩大市场占有份额。增加产品来源，建立食品加工基地，扩大产品销售渠道，通过熟练、精细管理，不断降低成本，增加盈利。

(2) 发展期：在此期间，公司将提升品牌形象，增加无形资产，建立完善的现代企业制度和公司治理结构，提高培训效率，降低成本，发展企业规模，加强市场开发和开拓，不断扩大市场占有率；根据市场的需求，增加新的食品研发，占有更多的市场份额。

(3) 快速扩张期：为快速扩张与发展期。本期将进一步完善和健全营销网络，加大研发力度，实行多元化的经营战略，巩固已占有的市场。

(4) 多元化经营期：本期将开发更多适应人们需求的产品，同时要加强企业内部管理，建立完善的综合经营体制，降低内耗，提高经济效率，占领省级市场，集中力量发展优势产业并迈向国内市场，打造国内知名品牌。

9.5 财务分析说明

存货控制采用先进先出法进行成本核算。

办公楼及办公设备等固定资产为65万元，估计使用寿命15年，按直线折旧法，期末无残值，无形资产按10年摊销，期末无残值。第一年不分红，以后年份按可供投资者分配的利润的95%分红。应收账款按当年销售收入的8%计算，其中92%当年收回，剩余的8%下年收回。库存为计划产量的3%。

9.6 财务假设

（1）坏账准备按年末应收账款的5‰提取。

（2）税率：增值税税率17%，公司所得税税率25%。

（3）法定公积金和法定公益金，均按净利润的10%提取。

（4）固定资产折旧采用直线折旧法，按10年摊销，期末无残值；办公设备折旧年限为10年，期末无残值。

（5）原则上，公司设运营的前三年内不分配利润，利润所得全部用于公司再发展。

（6）结合银行贷款利率，确定项目资金基准折现率为10%。

9.7 预计利润表

单位：万元

项 目	第一季度	第二季度	第三季度	第四季度	第五季度	第六季度	第七季度	第八季度
一、营业收入	200	575	550	650	640	650	725	800
减：营业成本	375	280	340	350	335	355	345	400
营业税金及附加	25	45	45	50	60	52.5	50	80
销售费用	125	50	50	45	55	52.5	75	80
管理费用	50	30	40	40	20	57.5	50	57.5
财务费用	25	15	25	22.5	20	32.5	30	32.5
二、营业利润	−200	−140	−45	92.5	150	100	175	200
加：营业外收入	25	10	50	25	15	25	27.5	65
减：营业外支出	50	12.5	40	40	65	75	12.5	15
三、利润总额	−145	−142.5	−35	75	100	150	200	250
减：所得税费用	0	0	0	18.75	25	37.5	50	62.5
四、净利润	−145	−142.5	−7	56.25	77	125	240	220

9.8 预计资产负债表

项 目	第一季度末	第二季度	第三季度	第四季度	第五季度	第六季度	第七季度	第八季度
流动资产：								
货币资金	150	250	150	300	225	295	400	500
应收账款	75	300	250	275	280	300	200	125
存货	70	75	100	150	125	175	200	225

续表

项目	第一季度末	第二季度	第三季度	第四季度	第五季度	第六季度	第七季度	第八季度
流动资产合计	345	625	500	725	625	725	800	850
非流动资产:								
固定资产净值	32.5	40	37.5	50	40	42.5	60	100
无形资产	7.5	7.5	7.55	30	40	45	50	75
非流动资产合计	40	47.5	40	80	80	87.5	110	175
资产总计	385	672.5	540	805	705	812.5	910	1025
流动负债:								
短期借款	25	27.5	40	30	27.5	30	10	10
应付账款	40	30	30	35	10	10	12.5	20
应交税费	0	0	0	7.5	25	10	7.5	20
其他应交款	7.5	10	5	7.5	5	5	10	25
流动负债合计	72.5	67.5	75	80	62.5	55	40	75
非流动负债:	100	100	100	100	100	100	100	100
非流动负债合计	100	100	100	100	100	100	100	100
负债合计	172.5	167.5	175	180	162.5	155	140	175
股东权益:								
实收资本	100	100	150	200	225	250	280	300
未分配利润	25	40	40	40	45	50	75	150
股东权益合计	125	140	190	240	270	300	355	450
负债和股东权益总计	297.5	307.5	365	420	432.5	450	495	625

9.9 预计现金流量表

事项		第一季度	第二季度	第三季度	第四季度	第五季度	第六季度	第七季度	第八季度
期初现金余额		150	200	225	230	275	300	275	300
研发部	产品研发	25	40	15	25	30	40	37.5	50
市场部	渠道开发	12.5	12.5	17.5	12.5	25	30	40	60
	广告投入	30	30	27.5	30	30	7.5	27.5	10
销售部	现金收入	125	110	150	200	225	240	250	300
	订单违约	7.5	7.5	7.5	8	9	10	5.5	4

第一部分　商业计划书概述

续表

事　　项		第一季度	第二季度	第三季度	第四季度	第五季度	第六季度	第七季度	第八季度
制造部	厂房购买	25	5	10	5	15	15	5	10
	设备购买	30	25	5	6	11	5	7.5	2.5
	原料采购	25	50	30	25	27.5	35	40	60
	认证投入	30	5	7.5	17.5	15	10	5	10
人事部	招聘费用	2.5	1	1.5	2.5	1	1.5	3	2.5
	人员薪资	7.5	12.5	15	25	25	25	25	25
	人员福利	10	9	12.5	12.5	25	30	35	37.5
	培训费用	5	7.5	7.5	5	2.5	4	5	7.5
	违约赔偿	5	6	6	5	4	3	6.5	4
财务部	管理费用	7.5	16.5	20	10	7.5	12.5	17.5	15
本期现金支出合计		215	227.5	182.5	189	227.5	228.5	255	313
本期融资		30	60	35	60	60	20	25	30
期末现金		140	162.5	227.5	301	332.5	341.5	295	343

9.10　食品产品价格表

分类	名　　称	定价（500克/元）	竞争对手价格（500克/元）
炒货	瓜子	20	20
	花生	20	20
	板栗	30	30
	杏仁	20	20
	蚕豆	20	20
	核桃	68	70
	开心果	40	40
	葡萄干	40	45
糕点	杯状蛋糕	80	80
	生日蛋糕	90	90
	夹心肉松面包	80	80
	果酱面包	80	85
	汉堡包	90	95
	切片土司	80	80
	早餐包	80	80
	奶香包	80	80

9.11　员工工资表（月）

服务人员	工资（元）	人员数量
后勤工人	1800	10
技术工人	2000	30
财务工人	3500	5

注：营业税税率：3%；城市维护建设税税率：7%（市区）；教育费附加率：3%；增值税税率：17%。

10. 风险与退出

10.1　面临的潜在风险

10.1.1　市场风险

目前，坚果炒货行业飞速发展，已经在整个食品行业中占有非常重要的地位。然而，受材料、资源价格上涨，营销成本上升以及国内食品安全问题等因素的影响，企业利润空间减小，再加上休闲食品行业本身可代替性就很强，熟食类腌制水果类食品的兴起，坚果炒货行业不可避免地受到冲击和影响。而国内的大企业，如洽洽、真心等炒货已经占据一定市场，使得新成立的企业难以在市场上占据非常大的份额。现如今，糕点是以粮、油、糖、蛋等为主要原料，添加适量辅料，并经调制、成型、熟制等工序制成的食品，一般可将糕点分为中式糕点和西式糕点两大类。随着我国经济发展和人们生活水平的提高，我国糕点消费量迅速增加；国内焙烤行业发展越来越快，产品质量越来越好，品种越来越多，糕点生产水平与国际水平差距正在缩小，地区间交流日益频繁，并且较快地渗入到普通老百姓的日常饮食中。但糕点行业在国内食品中安全问题非常严重。

10.1.2　行业风险

（1）全国坚果炒货行业已形成规模。如安徽以洽洽、真心领衔，上海以恒康、姚生记为代表。但是却只以地区为限，区别不明显。没有影响到消费者。而糕点行业全国连锁是少之又少。

（2）目前，我国的糕点企业绝大部分是前店后厂，中央工厂的连锁经营很少。企业投资大，生产成本高，产品质量不够稳定，不易连锁，很难产生品牌效应。随着消费水平的提高，糕点朝着满足居民个性化、时尚化、多样化和品牌化连锁经营的方向发展，而现在多数企业仍沿用传统管理模式，现代企业制度和全面质量管理没有得到全面推行。随着中国港台地区及发达国家的企业介入，我国那些小本经营的前店后厂如何抗击风险，参与有着国外财团支持的大规模、高品质、低成本、安全卫生的连锁企业的竞争，实在令人堪忧。

目前国内糕点花色品种较少，大部分为西方传统的糕点样式，不能满足消费者的多元化需求；目前市场上蛋糕多使用高糖分、高脂肪、高胆固醇的原料，不

第一部分　商业计划书概述

符合现代人追求健康的理念。一是管理层人员素质不高，质量意识淡薄，片面追求眼前利益，不考虑企业的长远发展，致使企业内部管理体制不健全，管理制度落实不到位，未形成一整套食品安全科学管理体系，内部管理相对混乱；二是食品从业人员食品安全意识较差，企业自检状况不理想；三是食品及其原料购进渠道不规范，索证索票不全，未落实进货台账制度。

中小企业比例高，精细加工的程度比较低，同质化严重，价格竞争激烈，利润空间狭小，国际化竞争力偏弱。西点业中的面包存在同样的问题。

10.1.3　经营风险

炒货行业产品线长而生命周期短，坚果炒货企业产品种类繁多，涉及广泛，瓜子类、坚果类、核桃类、肉类、豆类、礼品类等，如此众多的产品线、众多的品类、品项缺乏详细科学的规划，造成产品生命力不强、生命周期短暂。很多产品更是昙花一现，刚上市就消失了。坚果炒货行业的产品严重同质化，很多同类产品高端和低端产品的差异就是包装和厂家的区别甚至有的包装几乎一样，只是厂家不同，因此，对于消费者来说没有什么差别。如瓜子，很多散货的口感并不比超市的纸袋包装的口感差，甚至有的口感还优于纸袋装的，两者的价钱差一倍，因此消费者没有理由倾向品牌货！每个厂家的营销手段相似，每个厂家的营销手段相同、单一，没有创新导致虽然营销投入多但是回报却微小。

糕点行业则面临着以下经营风险：外贸企业野心勃勃，新兴连锁店迅速崛起，刚起步的企业很难与连锁店相抗衡，因此竞争压力极大。糕点是比较容易替代的商品，因此糕点的替代品过多。对供应商的要求：虽然糕点行业对原材料的要求较高，但是还是有巨大的供应团体。而糕点行业所需的设备，也容易得到。因此，对供应商的价格谈判抵御能力很高。如今糕点行业入门比较容易，因此，创造的企业很难与这些小企业的价格进行竞争，就产生了一定的价格劣势。

10.1.4　技术风险

关于糕点方面，国内工艺技术和装备总体水平落后，除部分外资企业外，国内大多数企业仍是采用传统的生产技术，一些新技术如两次发酵工艺、两次搅拌技术、连续发酵工艺和高热连续烤炉及自控设备等尚未得到普遍推广。发达国家已经普及的保鲜面团、冷冻面团技术在我国虽然有较深入研究，但未形成规模生产能力。国内企业只能得到微薄的加工费和服务费，不利于壮大民族工业。

由于糕点行业进入门槛较低，从业人员学历普遍偏低，技术人员大多是经过短期培训后上岗，没有经过系统的专业学习。据专家介绍，我国糕点业从业人员都是只有经验，没有理论，这使得从业人员不能很好地检验原料优劣、稳定产品质量、采用新工艺新技术。随着行业竞争的加剧，产品和技术不断地推陈出新，糕点行业的人才问题日益突出。

炒货行业，由于投资小、工艺简单、技术含量低，壁垒性不强，无论大小资本者均可轻易进入，潜在进入者进入的可能性大。

公司本身产品在开发过程中还存在技术上的不足，研发人员和市场要求的产品还有一段时间的磨合。因为是新技术，则没有沟通的对象和学习的对象。同时，随着科技日新月异的发展，对公司技术人员的科研队伍提出了更高的要求。

10.1.5 政策风险

国家制定了较高的食品安全标准。所以，我国对于食品行业的进入，特别是休闲食品行业进入设置了较高的门槛。

同时我国尚未形成风险投资机制，缺乏必要的资本市场的支持。尤其对中小民营企业和创业者，资金支持几乎等于零，融资非常困难。

在糕点行业有如下政策风险：

(1) 各部门数据分散管理，难以沟通。
(2) 数据采集依赖手工报表，速度慢、准确性差，无法获得实时性的数据。
(3) 同一数据多次录入，一致性难以保证，工作量大。
(4) 分析功能差，难以支持科学决策。
(5) 网络建设滞后，总部与在外的服务中心、销售网点通信不合理。

炒货行业政策风险：

(1) 食品安全问题频出，对整个食品市场都产生了巨大的冲击。
(2) 行业监管趋势必会加强。

10.1.6 项目投资风险

本次募集资金拟投资的项目，主要用于租赁办公楼、购买办公设备等。该产品虽然有很好的市场效益和其他综合资益，但涉及方方面面的关系，可能会因多种不确定因素和不可预期因素的影响而延缓项目的建设和投产。

10.2 风险来源

近年来，随着经济的高速发展，人们生活水平的不断提高，食品安全问题日渐成为人们关注的焦点，并发展成为一个世界性的问题。例如，带尖的西红柿、坚硬的猕猴桃、肥大的豆芽等，都有可能是使用激素促使其成熟的结果。这种做法不仅使培育出来的产品营养价值明显降低，而且也会给食用者的健康带来很大的危害。

(1) 食品的质量风险。食品与人的日常生活最为密切，因此也最受到人们的关心。食品的供应链比较长，同时受到采购、加工、包装、物流的影响，尤其在材料采购和加工上一定要做到一丝不苟，这是安全食品形成最基本的两个条件，在原材料的选取上，一定要选择无污染、无添加的食材，不能为了短期的经济利益以其他有害类的或者工业物替代。在加工上，一定要保证食品卫生，强化员工食品安全意识，对员工进行食品安全教育，把好产品质量关，对每一环节和流程都要严格把关，让消费者得到最安全的食品保障。只有质量没有问题，企业才会有长久利益。

(2) 食品的营销风险。营销的风险主要来自企业管理者的经营素质和市场理念。营销是最难的一门课程，如果决策失误、市场分析不准或营销措施不当等，都会造成营销风险，企业产品推广不出去，市场占有下降或者市场销售额萎缩。所以企业的领导者，一定要加强营销理念的学习，放眼整个市场，审时度势，认清本企业所处的位置和自身的优劣，做出正确的决策和市场分析，采取合理措施，使企业稳步发展。

(3) 食品的物流风险。物流主要是人员和交通工具的协调作用，但是受物流成本、服务半径和物流人员素质的影响，如对产品的损坏、订单处理时间长、不能按时交货、服务态度差等，会导致食品积压变质，这不仅让经营者亏损，更严重的是对消费者的健康产生了巨大的危害。所以，企业在早期形成资金流后，一定要尽快完善物流体系和内控体系，加强员工服务素质的养成。

(4) 食品的研发风险。现在的消费观念和消费群体越来越复杂和多元化，一定要注重新产品的研发，不要一直固守原来阵地，产品老化是风险。同时开发新品也是有风险的，如果市场不接受怎么办？所以一定要做好市场分析，紧跟消费者的需求来改变自己的产品。

10.3 风险评估和对策

质监局排查活动中排查时发现糕点类食品加工小作坊存在食品安全隐患，糕点类的小作坊因为产品加工工艺相对简单，需要生产的设备普通，而且糕点食品属于日常消费类食品销量大，连山辖区内存在的糕点类食品加工单位众多，主要分为食品加工取证企业、前店后厂的独立门市、家庭式小作坊。检查时发现糕点类加工单位的原料、辅料、添加剂均没有进行登记，尤其是食品加工小作坊的原辅料、添加剂如果发现问题无法进行追溯。糕点类的食品加工小作坊从业人员普遍文化不高，造成管理能力较低，生产加工购买原辅料、添加剂全都是凭借使用经验进行购买，不进行仔细登记。这些从业人员在购买时没有索证、索票进行登记意识，参加过培训的从业人员只是将索取回来的证、票简单存放，一部分从业人员甚至不索取证、票。因此，有些证票不全的产品，甚至不合格产品流入食品加工行业，对食品加工行业造成一定的风险。发现这类问题的主要加工单位是食品加工小作坊，相对来说食品加工取证企业情况良好，暂时没有发现这类问题。而针对本企业所面临的风险我们采取以下对策：

10.3.1 市场风险对策

集中的产品宣传，使广大消费者最快地认识美味佳食品公司及系列产品。同时建立完善市场信息反馈体系，及时把握市场动态，重点发展市场服务功能，提高市场占有率和竞争力；进一步加大市场宣传力度，不断提高公司在行业内的知名度和美誉度；积极稳妥地推行品牌战略，使公司经营方式成为独特的品牌优势，以品牌优势独占区域市场。着重食品安全问题，把食品安全问题摆在首要位置，并且开发研制有自己公司特色的炒货以及有自己公司特色的糕点，提高市场占有率。提高自己的产品标准。及时掌握糕点食品质量状况，督促自身型企业关注和维持自身产品质量，稳定主产品质量和引导消费。现在的网络也是潜在市场的一部分，我们属于新的企业，虽然不能在市场上与大的企业竞争，但是却可以选择在网上销售产品，占据一部分网络市场。

10.3.2　行业风险对策

迅速建立全面的市场信息的监测体系，及时掌握市场、政策等各方面的信息。同时，加大科研方面人力、物力、财力的投入，建立和巩固在行业中的领先地位。培养和任用人才，使得公司很快有自己的核心技术。先从小做起，逐步扩大规模，形成连锁经营模式。产品质量从原材料下手，着重产品质量。高薪聘请管理人员，使得公司的管理技术更加先进。不只学习西方技术，也要研发属于自己的特色产品。而面包现在可以替代主食，各个年龄阶层的人物都可以面包作为主食，有巨大的空间及利润。

10.3.3　经营风险对策

增加企业对产品包装及广告的投资，着重研究生产高质量的产品。研发有自己特色的面包。对产品的品类、品项进行详细科学的规划。尽量生产高端产品。对干货和面包进行合理的定价，形成价格优势，这样可以具有很大的竞争优势。本公司建立完善营销网络，加强市场信息网络体系建设。对内，制定一套完善的企业管理制度，降低生产成本；对外，加强市场监控能力，降低经营费用，塑造企业形象，整合营销工具，创造好的企业形象。在面包行业中加大投入力度，使得其在市场占有一席之地。

10.3.4　行业风险对策

加大对食品安全力度的重视，着重产品质量品质，生产出符合消费者意愿的产品，着重自己企业的品牌，树立品牌效应，争取在面包西点以及炒货市场上形成自己的竞争优势，及时掌握市场、政策等方面的信息，根据市场和政策制订相应的规划，对企业进行更合理的整合。

10.3.5　经营风险对策

建立统一的产品线，对产品的品类、品项进行详细科学的规划，努力创造产品生命力强、生命周期长的产品。使产品在市场上占有一席之地。坚果炒货行业的产品尽量做大做好，形成有自己特色的产品。在注重产品质量和特色的同时，抓住产品包装的特色，使产品在市场上具有自己特色的包装，形成一定的竞争优势。在糕点面包业，高薪聘请高素质、高质量的从业人员，在企业内部抓紧对从业人员的培训；注重产品的卫生品质，努力做好原材料的清洗、消毒等工作，从源头抓起，生产出高品质并有自己特点的产品。制定合理的价格，使消费者买得放心、吃得开心，迅速占领市场。

第一部分　商业计划书概述

10.3.6　技术风险对策

在技术方面，炒货行业中，公司对科研技术进行进一步研究，在企业进步的过程中先模仿学习，后慢慢研究形成属于自己的技术。由于糕点技术已经流传开来，我们要想在技术方面有优势，相对来说是比较难的，因此必须在用料方面下足功夫，做到人无我有，人有我优，才能留住顾客。在有足够资金的前提下引进比较先进的国外技术，而对企业的员工进行长期系统的培训也是应对技术风险的方法之一。

10.3.7　政策风险对策

在食品行业，食品安全是国家关注的重中之重，因此，我们公司会着重企业的食品安全建设，做到三有产品，而在资料收集及建设方面，形成自己的网络系统，使企业有自己的优势，聘请专业人士进行分析，使企业先一步做出科学合理的决断。公司将不断加强管理经营、激励、制约等机制，提高企业的综合实力，以增强企业对国家有关宏观政策调整的能力。

10.3.8　项目投资风险对策

国家积极的财政政策要求各大金融机构放大信贷力度肯定对食品行业产生非常积极的影响，本公司本次募集资金的投资项目已经过反复筛选和论证，将在实施投资过程中注重研究可能影响本项目实施的各方面因素，并加强管理、加快项目建设进度，使投资项目尽快发挥效益，以降低投资风险。

10.4　备选战略与应急计划

10.4.1　备选战略

战略的分析和选择就是通过对企业各种可能的备选战略的统筹分析，比较各种备选战略的优缺点，比较和评价备选的战略并选择最佳战略（或战略组合）。战略的分析一般方法是统筹分析法，包括波士顿矩阵和产品/市场演变矩阵等。公司的备选战略是公司的战略不适应市场及顾客需求，不适应公司的生存成长与发展的情况下启用的战略，是公司的战略备用与后盾。包括：①市场渗透战略。②扩大市场规模战略。③适当收缩经营范围。④横向一体化战略。

10.4.2　应急计划

成立应急反应中心，由项目经理担任应急反应总指挥。

(1) 意外事故/事件应急计划。
(2) 撤退部分业务的应急计划。
(3) 紧急状况的终止应急计划。
(4) 后续活动计划。

10.5　资本退出方式及预期收益

10.5.1　公开上市

IPO是风险资本最理想的退出渠道，其投资收益也较其他方式高。此方式最能体现公司的市场价值，对风险投资者也是最理想的退出并获得高额回报的方式。本公司考虑在2~3年内在中国即将设立的市场上市。优点：股票公开发行是金融市场对公司发展业绩的一种确认；保持了公司的独立性，容易受到管理层的欢迎；通过股票上市可以让风险投资家获得丰厚的收益；公开上市的公司可以获得证券市场上持续筹资的渠道；使公司的期权奖励较易兑现；创业者可得到丰厚的回报。

缺点：出于保护公共投资者的目的，各国法律多规定公开上市的企业必须达到一定的条件，虽然这些条件相对主板而言要低得多，但仍有很多企业因不能达到要求而无法公开上市；上市后成为公众公司，需要定期披露大量的内部情况，使竞争对手对其经营状况了解较多；上市公司要严格遵守法律规定的报告要求，特别是证券交易委员会的要求，而且还须向股东提供规定的信息，从而公司在报告、审计上要多花时间和增加开销；一旦业绩下滑，股民会争相抛售股票，使得股价一路下跌；根据有关法律规定，企业首次公开上市之后，不能立即售出它所持有的全部股份，必须在规定的（通常是两年）一段时间后才能逐步售出，因此，风险资本的退出并不是立即的，且当股市不振时，这种退出方式难以获得高额回报。

10.5.2 买壳上市与借壳上市

买壳上市与借壳上市是较高级形态的资本运营现象，对于因为不满足公开上市条件而不能直接通过公开上市方式顺利退出投资领域的风险资本，这是一种很好的退出方式。借壳上市是指上市公司的控股母公司（集团公司）借助已拥有的上市公司，通过资产重组将自己的优质资产注入上市公司，并逐步实现集团公司整体上市的目的，然后风险资本再通过市场逐步退出。买壳上市是指非上市公司通过证券市场收购上市公司的股权，从而控制上市公司，再通过各种方式，向上市公司注入自己的资产和业务，达到间接上市的目的，然后风险资本再通过市场逐步退出。

操作的具体方式有以下几种：

（1）二级市场公开收购，又称要约收购。

（2）非流通股股权的有偿转让。

（3）以自己的资产或股权与上市公司合并并改变上市公司的注册资本和股权结构。

（4）通过控股上市公司的控股母公司间接上市。

优点：

（1）可以绕过上市市场对企业的各种要求，实现间接上市目的，获得新的融资渠道。

（2）通过配售新股可以低成本融资，缓解资金压力。

第一部分　商业计划书概述

(3) 在买壳上市或借壳上市时由于股票二级市场上的炒作,会带来巨大的收益。

缺点:

(1) 不管是二级市场公开收购还是非流通股的有偿转让都需要上市公司大股东的配合,否则会增加收购成本与收购难度。

(2) 壳目标大多是一些经营困难的上市公司,在借买壳上市后,一般不能立即发配新股,不仅如此,还要负担改良原上市公司资产的责任,负担较重。

10.5.3　并购退出方式

风险资本可以通过由另一家企业兼并收购风险资本所投资的企业来退出,随着对高新技术需求的增加和发展高新技术产业重要性的深刻认识,这种渠道的退出方式会采用得越来越多,因为,风险企业发展到一定阶段后,各种风险不断减少,技术、市场优势已培养出来,企业前景日趋明朗,此时,想进入这一领域的其他公司将会非常乐意用收购的办法介入。就风险投资家而言,考虑到通过公开上市方式需在一段时间以后才能完全从风险企业中退出,他们也会考虑采用更为快捷的并购方式。在中国采用此种方式退出是目前较为常见的,特别是近段时间市场的低迷,使许多暂时无法上市的公司都先后采用了这种方式。

并购方式:①收购方以收购被收购企业的全部或部分股权,一旦风险资本对应的股权部分被收购,风险资本顺利退出(现金—股权)。优点:程序简单,退出迅速。缺点:收益较公开上市要低,且风险公司一旦被一家大公司收购后就不能保持其独立性,公司管理层将会受到影响。②将收购方企业的股权与风险投资者在风险企业中的股权相交换。优点:由于买方无须支付现金,因此较易找寻买家。缺点:收益的变现要在交换股票售出之后,所费时间长,且实际收益会受该股票市价变动的影响。③票据交易,买主用票据的形式支付收购股权的费用。优点:可以通过推迟付款而得到减税的好处。缺点:存在票据不能兑现的风险。④混合收购,并购方以现金、票据和股票的混合组合方式取得风险投资者所持有的风险企业股权。优点:交易灵活性大。缺点:交易结构安排复杂。

10.5.4　风险企业回购

被其他公司并购,意味着原来的风险企业将失去独立性,公司的经营也会受到影响,这是公司管理层所不愿看到的,因此,将风险企业出售给其他企业有时会遇到来自风险企业管理层和员工的阻力。而采用由风险企业管理层或员工进行股权回购的方式,则既可以让风险资本顺利退出,又可以避免由于风险资本退出给风险企业运营带来太大的影响。由于企业回购对投资双方都有一定的诱惑力,因此,这种退出方式发展很快。主要有以下三种方式:

(1) 管理层收购(MBO)。风险企业的管理层通过融资方式将风险投资部分的股份收购并持有,收购完成后,公司就由管理层与股东所有,支付方式可以是银行举债而来的现金、管理层的其他股权、长期票据等。

优点：可以保持公司的独立性，避免因风险资本的退出给企业运营造成大的震动；企业家可以由此获得已经壮大了的企业的所有权和控制权。

缺点：要求管理层能够找到好的融资杠杆，为回购提供资金支持。

（2）员工收购（EBO）。风险企业的员工将风险投资部分的股份收购并持有，一般在操作中要组建一个员工持股基金作为收购资金的来源。

优点：基金是税前划拨，因此，可以获得减税的好处。

（3）卖股期权与买股期权。卖股期权：风险投资方可以要求创业家或公司以预先商定的形式与价格回购其持有的公司股票；买股期权：赋予创业者或公司以相同或类似的形式购买风险投资方持有的股票的权力。

优点：将金融创新的工具运用于风险企业回购之中，增加了回购方式的灵活性和吸引力，并保障了企业或投资者的利益。

【解读】美味佳食品公司是一家由大学生自主创业而创立的有限责任公司，致力于生产符合大学生口味以及社会大众化的休闲食品，是一家集开发、销售、管理于一体的食品销售企业。

美味佳食品公司创业计划书的总体架构如下：

(1) 计划摘要。
(2) 公司介绍。
(3) 战略规划。
(4) 创业组织。
(5) 产品服务。
(6) 市场预测。
(7) 市场营销组合。
(8) 生产管理计划。
(9) 财务规划。
(10) 风险与退出。

美味佳食品公司作为一家初创企业，商业计划书也就是"创业计划书"。这份计划书更像一份产品说明书，要切实地向投资人说明企业的产品与服务、市场预测、生产管理计划等，最后也详细分析了初创企业面临的潜在风险，以及投资人所关注的资本退出方式和预期收益。另外，我们可以看出，在财务计划一项，美味佳食品公司将预计利润等数据做到了第八季度，相当于两年内的财务预测，这对于初创企业来说是合适的，太长远的财务预测对于初创企业并没有实际意义。有些创业者以5年、10年后的宏伟盈利前景，掩饰企业近期的盈利困难，对于有经验的投资者来说，这样的商业计划书是不合格的。

第一部分　商业计划书概述

 **思考与分析**

（1）请整理出这份商业计划书的目录结构。

（2）通过这份创业计划书，你认为美味佳食品有限责任公司的发展前景怎样？

商业计划书

3. 成长期企业的商业计划书

学习要点

◆ 什么是企业成长期？
◆ 企业成长期内阶段应该怎样划分？
◆ 成长期企业商业计划书的特点是什么？

对于成长期企业来说，由于经过艰苦的创立期后，企业的发展已经逐步进入正轨，但是往往该阶段的企业还没有真正具备核心优势，并且目前已经具备的优势也很容易被其他企业所赶超或模仿，因而成长期企业的发展重点，就是要找到自己的核心能力，并制定有效的战略与策略来促进核心能力的基础形成。

企业如何突破成长期的瓶颈？

企业在发展的过程中不是一帆风顺的，难免会出现这样或那样的问题，而问题的出现总会集中在特定时期的某一点上，一旦解决了这些问题则往往预示着企业的发展将进入一个新的时期。企业在不同的时期有着不同的发展目标，每一次目标的达成，也标志着企业达到了一个新的成长极限，而这个成长极限就是限制企业发展的坎，企业只有突破了这个坎，才能向前发展。一家优秀的企业在成长的过程中常常要自我评估，分析阻碍企业发展会遇到哪些问题，从而依据评估结果进行全新的战略规划，以便及时调整、确定公司新的发展目标。实际上，企业建立健全评估机制、管理体系，其目的就是为了"过坎"。

孙子曰："兵者，国之大事也。死生之地，存亡之道，不可不察也。"对于企业来说也是一样，生死存亡是头等大事，也是需要周密的观察、分析、研究、计划之后方能"谋定而后动,知止而有得"。可见战略规划是企业的灵魂,是引领企业未来发展的方向,对孕育并带动企业的发展起着十分重要的作用。

《礼记·中庸》有言:"凡事预则立,不预则废。"可见,企业在发展过程中只有谋划得当,执行得当,方能顺利过坎,去逐一突破企业发展的四个时期。

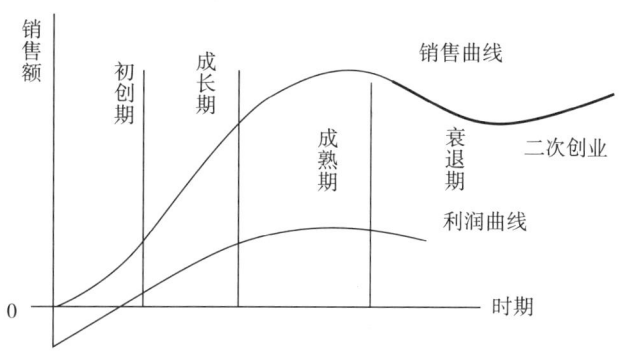

第一道坎:初创期,以谋求生存为导向

企业在创立初期,可能基于对社会趋势的一种把握,或者说一个触动,或者一个想法等而成立了。发展期的企业大多数是"摸着石头过河"的,搞不清未来的发展方向,只能在探索中前行,去摸索出一套符合企业发展方向的模式。初创期的企业在管理模式、企业运营上大多采取粗犷式的管理机制,企业上上下下都在忙,为了生存而忙,忙乱是创业初期所有企业普遍存在的问题,显而易见。

在这样的时期,企业在经营导向上要解决的最大问题就是如何生存下去,企业发展的驱动力无非是依靠创意、社会关系来谋求生存空间。企业在这个时期要的就是效益、利润,因为没有利润就无法活下去。初创期的企业要调动一切手段来进行增效,完成企业的原始积累,为未来的发展奠定基础。

第二道坎:成长期,以业务规模为导向

企业在解决了活下来的问题后,接下来要面临的就是如何活得好的问题。因此在创业初期企业有了一定的原始积累后,就要谋求更高一级的目标,来加快企业的发展步伐。

成长期的企业在自有的领域能够切多大一块蛋糕,完全取决于企业能否有效地快速占领市场、扩大业务规模,从而提升企业的市场占有率。企业在这一时期要不断地填补市场空白,扫除市场盲点,形成规模效应,从而做大企业。当然,做大绝非盲目地"拼凑"企业,做大规模的目的是树立企业在业内的标尺,关键的着眼点还是要向规模要效益。成长期的企业就是要有的放矢,有侧重点,在主抓业务规模的同时,也要设计好产品策略、盈利模式,注重战略规划、企业管理和文化建设。

成长期的企业规模会迅速扩大，人员数量也会倍增，组织结构也变得相对复杂，而很多企业意识不到发展中的这些微妙变化，意识不到管理结构的混乱，以及缺少有效的管理机制。随着企业规模的做大，管理、决策层又开始膨胀、自大，从而一大就乱，一大就瞎，一大就垮，把企业带进万劫不复的深渊。

第三道坎：成熟期，以规范管理为导向

当企业突破成长期的瓶颈之后，也就进入了一个相对稳定的发展时期，进入这样一个阶段之后，企业的业务和盈利也已经稳步增长，如何保持企业稳健发展，企业经营的导向问题也就凸显了。此时企业要的不再是初创期的生存问题、成长期的业务规模，而趋向于规范化的管理，要向管理要效益。

进入成熟期后的企业已经初步形成了企业的管理模式，然而如此还是远远不够的，企业在这一基础上如何深化管理，就需要一个系统科学的管理系统导入企业的运营中来。企业管理系统无非五大块，即战略规划管理、流程规范管理、人力资源管理、市场营销管理、资本运营管理，每个大的模块都会由小的板块组成。

企业在管理上有哪些缺失，就需要企业反思，哪些做得好，哪些做得不好，哪些还没有建立起来，哪些还需要改进。企业提升管理系统不要只停留在喊口号的层面，要先确认，再提升，要有目标、有计划地推进。

企业内部要进行自我评估，找出管理漏洞，去补缺，从而形成符合企业自身的科学的系统管理模式。

第四道坎：衰退期，以创新模式为导向

任何企业都会步入衰退期，就像人会从少年→青年→中年→老年一样，都会步入这样的一个阶段。一个企业只有不断地学习、不断地创新、不断地蜕变，才能获得新的生存和发展空间，才能去完成新的发展、新的扩张。

有一个关于老鹰重生的故事，鹰的寿命可达70岁，40岁的老鹰羽毛又厚又重，飞翔很吃力，它的喙又弯又长，爪子也开始老化，捕捉食物很困难，此时它面临两个选择：①静静等死。②蜕变重生。蜕变是痛苦的，150天的漫长过程，它要努力地飞上山顶，在悬崖上筑巢，不得飞翔。鹰首先要用喙击打岩石，直至其脱落，慢慢地等待着长出新的喙来，然后它会用新长出的喙把爪子上老化的指甲一根一根拔掉，于是又经过漫长的等待，新的指甲才会慢慢长出来，随后鹰又要用新长出的指甲，把后背上沉重的羽毛一根一根拔掉，血淋淋的景象想来都很感人。5个月的过程中，鹰要忍受饥饿、痛苦的煎熬，新的羽毛才会长出来，鹰才能获得新生，重新再度过30年的岁月。

可见企业发展到这一时期，企业变革创新的必要性和紧迫性，衰退期的企业必须要经历老鹰重生般的淬炼，才能获得新生。

企业的发展犹如自然之序——春发、夏长、秋收、冬藏，有着它特有的发展轨迹。初创期播下希望的种子靠的是拼搏努力，不要让创意扼杀在摇篮之中；成长期靠的是细心呵护,不要让苗儿长荒了;成熟期靠的是孜孜不倦,不要让害虫侵蚀了丰收的成果;衰退期靠的是永不懈怠,不要乐极生悲。

(1) 企业的发展要经历哪几个时期?
(2) 成长期企业要注意解决什么问题?

知识链接

企业成长期的研究始于 20 世纪六七十年代的西方发达国家。其中,最有代表意义的是莫克圭(McGuire,1970)的基于经济发展的四阶段企业成长模型:传统的小企业阶段,计划成长阶段,专业化管理阶段,大规模生产阶段;由美国哥伦比亚大学的伊查克·爱迪思(Adizes,1989)博士创立的生命周期理论借鉴生物学理论,按照生物的生命现象用生物体生命规律来比拟企业成长过程,把企业成长分成孕育期、婴儿期、学步期、青春期、盛年期、稳定期、贵族期、官僚化早期、官僚期、死亡期十个阶段,从而生动地描述了企业成长的生命现象,使企业管理人员和理论研究者能够清晰地表达理论观点和实践经验;后来,Quinn 和 Cameron 以产业销售额增长率曲线的拐点为依据,把产业生命周期分为诞生期、成长期、成熟期和衰退期四个阶段,明确提出了成长期的概念,并且明确地说明其成长期包含爱迪思的婴儿期、学步期和青春期三个阶段。

企业的成长期是企业做大做强的关键时期,正确认识企业在这个时期内所处的发展阶段以及每个发展阶段遇到的主要障碍是企业健康成长的关键。

3.1 成长期内阶段的划分

目前,中国成长期内的企业,无论是在家族企业基础上发展而来并向现代企业发展的民营企业(不含外资企业、国家控股的混合企业),还是由计划体制下国有或公有企业向现代企业改制的企业,它们在成长期内都遵循这样一个轨线:积资蓄势、规模扩张、内涵提升。因此,我们以企业规模扩张曲线的拐点为依据,把企业的成长期分成企业积资蓄势、规模扩张、内涵提升三个阶段。

3.2 各个阶段的主要特征

3.2.1 企业积资蓄势阶段的特征

(1) 企业规模较小、固定。由于资金、地理位置或者地方政策的问题,企业通常在建立之初,不能够依靠自身的资源对企业规模进行扩张。由于企业信誉度较低,企业在向外部寻求资源支持时,通常不能获得所需资源。因为企业没有资源扩大规模,所以此阶段的企业规模较小、固定。

(2) 生产能力相对稳定。生产能力是指企业完全开通生产设备(包括物资设备和人员设备)所能够达到的最大产能(产品和服务)。生产能力决定着企业能够提供产品和服务的数量,企业的现有生产能力往往恰好能够满足销售要求。

(3) 产品单一、销售渠道狭窄、人员数量变化不大。企业初期,由于资金、技术、设备和研发人员的原因,它们不可能像大型企业那样开发多类型产品,往往只开发一种能够建立企业桥头堡的产品,产品类型单一;在此阶段,企业把自己的产品通过多元化的销售渠道送入市场,只能够依靠最简易、最原始的销售手法,把产品直接送到消费者手中;企业规模较小,企业(依靠自有资金建立的企业而不是获得大企业直接投资或者参股建立的企业)员工主要由企业主家族成员组成,外来人员所占比例很小,人员流动率较低,人员规模相对稳定。

(4) 企业虽资金有限但逐渐积累,产品信誉不断提高,企业品牌形象逐步稳定,企业成长素质好,发展趋势明显。

3.2.2 企业规模扩张阶段的特征

(1) 企业规模迅速扩大。有了原始资本的积累和良好的外部融资环境,企业管理人员为了追求企业规模经济或者范围经济,或者企业间的协同效应,或者展现驾驭大企业的能力和气魄,他们经常是大刀阔斧地收购、兼并或者购地置厂,扩大企业规模,占领外部市场。规模扩张迅速是此阶段一个最显著的特征。

(2) 生产能力过剩。扩张生产能力可以占领更大市场、获得超额利润。企业或者引入大量的生产设备、开通多种生产渠道、购买大量的厂房和储存仓库,或者通过兼并、收购手段,拉长产业链,争夺市场份额。生产能力过剩是企业大幅度扩张的必然结果。但过剩的生产能力可以建立移动壁垒,阻止潜在的进入者或者挑战现在的竞争对手。

(3) 员工素质不齐,管理问题凸显。随着企业规模的扩大和组织结构的变化,企业所面临的不确定性增加。高层管理成员缺乏驾驭大企业的知识水平和管理经验,处理扩张中遇到障碍的能力受到严峻挑战,其素质不能适应企业规模扩张的需要；家族式管理模式阻碍了外来人员的主动性和积极性的发挥，管理效率降低，特别是企业多元价值观、企业文化的冲突问题突出。

3.2.3 企业内涵提升阶段的特征

（1）企业规模扩张速率迅速减慢。企业经过高速扩张阶段以后，占领了主要市场份额，大规模的扩张结束。同时企业对被兼并企业的资源、人员、制度、文化的整合也降低了速度。无论内部整合还是外部扩张都进入了缓慢发展期。

（2）重建管理体系，再造业务流程和整合企业文化等，凝练和提升企业核心能力成为企业内涵提升的主要内容。

（3）创新成为企业创建竞争优势的利器。由于市场千变万化，企业规模增大，其产品和服务并不能够保证企业稳赢已得市场，竞争会更加激烈。要保住市场，企业就要进行创新，创造新的产品或服务，以继续赢得现有或未来市场。创新成为企业持续发展的动力和赢得竞争优势的源泉，创新成为内涵提升阶段的主要特征。

企业能否健康成长，关键是管理者能否正确认识企业所处阶段、认识障碍。只要管理者正确认识企业所处阶段及其阶段内的障碍，就会对症下药，保护企业健康成长。随着体制改革的深入，有些障碍会逐渐消失，而新的障碍又会出现，企业要随着环境变化不断突破新的障碍，使企业顺利度过成长期的不同阶段。

成长期是企业发展过程的特殊时期。企业成长期的商业计划书撰写与初创期的商业计划书撰写有一定区别。当已有企业进入新的发展阶段需要投资者介入时，最重要的是让投资者能够清楚了解和认可你的项目。

本章重点介绍的是一个已经步入成长期的企业，为了引进风险投资，实现商业模式的快速复制和市场扩张，对企业自身投资价值进行多角度、全方位分析评估的综合分析报告。此种模式的商业计划书对于这类二次创业的企业来说，有一定的商业参考价值和实践意义。

3.3 不同创业阶段的商业计划书

创业企业可能处于不同的创业阶段，那么商业计划书也要有不同的侧重点。

如果企业处于种子期（初创期），当您征询潜在的投资者，或者向银行申请贷款，或者准备同某一供应商建立长期往来关系时，对方都会要求创业者提供创业计划，这个时候，一份涵盖创业者创建企业的发展方向、经营思路、实施措施及操作程序的创业计划书便显得尤为重要，需要突出核心技术。如果企业处在成长期和发展阶段，已经参与市场竞争，就要对整个市场进行营销规划，此时的商业计划书在市场定位和市场营销方面要有所侧重；对成熟公司内部进行的公司创业，商业计划要注重与整体战略的协调。

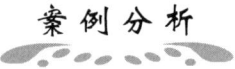

上海××软件有限公司
交易助理项目

商业计划书

融资顾问：Z公司
20××年6月

保密要求

本商业计划书属商业机密，所有权属于上海××软件有限公司。其所涉及的内容和资料只限于有意向的投资者及投资中介公司自身使用。收到本计划书后，收件人应即刻确认，并遵守以下的规定：

(1) 在没有取得××公司的书面同意前，收件人不得将本计划书全部和/或部分地予以复制、传递给他人，影印、泄露或散布给他人。

(2) 应该像对待贵公司机密资料一样的态度对待本计划书所提供的所有机密资料。

融资顾问：

Zero2ipo清科公司

联系人：南×× 廖××

电话：8610-××××××× ××××××× ×××××××

邮箱：nanlix@zero2ipo.com.cn liaojx@zero2ipo.com.cn

网址：www.zzz.com.cn

××公司：

联系人：刘××

电话：8621-×××××××

手机：139×××××××

邮箱：liuhong@runjinn.com

网址：www.runnn.com

目录
执行摘要
1. 公司介绍
1.1　公司简介
1.2　公司战略
1.3　历史沿革
1.4　发展历程
1.5　股权结构
2. 产品与服务
2.1　产品技术说明
　2.1.1　交易助理
　2.1.2　其他产品
2.2　相关技术的使用情况（技术间的关系）
2.3　产品规划
3. 市场分析
3.1　市场背景
3.2　市场细分与产品定位
　3.2.1　市场细分
　3.2.2　目标客户
　3.2.3　市场区域规划
3.3　市场规模和增长率
　3.3.1　市场容量估算
　3.3.2　市场增长潜力
　3.3.3　市场份额
3.4　竞争分析
　3.4.1　现有的竞争者
　3.4.2　未来的竞争以及量化分析
4. 商业模式
4.1　交易助理产品的商业模式
　4.1.1　交易助理的商业模式
　4.1.2　其他产品
4.2　客户购买关键因素分析
　4.2.1　证券经纪商为什么需要购买"交易助理"
　4.2.2　投资者为什么购买"交易助理"

4.3 商业模式的关键成功因素（KSF）
5. 战略与实施
5.1 公司目标
5.2 产品开发策略
5.3 市场策略
   5.3.1 营销策略
   5.3.2 内部营销管理
   5.3.3 外部支持
6. 公司管理
6.1 组织结构
6.2 职责描述
6.3 核心人员介绍
   6.3.1 高层管理人员
   6.3.2 中层管理人员
6.4 人力资源管理机制
   6.4.1 人力资源规划
   6.4.2 薪酬制度与激励机制
   6.4.3 员工考核制度
7. 财务分析与融资计划
7.1 收入预测
   7.1.1 "交易助理"销售量预测
   7.1.2 "交易助理"销售收入预测
7.2 成本费用预测
7.3 损益表
7.4 现金流量表
7.5 公司价值评估
7.6 融资计划
   7.6.1 融资规模及准备出让的股权比例
   7.6.2 资金运用计划
7.7 风险投资的退出
   7.7.1 首次公开上市（IPO）
   7.7.2 管理层收购
   7.7.3 并购
8. 风险分析
8.1 产品风险

8.2 市场风险

8.3 管理风险

8.4 政策风险

附件

1. 相关证书

2. 合作伙伴

3. 国内证券软件行业开发商所在领域

执行摘要

上海××软件有限公司由上海××信息技术有限公司、上海××信息技术有限公司、原上海××软件有限公司于2002年2月合并重组而成。本公司基于自主知识产权的重要发明Jinn语言，开发面向中国证券市场的高端决策支持软件，并提供相关的数据传输服务，将由此开创容量高达55亿元人民币的新市场，同时带来每年15亿元的数据传输服务市场。Jinn语言的发明将带来中国证券市场交易、分析、研发领域革命性的变化。

××软件现有员工39人，目前月营业额数百万元，核心产品交易助理开发工作已近尾声，将于年内推向市场。

本公司的重要发明Jinn语言是核心产品交易助理的核心组件。使用Jinn语言，投资者可以用自己的语言，用简练的中文语句将构思出的任何交易策略描述给电脑，也就是说，投资者的交易策略可以用Jinn语言编成程序，然后用户可以选择任意的品种范围和时间区间对其创建的交易策略进行历史数据测试，以便从中找出能够带来稳定盈利的交易策略。使用Jinn语言可以创建出由数千条语句构成的极为复杂的交易策略。交易助理的另一个主要功能是按照用户选定并经测试的交易策略自动在市场上寻找符合用户交易原则的交易机会。当交易机会出现时，交易助理甚至能自动生成交易委托单，用户只需要点击鼠标确认就可发出交易委托。如果用户通过设置省略掉确认步骤，则可以实现完全自动的计算机交易。

交易助理的目标客户为证券行业的高端用户，包括证券营业部、投资基金、机构投资者以及部分有良好素质的个人大户。对券商而言，交易助理能提高其经纪业务的核心竞争力，帮助券商吸引增量客户，提高存量客户的活跃度和提升经纪业务档次。对投资者而言，交易助理支持他们用简练的中文描述交易策略，对交易策略进行历史数据测试，并实现按照用户自定交易策略的自动交易。

交易助理的市场容量目前估算为55亿元，外加每年15亿元的数据传输服务市场容量。随着中国证券市场的发展，这一目标市场还会迅速增长，五年内可达100亿元以上。

目前就交易助理和 Jinn 语言来说，国内尚无竞争对手。从全球来看，美国的 TradeStation Securities 曾开发过类似的产品，并成为该公司的支柱产品。但是交易助理和 Jinn 语言与美国的 TradeStation 的 Easy Language 相比，有如下三大优势：

（1）TradeStation 的 Easy Language 对用户的计算机水平要求太高，用户需要经过专业程序设计培训才能使用，而 Jinn 语言面向中国证券市场投资者开发，具有基本计算机使用能力的投资者即可使用。

（2）TradeStation 的 Easy Language 只能操作行情分析和技术分析的变量和时间序列，不能操作基本面数据，而我们开发的 Jinn 语言不仅能操作行情分析和技术分析变量和时间序列，还能操作诸如上市公司财务数据、宏观经济统计数据以及行业统计数据等基本面的变量和时间序列。

（3）TradeStation 只能对被用户打开的股票品种做自动交易，而交易助理可以在整个中国证券市场范围内实现真正意义上的全面自动交易。

与国内潜在的竞争对手相比，我们具有以下优势：

(1) 率先发明 Jinn 语言并推出交易助理产品的先行者优势。

(2) 对中国证券行业和券商业务的全面了解和深刻理解。

(3) 历时 8 年的软件开发和面向证券行业提供 IT 服务的丰富经验。

(4) 长期团结协作，具有持续创新能力的优秀团队。

除核心产品交易助理和重要发明 Jinn 语言外，××软件还有另外两种软件产品：股市情报中心和数据宝。前者是面向普通投资者的基本面分析软件，后者是面向专业研究机构和专业研究人员的大型开放式数据库。此外，××软件还继承了上海尚宇计算机信息技术有限公司的系统继承和硬件代理销售业务。

我们认为，风险资本投资我们公司有如下五条理由：

（1）分享"交易助理"高端用户群体总容量高达 55.35 亿元，并将在五年内翻一番。

（2）分享高端用户群的每年容量为 10.545 亿元的数据传输费市场。

（3）分享网上交易客户端每成交一笔 1~10 元的软件租金（向券商收取）。

（4）分享给中国证券交易和证券分析行业带来革命性进步的荣誉。

（5）分享未来产品向普通投资大众普及所带来的更大的潜在市场。

××软件的核心管理人员在管理、运营、技术等方面具有丰富的经验，具体介绍如下：

刘×× 总经理

郭×× 男 副总经理 主管软件开发

吴×× 男 副总经理 主管市场营销

王×× 男 总经理助理 主管公司行政管理与公共关系的开拓

上海××软件有限公司 2002 年拟融资 2500 万元人民币，愿意出让融资后总股本的 20%，主要用于"交易助理"的软件开发和产品营销。我们未来五年的主要财务数据预测如下：

年 份	营业收入（万元）	各项开支（万元）	盈利（万元）
2003	16812	12953.65	3858.35
2004	21905	16877.8	5027.2
2005	30922.5	23825.79	7096.71
2006	39781	30651.26	9129.74
2007	50646	39022.74	11623.26
内部投资收益率		183%	

××软件计划在未来 5 年内，以公开上市或管理层收购（或并购）的方式实现投资人的退出。

1. 公司介绍

1.1 公司简介

上海××软件有限公司由三个关联公司的经营性资产于 2002 年 2 月合并重组而成，三个公司分别是：

上海××信息技术有限公司，注册资本 100 万元，成立于 1994 年；

上海××信息技术有限公司，注册资本 100 万元，成立于 1999 年；

上海××软件有限公司（原公司），注册资本 80 万元，成立于 2000 年。

合并后的新公司沿用××软件的名称，现在正在进行合并后公司的资产评估工作以便最终确定新公司的注册资本数额。

上海××软件有限公司法定经营形式为有限责任公司，现有员工 39 人，月营业额数百万元。预计 2002 年我公司销售额可达数千万元，保持公司盈利。

1.2 公司战略

定位：基于本公司发明的 Jinn 语言、面向中国证券行业的高端投资决策支持应用软件生产商和相关信息服务提供商。

宗旨：通过对核心软件技术、金融量化分析算法、金融证券行业数理统计技术的深入研究和高强度开发，打造本公司在金融证券业高端软件市场上的核心竞争力，进而通过此核心竞争力与优质服务获取较高的市场份额，从而实现股东利益的最大化。

1.3 历史沿革

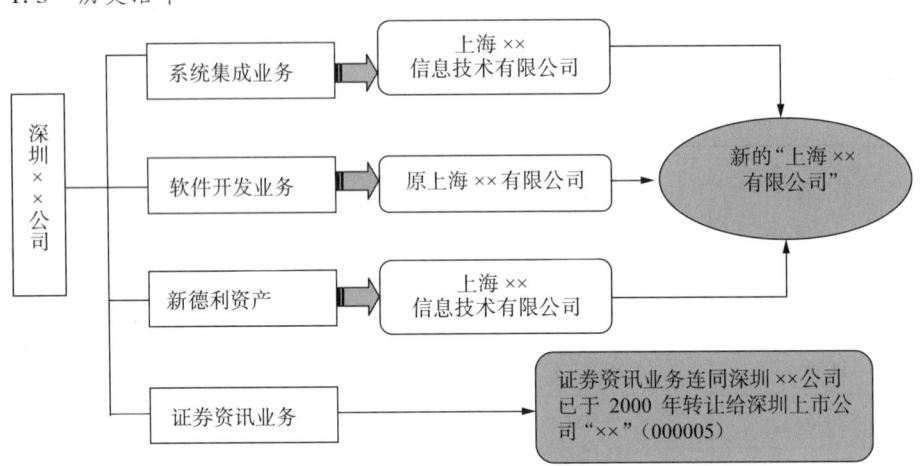

1.4 发展历程

1994 年 4 月	开创证券信息电子化传输的行业先河，创建了事实上的服务标准。
1995~1996 年	与钱龙公司合作推出业内久负盛名的 F10 资讯服务。 国内率先实现局域网交换机模式的全星型证券营业部系统。
1997 年	国内首家承建成功工作站点总数超过 1000 台的证券营业部局域网。
1997~1998 年	国内最早承建券商总部集中管理系统的 IT 企业之一。
1998 年	国内率先提出投资组合行情分析理念并整合在行情分析软件系统中。
1998~1999 年	国内首家推出国债收益率分析软件，填补了国债软件空白。
2000~2001 年	率先实现互联网上证券信息的自动收集。
2001 年至今	发明前所未有的 Jinn 语言（即将发布），实现证券分析的开放平台。

1.5 股权结构

上海××软件有限公司产权结构明晰，共有 4 位股东，其中董事长张××为最大股东，持有公司 55% 的股份；其余三名股东为公司核心管理人员总经理刘××、分管市场营销的副总经理吴××、分管软件开发的副总经理郭××，分别持有 30%、7.5%、7.5% 的股份。

2. 产品与服务

目前公司的产品与服务如下图所示：

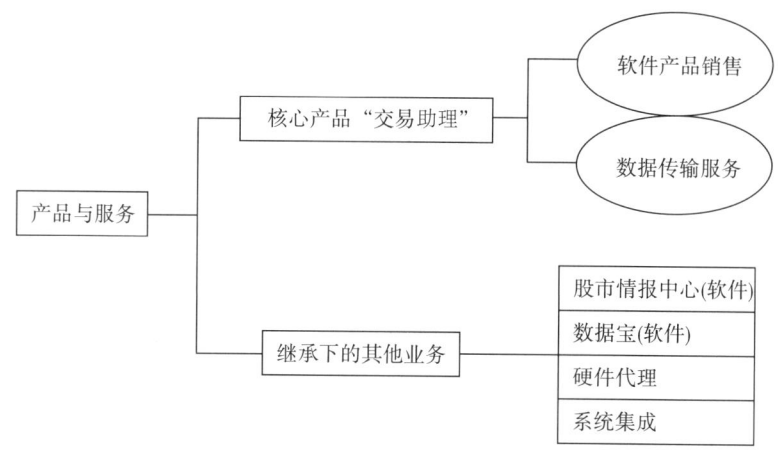

其中，交易助理属国内首创，而其核心组件——Jinn 语言更是国内独一无二的发明。

计算机系统集成和硬件代理销售则已经是我们的成熟业务，可以追溯到公司前身"深圳市××技术有限公司"，已有 8 年历史，曾经为而且正在为公司长期的开发探索提供宝贵的财力资源。

2.1 产品技术说明

2.1.1 交易助理

(1) 基本介绍。试着想象一下——把你构思出的任何交易策略告诉你的电脑，然后用历史行情数据检验这些交易策略的运行效果，从中选出真正能够盈利的交易方法，然后由电脑严格按照选定的交易方式自动实时地跟踪市场，自动实时地在市场上找出严格符合你的既定策略的交易机会，并由电脑自动实时下单交易……

这就是我们设计开发"交易助理"软件的最初理念，灵感来自公司创始人刘××1994 年底构思的开发名为"计算机辅助交易系统"（Computer Aided Trading System，CATS）的开发项目，当时由于技术力量不足、财力不足、PC 运算能力不足而没有实施这项开发计划。2000 年 7 月，随着各种条件的成熟开始开发这一酝酿了 6 年的产品，开始开发后在市场调研和文献检索时发现美国的 TradeStation Securities 公司开发过类似品种并成为该公司的支柱产品，其他类似产品未见报道，我们的产品与 TradeStation Securities 的类似产品并不完全相似，而是在很多方面更胜对方一筹，这一方面体现在产品更优秀和更多的功能上，另一方面体现在我们的产品更适合在中国市场使用上。

(2) 开创性的特色和功能。

1）Jinn 语言的发明使划时代的交易方式成为现实。Jinn 语言使你能够用简练的中文语句将你的交易策略告诉你的电脑，就像将交易策略告诉一个操盘手一样，然后让电脑用历史数据对你的交易策略进行测试，这是交易助理软件的一个基本功能。通过电脑历史数据测试的详细的测试报告，你可以清楚地了解你的交易策略在真实市场上的交易效果。

如总在成交量放大到 20 天移动平均量的 2 倍时买入，买后过 5 天卖出，Jinn 语言描述如下图所示：

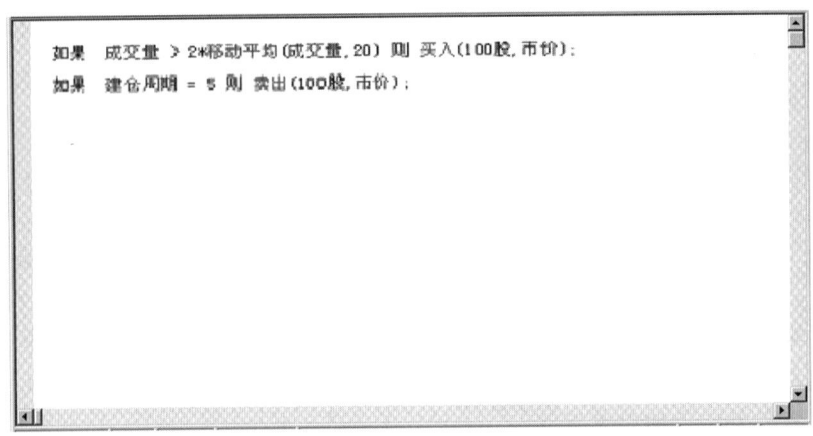

上面仅是用 Jinn 语言编制交易系统的一个极简单的例子，真正实用的交易系统可以由数百数千条 Jinn 语言语句构成，其中可以包含大量复杂的条件和判断语句。

2）自动的证券交易操作。有了交易助理，自动的证券交易成为现实。

你不需要拥有大型主机设备，也不需要雇用专职程序设计师，仅需要你的个人电脑和一套交易助理软件，在用 Jinn 语言编制的交易策略支持下，你不用再盯着行情屏幕，而且你不会错过任何符合你既定交易原则的交易机会——无论你把既定交易原则和策略定得多么复杂——交易助理软件会替你逐笔地盯住市场的任何变化，在市场上出现符合你既定策略的交易机会时交易助理软件会即时提醒你下单买入或卖出。交易助理软件甚至能自动生成符合你既定策略的交易委托单，你只需简单地点击鼠标确认一下就可发出交易委托。用户甚至可以通过简单的设置步骤将交易委托单的确认操作省略掉，从而实现完全自动的按用户自定交易策略的证券交易。

3）交易策略的创建和测试。用 Jinn 语言来创建交易策略就像用简练的中文向一个操盘手讲述操作策略一样，之所以这样是因为 Jinn 语言在设计时就定位于使用投资者自己的语言。

试想，你正在观察某一证券的 5 分钟图表，你发现每当最低价比上一根图线的最低价低而收盘价又比上一根图线的收盘价高时市场总能持续上升一定幅度，这是巧合吗？还是意味着是个交易机会？有了交易助理和 Jinn 语言，你只需写出如下图所示的一段程序就可以用历史数据来验证你的想法是否真的有效。这种办法可以使你能测试大量的交易策略思路而不需承担任何风险。

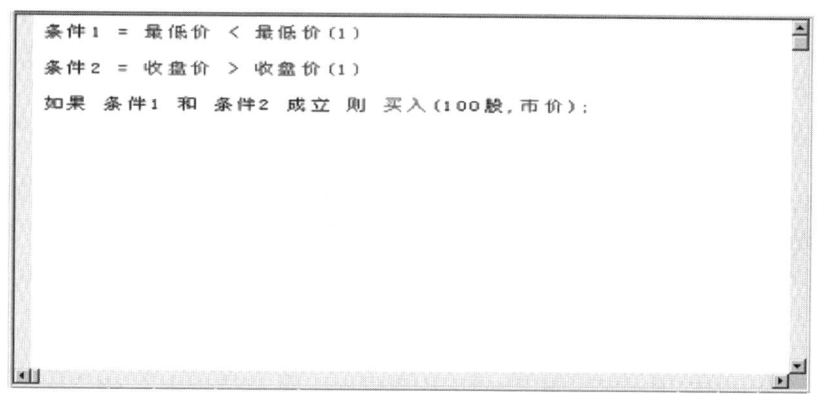

使用 Jinn 语言你可以搭建出具有数百数千条语句的交易策略，而且一个交易策略可以拥有多个建仓和平仓指令，并能嵌入极其复杂的操作理念。

4）详细并且图文并茂的历史测试报告。交易助理软件的历史数据测试报告包含十几种表格报告和 20 多种图形报告，可以让你从不同角度观察和分析你的交易策略在历史数据上的各种表现。其中包括按年/月/周等不同周期的资金使用率、资金回报率、盈利交易和亏损交易的数目、比例以及持股周期、空仓周期、逐笔的交易详情等。通过这些不同角度、不同内容的测试报告，可以看到你的交易策略盈利能力如何，并能分析出盈利和亏损都是在何种情况下产生的，你可以在任意时间区间和任意品种范围内进行历史数据测试，还可以自动优化或通过分析测试报告手工优化你的交易系统或某个指标及函数。

5）Jinn 语言可操作多类型的数据。Jinn 语言并不仅能操作行情图表数据，还可以操作包括上市公司财务数据、宏观经济统计数据等与证券市场相关的全部变量。如下图所示。

6）其他衍生功能。自动吸纳、自动派发、自动撤单等功能可以使你在处理大资金时更加得心应手，这些特别的交易功能可以单独使用，也可以嵌入 Jinn 语言交易策略之中使用。

动态账务管理使你即时地掌握你的动态盈亏情况，由于盈利和亏损的持股显示颜色不同，所以你能一眼看出你账户的主要情况。

"交易助理"集成了强大的图表分析功能和实时信息揭示功能，同时具备基本面资料的查阅功能。

Jinn 语言不仅用于支持用户开发、测试和自动运行交易策略，使用 Jinn 语言

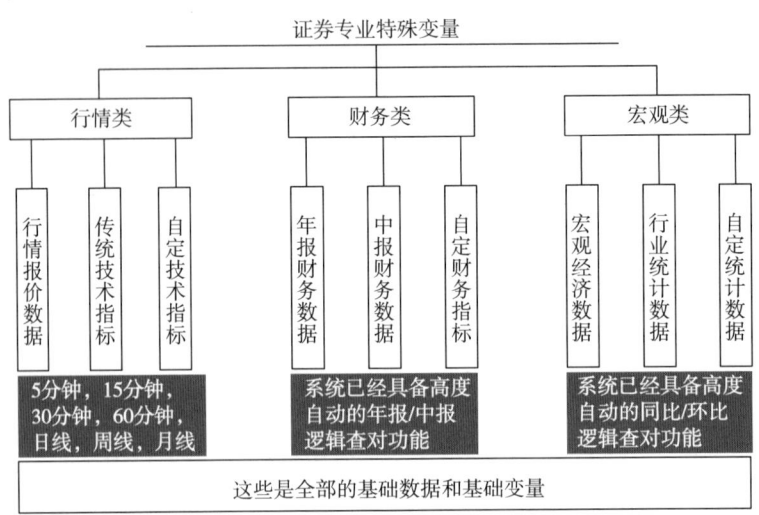

还可以自定义属于用户自己的技术分析指标和上市公司财务分析指标,并能用Jinn语言对行情分析图表进行标记、画线和其他操作,用户还可以使用Jinn语言创建各种报警功能。

知识产权情况:

我们的产品属于自主开发的软件项目,具有自主知识产权,我们的"股市情报中心"软件已经通过了上海市软件协会的检测,著作版权的申请已经被接受并正在办理中;"交易助理"软件尚处于紧张的开发过程中,一旦开发完成,我们会立即办理检测、版权登记等相关事宜。

2.1.2 其他产品

(1)股市情报中心。"股市情报中心"是一套基本面分析软件,你所关心的股票的所有基本资料在"股市情报中心"里都可以找到,因为有机器人软件不停地从互联网上实时收集、整理信息,并对其进行有序的分类。这样呈现在用户面前的就是一个及时而又完备的资料库,在这个资料库中陈列着所有上市公司的招股说明书、上市公告书、历年的年报和中报、公司大事记、各种宏观经济指标和经济研究报告等。

"股市情报中心"最重要的优点是分类有序(主要资料按股票代码分类),资料及时完备,便于用户搜索并用于相关分析。

"股市情报中心"有三种面向不同用户的版本:网络版、单用户版、DOS版。

(2)数据宝。"数据宝"是在"股市情报中心"数据的基础上,主要针对专业研究机构和人员更为专业化的需求开发的大型开放式证券数据库。它的适用领域为:

1）适合专业学术性需要。数据宝适合高等院校金融证券专业研究生、博士生、教授、学者在毕业论文或科研中使用；适合券商、基金的研究开发部门使用；适合金融证券类专业科研院所使用；适合有良好教育基础并对金融证券学科有志于钻研的个人使用。

2）适用于专业服务提供商。咨询公司或网上交易提供商可以将数据宝作为其服务及产品的原料数据。

3）不适合一般投资者。推荐证券市场投资者进行基本面分析使用本公司的产品"股市情报中心"，数据宝对证券市场投资者来说使用并不方便。

（3）计算机系统集成服务。我们在计算机网络系统集成上积累了丰富的经验，逐步涉足了金融、证券、政府部门、教育、企业和酒店等领域的计算机管理信息系统的设计和建设工作，包括大楼综合布线、企业 Intranet、广域网互联等。目前，公司能够提供的服务包括综合化布线设计和施工、智能化大厦的数据、语音、安全监控、火警监控的一体化设计和施工、计算机机房电力供应（包括市政供电、自发电和 UPS 电源）的规划、网络系统的设计实施、双机热备份的安装调试、高档 PC 服务器与小型机的安装调试、网络整体升级和改造、各个局域网与广域网的互联、电脑工程师的实地培训等。

公司提供的部分解决方案如下：

- 券商解决方案　　　　　NOVELL 平台高可用性（NHAS）解决方案
　　　　　　　　　　　　证券千兆集群网络解决方案
　　　　　　　　　　　　CISCO 互联方案一
　　　　　　　　　　　　CISCO 互联方案二
　　　　　　　　　　　　INTEL 千兆方案
- 政府部门解决方案　　　上海市徐汇区人民检察院二期网络系统解决方案
- 企事业网络设计解决方案　典型小型局域网解决方案
　　　　　　　　　　　　分公司中型局域网解决方案
　　　　　　　　　　　　校园网络设计方案
　　　　　　　　　　　　企业 VoIP 网络系统的方案
- 典型解决方案　　　　　CISCO-1720 VPN 解决方案

（4）硬件代理销售业务。作为 CISCO 和 SUN 的授权经销商，作为康柏 PC 服务器的华东地区的总经销商，我们与许多网络技术供应商建立了长期良好的合作关系，这对于提高本公司在硬件代理方面的市场覆盖率和提高本公司在系统集成方面的竞争力都有着至关重要的促进作用。

2.2　相关技术的使用情况（技术间的关系）

下面介绍一下我们的产品所使用的相关技术以及技术间的关系。

我们的已面世产品——股市情报中心的功能是为用户提供最全面、最及时、最详尽的证券信息，与以往传统的提供方式不同，我们的信息和数据全部来源于互联网，也全部通过网络传输。股市情报中心的核心技术是自主开发了一个功能强大的收集引擎，24小时循环工作以汇集我们需要的数据资源，该收集引擎利用了图的搜索和模糊查找算法，以确保我们需要资料的完整性，同时利用关键字匹配技术对搜索来的大量信息进行筛选，并将需要的内容重新排列整合。该技术关键的先进性在于所有信息数据的收集、筛选、编辑、核对、发送流程大部分由电脑自动处理，只需少量的人工干预。

交易助理软件则将计算机编译原理与证券市场的应用需求完美结合，独创了Jinn语言。众所周知，编译原理是用来开发计算机程序编写语言的，但传统上运用编译原理开发的程序编写语言都是针对专业的计算机应用人员和程序开发人员，而Jinn语言的目标用户却是那些只有基本计算机使用能力的证券交易人员，因此必须设置尽量简单的语法规范，尽量多地提供模板功能，以提高Jinn语言的可用性和易用性，这正是技术难点所在。

"交易助理"和"股市情报中心"就产品而言是完全独立的，但交易助理所提供的强大功能有赖于股市情报中心全面、准确、及时的数据基础。

数据宝主要是为学术研究开发的，它相对于交易助理和股市情报中心而言具有独立性。

我们的系统集成和硬件代理业务一方面为公司的运营提供了基本的现金流，另一方面为公司的管理运营储备了8年的经验。

2.3 产品规划

（1）产品开发现状。

产品所处阶段	交易助理	股市情报中心	数据宝
研发	基本完成	完成	基本完成
测试	正在测试	完成	未开始
市场销售	未开始	已开始	未开始

（2）产品规划。我们公司的发展定位是金融服务高端软件提供商。我们针对市场的需求研究开发了产品，又在明确和理顺了市场的需求结构后，对我们的产品体系做了更为细致的规划。

产品 \ 发展规划		2002年	2003年	2004年	2005年	2006年	最终目标
自主知识产权产品	交易助理	开发测试成功并投入市场	实现市场占有率5%	实现市场占有率10%	实现市场占有率20%	实现市场占有率30%以上	成为该领域内的权威供应商
	股市情报中心	借助交易助理影响进行营销	实现市场占有率5%	改造该低端产品，使其具有更高附加价值			
	数据宝	开发测试成功并投入市场	实现市场占有率5%	实现市场占有率10%	实现市场占有率20%	实现市场占有率30%以上	成为该领域内的权威供应商
系统集成和硬件代理		完成数千万元营业额	完成上亿元营业额	逐渐淡出该市场，一旦软件业务形成规模，立即将系统集成和硬件代理业务剥离出售，集中精力于软件业务			

3. 市场分析

如何利用具有先进性和前瞻性的产品创造市场，这是公司反复讨论和推敲的核心问题，经过多方的调查考证，我们对我们的新产品将开拓创造出的市场有十分的信心，因为我们的新产品是直接面向客户需求和直接针对市场空白的。根据我们公司的发展目标，本部分我们围绕"交易助理"产品对我们所定位的市场展开深入的分析讨论。

3.1 市场背景

中国证券市场是一个发展迅速的新兴市场。

年份 \ 项目	国内生产总值		市场总值	
	总额（亿元）	发展率（%）	总额（亿元）	发展率（%）
1993	34560.5		3531.01	
1994	46670.0	135.04	3690.62	104.52
1995	57494.9	123.19	3474.26	94.14
1996	66850.5	116.27	9842.37	283.29
1997	73142.7	109.41	17529.23	178.10
1998	76967.2	105.23	19505.64	111.27
1999	80579.4	104.69	26471.17	135.71
2000	88189.6	109.44	48090.9	181.67

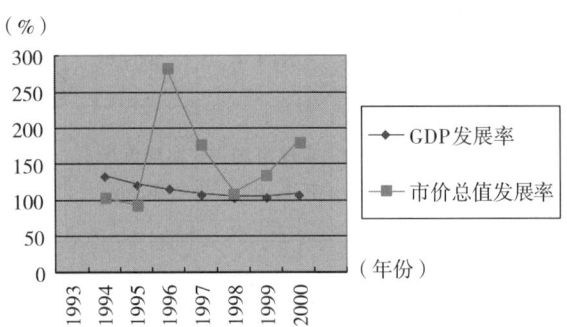

资料来源：中国人民银行统计季报（1995~2001年）。

随着证券市场的迅猛发展，与证券交易有关的各类需求也在不断地增加，中国证券软件业每年有几十亿元乃至上百亿元的市场容量，但至今在证券行业的高端应用软件市场上，还几乎没有成气候的供应商出现。这是一个巨大的未开拓的市场。

3.2 市场细分与产品定位

3.2.1 市场细分

之所以将公司定位为证券行业高端应用软件提供商正是由于我们在这一领域发现了一块巨大的未开发市场。我们展开了一系列烦琐的市场接触与调查，通过与券商、基金公司、投资机构等的深入接触，我们把那些具有代表性的业内专业公司和专业人员的意见要求做了汇总整理和筛选，从而确定了我们致力于争取的市场空间。

我们把主打软件产品"交易助理"的目标市场定位在金融证券行业的高端用户群体。根据市场调查显示，证券交易软件的中低端市场竞争激烈，而高端市场几乎还没有成气候的供应商出现，也就是说，在证券交易应用软件领域的高端用户群体市场上还几乎看不到有实力的竞争对手。

以下是我们的市场定位情况：

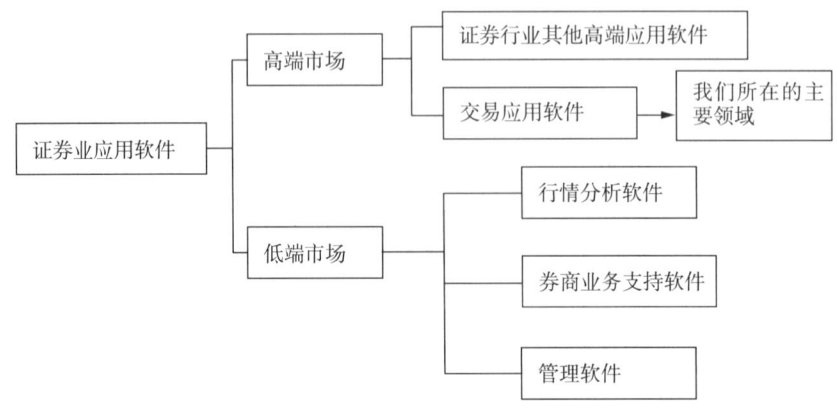

随着国内证券业的发展，尤其是行业思维和行业观念的转变，我们预期高端用户市场将从今年开始以每年倍增的速度发展。具体到交易助理，我们预期将在我们的产品充分推介的首12个月产生1亿~2亿元的市场需求，随后该市场需求量将每年倍增，当然竞争者也会蜂拥而至。

我们计划通过先进的技术、优质的服务和强有力的销售手段在竞争期来临之前就充分渗透市场，占领先机，从而能够在竞争局面中继续保持优势。

3.2.2 目标客户

我们定位"交易助理"产品的首批客户群体为：

(1) 证券营业部。

(2) 投资基金。

(3) 其他投资机构。

(4) 一定比例的有良好教育基础和素质的个人大户。

3.2.3 市场区域规划

交易助理开始大规模营销之后我们将在全国设立6个销售及服务中心，以支持交易助理产品的销售以及售后服务。

华东大区——上海公司总部（已存在）

华北大区——北京（2002年4月建立）

东北大区——沈阳

西北大区——西安

西南大区——重庆

华南大区——深圳（现暂时在广州，2002年4月建立）

市场区域规划

区　域	区　域　描　述
华东市场	以上海为中心，辐射浙江、江苏、安徽等
西南市场	以重庆为中心，辐射四川、云南等
东北市场	以沈阳为中心，辐射辽宁、吉林、黑龙江等
华北市场	以北京为中心，辐射北京、天津、河北等
华南市场	以深圳为中心，辐射广东、福建、海南等
西北市场	以西安为中心，辐射新疆、陕西、甘肃等

3.3 市场规模和增长率
3.3.1 市场容量估算

目标市场	证券公司			基金	机构投资者
	证券营业部	开通网上交易的券商	券商研究机构	含已上市和未上市基金	含投资机构、私募基金等
数量	3000	50	100	100	20000
适用型号	A	C	B	B	B
单价（万元）	5	30	20	20	20
每家可购买量	10	1	1	1	1
软件费用（万元）	150000	1500	2000	2000	400000
合计（万元）	555500				
数据传输费用（万元/年）	45000	150	300	300	60000

其中，数据传输费用属于每年的服务费用，所以无法简单计算市场容量。

3.3.2 市场增长潜力

在上一步分析中，有一个重要的市场变化因素没有考虑，那就是市场扩容的因素，事实上该因素是实际存在并且非常重要的，我们仅仅将目前已经存在的市场作为目标对象而没有考虑它在未来五年内随着中国证券金融行业的完善发展而必定会发生的快速增长。为有效防范风险，我们在数据上作保守的估计，但我们也应当正确认清未来市场的增长潜力。

我们预计在未来五年内我们的目标市场能够增长一倍，未来市场的增长潜力来源于以下因素：

（1）新生代的成长和网络技术的飞速发展将使网上交易逐渐普及，"交易助理"的网上交易版本所带来的市场容量增长将是高速的，并且潜力巨大。

（2）新生代的成长还将使普通股民队伍总体平均素质大幅提高，从而导致对高端软件需求的提升，于是直接导致"交易助理"营业部专用版本的需求量上升，进而使"交易助理"营业部专用版本的市场容量得到逐年提升。

（3）中国的基金业目前还处于刚起步的状态，中国证券市场上的机构投资者比例还很低。随着中国基金业的快速发展和证券市场机构投资者队伍的不断壮大，必然使"交易助理"投资机构专用版本的市场容量在今后一段时期内急速增长。

（4）个人电脑的性能沿着"摩尔定律"以一条斜率很高的直线在上升，而个人电脑的价格相对于居民购买力却不断下降，并且网络传输的带宽也不断提高，网络使用成本也将不断下降。总之，IT技术正在不断进步，这也将间接地使我们的产品市场容量得到不断增长。

（5）随着社会进步，高端应用向低端群体渗透是个不争的趋势，由此也会给我们带来市场容量的增长。

目标市场预计的增长情况如下：

单位：套

目标市场	证券公司			基 金	机构投资者
	证券营业部	开通网上交易的券商	券商研究机构	含已上市和未上市基金	含投资机构、私募基金等
适用型号	A	C	B	B	B
目前	3000	50	100	100	20000
未来两年	3500	60	120	125	25000
未来三年	4000	75	150	150	30000
未来五年	5000	100	200	200	40000

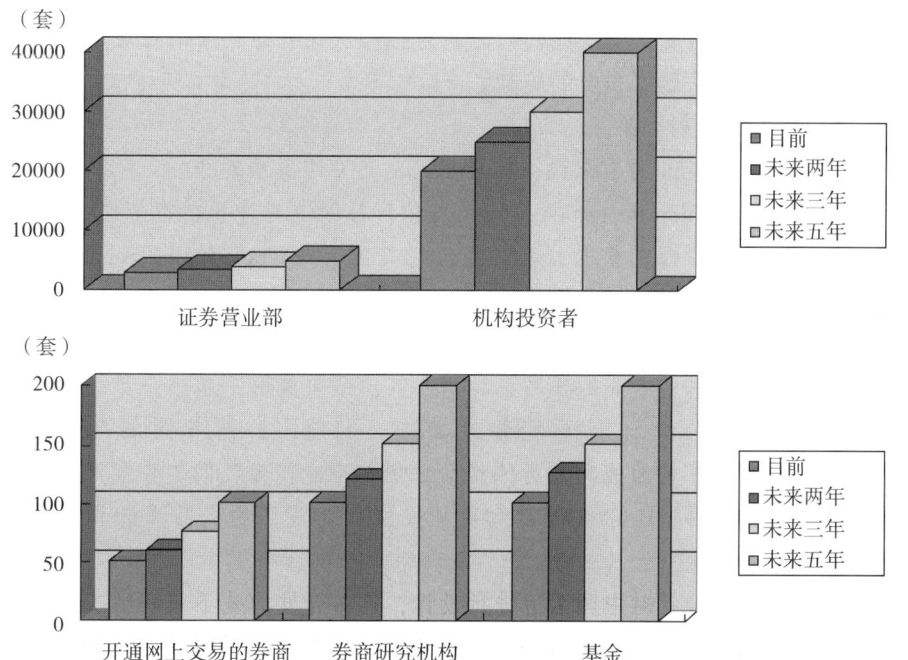

3.3.3 市场份额

为保守起见，在估计我们的市场份额时暂时不考虑目标市场的增长因素，我们5年内的市场份额预测如下：

单位：%

年份 市场份额	2003	2004	2005	2006	2007
A版	3	6.5	11	16	22
B版	3	6.5	11	16	22
C版	8	18	26	34	40

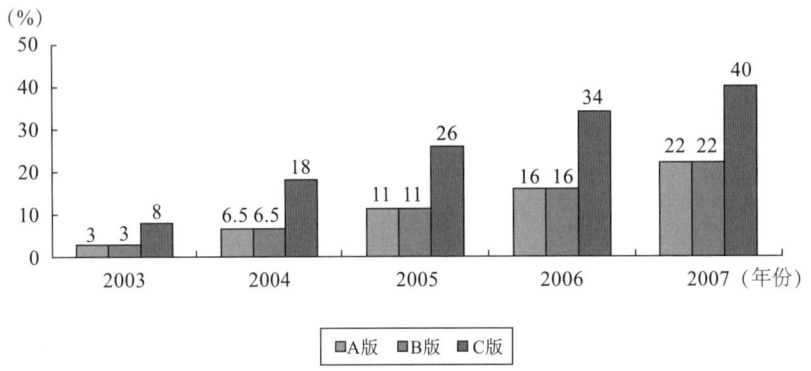

3.4 竞争分析

从风险规避的角度出发，我们以时间为标尺从现有的和未来可能发生的两方面分析竞争的存在、影响和发展趋势。

3.4.1 现有的竞争者

就交易助理和Jinn语言来说，国内目前尚不存在竞争对手。

美国的TradeStation Securities公司是类似产品制造者（目前也是唯一的）。但是目前也不会与我们构成竞争关系。经过对美国公司TradeStation Securities产品的全面分析，我们得出这样的结论，它们的用户必须是受过正规的软件程序工程师一级的训练才能完全胜任对其软件的使用操作。之所以如此，是因为一方面美国的基金公司都雇用了专业的程序设计师，其产品有其用户基础；另一方面它们没有在用户可用性设计上下足够的功夫。因此，虽然美国的TradeStation Securities公司已有了较为成熟的类似产品，但并不能作为我们的替代产品，不仅如此，TradeStation Securities的产品和商业模式还为我们的产品设计和市场开发提供了许多参考元素。

我们的产品直接针对中国国情进行设计，产品开发的差不多一半工作量用于使Jinn语言成为证券交易人员容易使用的编程语言平台，并且功能更加强大。当然，达到这种效果的代价是 Jinn 语言程序的运行效率下降，但这可以通过使用更好的计算机配置来弥补（用更快的 CPU 和更大的内存）。我们认为这种代价是值得的：用户可以通过使用奔腾 4CPU/256M 内存的机器而使自己不需要受专业训练就能用 Jinn 语言编制交易策略。那些很难学会的程序编写知识由机器去自动解释处理。

具体来说，××软件的交易助理和 Jinn 语言与美国的 TradeStation 的 Easy Language 相比，有如下三大优势：

	Easy Language	Jinn 语言
对使用者的要求	需要经过专业程序设计培训才能使用	面向中国证券市场投资者开发，具有基本计算机使用能力的投资者即可使用
操作对象	行情分析和技术分析的变量和时间序列	（1）操作行情分析和技术分析变量和时间序列 （2）基本面的变量和时间序列（如上市公司财务数据、宏观经济统计数据以及行业统计数据等）
交易对象	被用户打开的股票品种做自动交易	在整个中国证券市场范围内实现真正意义上的全面自动交易

由此可见，对于我们的目标市场——中国证券交易高端用户，我们的产品是具有市场创造性的，我们将会成为这块市场的开拓者和引领者，这使我们在一段时期内不必担心竞争者的分羹，也使我们在未来一定会产生的竞争中具备足够的优势。

3.4.2 未来的竞争以及量化分析

预计在"交易助理"面世后一年左右会产生 1~3 家具有竞争力的对手，并且在未来几年内该数量会急剧膨胀，估计在三年内将达到 5~10 家。前面已经说到，我们所面临的最大的市场风险来自竞争对手，而且有理由相信我们的竞争对手也大多是同样有着多年证券行业服务经验的公司，因为它们有足够的技术和市场实力与我们分羹。但同时也不可忽略那些新进入市场的、具有一定技术实力的新兴企业。预计最有可能的竞争对手会来自：

（1）从事证券交易软件开发的公司。
（2）券商。
（3）证券资讯供应商。
（4）其他软件开发商。

与这些潜在的竞争者相比，各自的优劣势如下表所示：

成功因素	××	从事证券交易软件公司	券商	证券资讯供应商	其他软件开发商
先行者优势	★★★	☆	☆	☆	☆
软件开发技术优势	★★★	★★★	★	★	★★★
对证券交易的熟知程度	★★★	★★	★★★	★★★	☆
客户基础	★★	★★	★★★	★★	★
市场运作能力	★★	★★	★★	★★	★★★
外部支持	★	★	☆	★	★

注：★★★表示最好；★★表示良好；★表示一般；☆表示较差。

竞争必然导致一系列的影响，包括价格、市场份额、市场地理分布、推广方式、管理、融资能力等方面的影响，其中我们认为最主要的是对价格、市场份额、市场地理分布三方面的影响。我们以"交易助理"面世以后的五年为研究期限，从上面三个方面分析竞争带给我们的具体影响，并把其中前三年作为详细分析对象。为体现最大的市场风险性，我们均考虑最坏的情况：

（1）第一年。市场产生三家竞争对手，其中一家具有较强竞争实力，一家具有中度竞争实力，另一家较弱。第一年我们摒弃价格因素，在第一年内我们基本不可能更改定价策略，这体现在两种状况下相同的利润率上：

项目情况	市场占有率（%）	市场地理分布					销售额（万元）	利润额（万元）	利润率（%）
		华东	华北	华南	东北	西北			
无竞争	5	1.6	1.2	0.8	0.6	0.8	28020	5604	20
有竞争	3	1	0.7	0.5	0.4	0.4	16812	3362.4	20

注：市场占有率以总市场容量为100%。

（2）第二年。市场上产生10家竞争对手，其中20%即2家具有较强竞争实力，50%即5家具有中度竞争实力，30%即3家实力较弱。

项目情况	市场占有率（%）	市场地理分布					产品价格变动（%）	销售成本增加（%）	销售额（万元）	利润额（万元）	利润率（%）
		华东	华北	华南	东北	西北					
无竞争	10	3.2	2.4	1.6	1.2	1.6	0	0	37070	7414	20
有竞争	6.5	1.95	1.3	0.98	1.3	0.97	-5.0	5.0	21905	3942.9	18

第一部分 商业计划书概述

竞争的引入导致市场占有率比预期减少5%，同时造成为增强产品竞争力而导致价格的下调和为加大销售力度而导致的销售成本增高，这些都直接造成利润率的下降。同时由市场地理分布比率可见，市场的区域结构也有所调整，在竞争对手较密集的华东地区和华北地区，市场占有率百分比均会有所下降，华南地区和西北地区则基本持平，而竞争对手较弱的东北地区却有所上升。

项目情况	市场占有率（%）	市场地理分布					产品价格变动（%）	销售成本增加（%）	销售额（万元）	利润额（万元）	利润率（%）
		华东	华北	华南	东北	西北					
无竞争	15	4.8	3.6	2.4	1.8	2.4	0	0	46593.8	9318.76	20
有竞争	11	3.3	2.15	1.65	2.25	1.65	-5.0	10	30922	5256.74	17

同时，我们认为，这一年和下一年是确立产品在市场竞争中的地位的关键两年，市场发展会相对艰难，这两年多足鼎立的局面过后会剩下较少的竞争者，因此这两年的市场竞争性分析尤为关键。

（3）第三年。市场上出现更多家竞争对手，但强弱比例应当有所调整，仍然只有15%具有较强的竞争实力，约有40%具有中等实力，其余多为临时转型不具备竞争实力的企业。本年度价格不再是获取市场竞争力的关键，营销重点应放在如何保持市场先导的优势上，这可能继续导致销售成本的增加和利润率的下降。

注：产品价格变动百分比和销售成本增加百分比均以第一年度作为基准。

（4）第四年与第五年。第三年以后，市场将进入相对成熟期，竞争格局已基本确定，由于市场优胜劣汰，竞争对手趋于减少，绝大部分市场份额将集中在少数几家最有实力的企业，凭借我们多年积累的行业经验和市场先行者的特殊优势，我们相信这两年是我们获取丰硕的市场成果的两年，我们的优势地位无法被取代。

时间	项目情况	市场占有率（%）	市场地理分布					销售额（万元）	利润额（万元）	利润率（%）
			华东	华北	华南	东北	西北			
第四年	无竞争	20	6.4	4.8	3.2	2.4	3.2	49726.25	9945.25	20
	有竞争	16	4.78	3.04	2.38	3.39	2.41	39781	7956.2	20
第五年	无竞争	25	8	6	4	3	4	57542	11508.4	20
	有竞争	22	6.6	4.2	3.22	4.73	3.25	50637	10127.4	20

4. 商业模式

基于我公司业务发展方向，在该部分中我们重点对交易助理产品做针对性的分析，同时也会简单涉及其他产品。

4.1 交易助理产品的商业模式

"交易助理"是证券行业的高端应用软件，它的市场定位非常明确，目标客户的范围也比较确定，我们的商业模式正是基于产品的目标客户而具体实施的，可以保证最大限度地获取利润。而且，我们拥有实施这种商业模式所需的主要关键成功因素。

4.1.1 交易助理的商业模式

"交易助理"是我们的核心产品，针对不同的版本所面对的不同需求和层次的客户，我们采取不同的销售模式和定价方法。

（1）"交易助理"证券营业部专用版。这个版本以专用交易设备方式出现（以硬件方式出现），实际上是预先将软件装入一台高档 PC。证券营业部需要为每位要求使用"交易助理"的客户购买一台，计划每台售价 5 万元人民币，每年收取数据传输费用 1.5 万元人民币（第一年免数据传输费用）。

按照全国 3000 个证券营业部计算，假设平均每个营业部可以购买 10 台，则这部分市场容量为 30000 台，合 15 亿元销售额。从第二年起，对应于每年 4.5 亿元的年数据传输服务费市场容量。

（2）"交易助理"投资机构专用版。这个版本以软件包的方式体现，以 Client/Server 方式在投资机构的内部局域网上运行，每个投资机构只需购买一套，局域网上的很多台工作站可共享使用，并能按工作岗位以不同的功能权限体现工作流关系。计划每套软件售价 20 万元人民币，每年收取 3 万元人民币的数据传输服务费（第一年免数据传输服务费）。

按照全国 100 个投资基金计算，每个基金购买一套软件，则潜在的软件销售市场容量为 2000 万元（0.2 亿元），从第二年起，对应于每年 300 万元（0.03 亿元）的数据传输服务市场容量。

按照全国共 20000 家机构投资者计算，每家购买一套软件，则潜在的软件销售市场容量为 40 亿元，从第二年起，对应于每年 6 亿元潜在的数据传输服务市场容量。

（3）"交易助理"网上交易专用版。这个版本也是软件包，分为网站端和客户端两部分。网站端软件计划售价 30 万元，客户端免费从网站下载，但客户端不能单独使用，客户必须到装备有网站端软件的网上交易券商处开户才能开通使用，客户端软件虽然免费下载但不免费使用，而是按每通过"交易助理"成交一笔委托收取 1~10 元租金的租用方式收费，这一租金不向交易客户收取，而是向提供交易服务的网上券商收取。另外，从第二年起，每年向网站端收取 3 万元的数据传输服务费。

按照全国共有 50 家网上券商计算,潜在的软件销售市场容量为 1500 万元(0.15 亿元),从第二年起,对应于每年 150 万元的数据传输服务费市场容量。另外,还有庞大的客户端软件租金的潜在市场容量。

由于我们所提供的产品具有很强的专业性,需要有完善的客户服务来支持,所以在销售渠道上我们将采取的模式是自建高素质的专业营销队伍,并在各个市场大区设立分支机构。我们将提供以"培训+研讨会"为主要形式多项展开的售后服务。

4.1.2 其他产品

(1) 自主知识产权产品(股市情报中心和数据宝)。数据宝产品以专业数据提供为主要卖点,但由于它整合了 Jinn 语言平台功能,使其能够以完整、准确、快速的数据供给和灵活的可操作性凌驾于同类产品之上。数据宝产品的价格为:初装费 20 万元,年信息维护费 5 万元。

"股市情报中心"提供及时、全面的证券市场基本面信息,面向低端个人用户。个人用单机版定价 998 元/套(含第一年信息费),以后年信息费 240 元/年;券商用网络版定价 2.5 万元/套,年信息费 1200 元/年;DOS 驻留内存版定价 1.5 万元/套,年信息费 1000 元/年。

(2) 硬件代理和系统集成。我们同康柏、CISCO、SUN 等供应商建立了战略伙伴关系,这使得我们能够以最优惠的价格向我们的客户提供最先进的设备和最优秀的解决方案。我们是 CISCO 和 SUN 的授权经销商,是康柏 PC 服务器的华东地区的总经销商。

4.2 客户购买关键因素分析

下面对我们的目标客户进行定位,具体分析客户购买的关键因素。

4.2.1 证券经纪商[①]为什么需要购买"交易助理"

(1) 吸引增量客户。一批有自己思想的高素质客户必将被交易助理所具有的完全开放的决策和交易平台所吸引,因此凡购买了"交易助理"的营业部必然对这一阶层客户产生额外吸引力,从而增加客户数量。

(2) 增加原有存量客户的交易量。习惯做短线的客户往往受困于两点:一是看到短线机会来不及付诸操作;二是在上千只股票当中只能盯住少量熟悉的股票从中寻找短线机会。有了交易助理则计算机会不停地在所有股票当中自动寻找一切符合用户交易策略的交易机会并自动生成交易指令,如此,显然可大大提高短线投资者的交易活跃度,从而增加原有存量客户的交易量。

(3) 提升经纪业务档次。有了"交易助理",经纪业务部门可开发出多日有效委托/止亏委托/风险监管委托/组合条件委托/投资组合操作委托等许多创新的委托品种和服务品种,一旦管理层推出指数期货,还可以方便地推出对冲交易委

[①] 含营业部和网上券商。

托服务，如此，可大大提升经纪业务的档次。

4.2.2 投资者为什么购买"交易助理"

机构投资者和其他专业投资者使用交易助理有如下好处：

（1）有章法。尤其在启动全自动交易的状态下，一切都有章法，绝对不会出现陷入泥潭不能自拔、越陷越深的窘境。

（2）可管理。如果将对交易系统的选用权归董事会所有，那么以总经理为首的业务人员只管出去宣传理念拉理财委托资金；总经理领导下的研发部门只管以严谨的治学态度不断研制各种交易策略；至于人人想拿来过瘾的交易操盘则由铁面无私的计算机系统去执行；责任清楚、考核方便，可管理性不言而喻。

（3）高效率。在极短的时间内对各项分析要素和数据进行全面客观的处理不是人脑能胜任的事情，而电脑却能举重若轻。电脑在一分钟之内能处理的分析要素足够一个人干上好几天。人脑的优势在于智慧，而电脑的优势在于速度和无过失，如此由人来研发交易系统而由机器去执行是个理想的分工。

（4）不受情绪影响。该买入时受市场悲观气氛影响而不敢买，该卖出时因行情火爆而舍不得卖，该斩仓离场时又下不了手等这些情绪因素电脑是没有的。

4.3 商业模式的关键成功因素（KSF）

下表列出了针对交易助理而言，我们能够成功的关键因素：

		成功关键因素		××的资源	
		因　素	重要程度	资　源	优势程度
交易助理	开发	对证券交易行业的了解	★	对证券行业和证券交易的深刻理解	★
		对核心技术的掌握程度	★	完全自主知识产权的核心技术	★
		计算机技术	☆	多年的开发经验	★
	运营	产品与技术	★	在相关领域独一无二的产品	★
		商务范围	○	逐渐拓展	☆
		对市场的熟知	★	8年的从业经验	★
		客户基础	★	稳定的客户关系	★
		管理团队	☆	稳定的核心团队	★
		售后服务	○	优秀的售后服务	★

注：★表示最重要、最具优势；☆表示次之；○表示又次之。

5. 战略与实施

5.1 公司目标

上海××软件有限公司的宗旨是通过对核心软件技术的深入研究和高强度开发，通过对金融量化分析算法的深入探索和高强度开发，通过对金融证券行业数

第一部分　商业计划书概述

理统计技术的深入研究和高强度开发,打造本公司在金融证券业高端软件市场上的核心竞争力,进而通过此核心竞争力与优质服务获取较高的市场份额,从而实现股东利益的最大化。

为了实现上述宗旨,公司将把主要精力放在自主知识产权产品(交易助理、股市情报中心、数据宝),尤其是"交易助理"的开发与市场拓展上。预计在2002年,随着融资资金的到位,"交易助理"可以完成最终测试,并在年内开始投放市场。

随着公司在核心技术方面的突破和市场拓展方面的进展,本公司有望在2~3年内成为国内证券业高端市场解决方案的领先厂商。

5.2　产品开发策略

由于"交易助理"产品是一种证券市场上的高端应用软件,我们的客户不是证券市场上为数众多的散户,而是集中于机构和高素质的大户,同时用户购买它的主要原因是它可以带来更大的收益。基于交易助理的这些特点和市场定位,我们的研发策略具有可持续性、可拓展性,而且研发与销售之间是互动的关系。

首先,该产品的研发是持续性的。交易助理在核心平台比较稳定的情况下,会不断地通过深入研发推出自己的升级产品。

其次,该产品的研发具有高度的可拓展性。这种可拓展性体现在两个方面:①Jinn语言函数开发是没有止境的,我们将不断地将各种投资处理过程和相关运算过程用函数表达出来,使用户能够用非常简单的语句描述实现复杂的交易策略。②用户可以自己利用Jinn语言编写函数,不断丰富自己的资源库。

最后,由于我们所提供的产品具有很强的专业性,而且处于一个全新的领域,研发与用户之间的交流非常重要。我们将利用销售是直接针对用户这一优势,保持与用户之间良好的沟通,使我们的研发—销售—服务具有连续性和可延展性。

5.3　市场策略

5.3.1　营销策略

"交易助理"三种版本划分已经清晰地定位了目标客户群体,目的明确后雕琢营销模式就成为重中之重,经过推敲后提炼出来的营销模式可以概括为:

(1) 以点辐射面的就近营销。在各市场片区选择中心城市作为辐射源,充分渗透全国市场,不仅可有效利用当地营销资源,更有助于责任到点的市场考核。

(2) 深度的市场接触。以巡回演示讲座和巡回研讨会为主要形式展开深度的市场接触,同时配合面向大客户的上门演示讲座开发市场。

(3) 同时出击缩短营销周期。建立多支巡回演示讲座和巡回研讨会专业队伍,统一培训,同时出击,以缩短营销周期,扩大市场影响。

(4) 媒体广告。针对提高巡回演示讲座和巡回研讨会的听众上座率展开针对性的广告宣传,以提高研讨会和讲座上座率为第一广告目的,兼顾提高产品知名度和通过媒体介绍产品功能。

（5）以培训为主的售后服务。通过 Jinn 语言编程技巧培训、使用心得交流、评选和交流收集到的优秀 Jinn 语言交易策略等多种多样培训班实现开发—销售—服务的连续性。时机成熟时推出××公司认证制度，对培训并考核合格的人士按不同水平颁发××公司签发的不同级别的 Jinn 语言编程工程师资质认证证书，力争经过宣传和运作使该类证书成为证券交易业内招聘、录用和定薪的依据。

5.3.2　内部营销管理

随着各类产品的推向市场，完善内部营销资源的建设已经是迫在眉睫，营销资源建设包括营销队伍建设、营销网点建设、营销结构建设和营销模式建设四方面的主要内容。

（1）营销队伍建设。相对于我们产品的市场计划，我们现有的营销队伍是远远不够的，我们急于招贤纳才，但同时本着以下原则：

1）专业化。我们的目标是成为证券高端应用软件行业领先的企业，我们的交易助理面向的客户是证券市场中高素质的专业人士，因此我们需要有具备专业知识，并拥有良好的沟通能力、高度的敬业精神的策划人员、演讲人员和技术支持人员。

2）高素质。营销的同时其实也是在向客户传送我们的理念，这是一个与客户互动和交流的过程，需要能理解行业内的语言，并具备较高的综合素质。所以我们的营销人员需要有良好的教育基础和相关的经验。

3）本地化。一般来说，本地的人员更了解本地的市场，更便于与客户交流和沟通，所以××公司各大区的员工尽量本地化，充分利用本地化的优势。

（2）营销网点建设。根据市场区域划分，我们将在全国范围内建设若干营销网点，近两年内，我们的目标是建成六个成熟的具有战略意义的营销网点，分别是以上海为中心的华东区、以北京为中心的华北区、以沈阳为中心的东北区、以深圳为中心的华南区、以重庆为中心的西南区和以西安为中心的西北区。

这些网点建设应当达到的目标是：

1）高效性。作为证券应用软件生产商和信息的领先提供商，我们必须保证每个网点的系列服务是高效的。

2）高可管理性。各个网点必须能够及时向总部反馈相关信息，进行交流和沟通，方便总部建立统一的测评和考核体系，贯彻决策层的意图，对整个营销网络进行有效的控制。

3）高可拓展性。各个网点必须保持对周边地区强大的辐射能力，方便建立完善的销售渠道体系和统一、快捷的售后服务体系，而且，随着公司新产品的推出，作为一个平台，它要发挥强大的推广作用。

（3）营销结构与模式建设。从公司总部到各网点员工再到最终用户，我们将建立完善的服务机制，并通过讲座/广告/培训——认证制度加强与客户的交流和沟通，实现与客户的双赢。

5.3.3 外部支持

我们目前已与康柏、思科、SUN等国际著名的硬件供应商、国内众多证券商以及其他伙伴建立了良好的业务合作关系，具体合作范围如下表所示：

合作伙伴	合作范围
COMPAQ 康柏	PC服务器区域总经销商
思科	网络产品与网络方案提供商
SUN 公司	解决方案提供商
众多国内券商	8年来长期的服务对象
多家基金管理公司	战略伙伴 了解市场对我们的产品的功能要求和需求情况

6. 公司管理

6.1 组织结构

上海××软件有限公司的组织结构如下图所示：

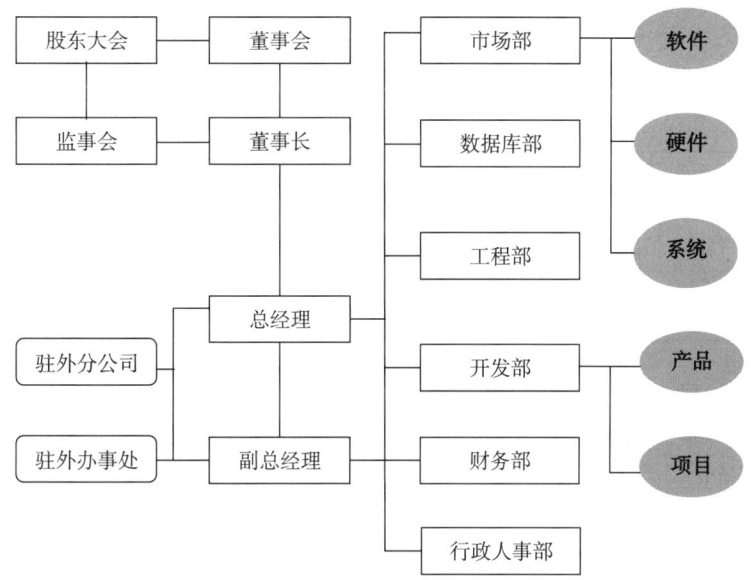

6.2 职责描述

部门	现有人员	职责
总经理	1	公司的战略规划和日常经营管理
副总经理	2	协助总经理分管各部门工作
市场部	8	市场推广及渠道管理
数据库部	6	后台数据库维护
工程部	5	系统集成工程的施工和维护服务
开发部	11	软件开发
财务部	3	公司的日常财务管理
行政人事部	3	人力资源管理及日常行政管理
现有人员总计		39人

6.3 核心人员介绍

上海××软件有限公司拥有一支具有行业领先水平的管理队伍，他们在创造性的市场前瞻、先进的计算机技术、市场营销、公共关系、行政管理等直接决定公司经营形态和公司文化的岗位上具有成熟的技术与丰富的经验。值得一提的是，我们的核心管理层1998年就已经形成，五年以来一直保持着团结和稳定。

6.4 人力资源管理机制

6.4.1 人力资源规划

年份 / 人数	2003	2004	2005	2006	2007
总经理	1	1	1	1	1
副总经理	2	3	3	3	3
市场部	10	20	25	30	35
数据库部	10	15	18	20	20
工程部	10	10	10	10	106
开发部	20	24	28	32	35
财务部	3	4	4	4	4
行政人事部	3	4	4	4	4
总计	59	81	93	104	112

注：研发人力资源包括软件开发人才和金融量化分析及数理统计基础研究人才两个部分。目前，××直接从事软件开发的就有11人，全部具有本科以上学历，平均年龄不超过28岁。随着产品开发的深入，预计今明两年我们共需引进高级软件工程师2~3名，专业程序员6~8名。同时由于产品在金融证券专业化领域的不断深入，我们还迫切需要引进金融量化分析人才和数理统计专才，预计将在今年内引进富有行业经验的高级金融量化分析人才1~2名，高级数理统计基础研究人才1~2名，他们至少具有专业硕士学位，两年以上的行业从业经验。

6.4.2 薪酬制度与激励机制

上海××所有员工的报酬将由以下几部分构成：

（1）基本工资：将根据岗位的差异设置不同的底薪，并根据《劳动法》的规定提供相关的保险和福利。

（2）绩效奖金：与对员工的业绩考核挂钩。

此外，在未来若干年内，逐步拿出一部分股份以期权的形式奖励给核心技术人员和高级管理人员，使其利益与公司业绩直接挂钩。

6.4.3 员工考核制度

实行严格的绩效考核制度：部门主管每月将对员工进行业绩考评并与奖金挂钩，总经理则对部门经理进行考核，总经理的业绩将由董事会评估和考核；公司每年将对全体员工的业绩进行两次评估并与每人的工资级别挂钩。

7. 财务分析与融资计划

7.1 收入预测

根据前述第4部分的阐述，上海××软件有限公司未来的收入来源主要有以下几种：

（1）"交易助理"的销售收入（包括数据传输费收入与网上券商客户端租金收入）。

（2）其他软件产品包括"数据宝"、"股市情报中心"的销售收入。

（3）计算机硬件与系统集成业务所带来的收入。

考虑到××将来定位于软件厂商并以"交易助理"为主打产品，尽管（2）、（3）已经为公司带来利润，但本部分的预测仍仅以（1）为基础。

7.1.1 "交易助理"销售量预测

如前所述，"交易助理"分为三个版本：①营业部专用交易助理终端机。②基金及机构投资者软件包。③网上交易用的网站端软件包。我们的预测将按这三种版本分别进行。

"交易助理"版本 A 销售量预测　　　　　　　　　　　单位：套

销售量预测	地域						备注
	华东	华北	华南	东北	西北	合计	
2002~2003 年度	300	210	150	120	120	900	营业部专用交易助理终端机
2003~2004 年度	315	210	159	210	156	1050	
2004~2005 年度	405	263	203	276	203	1350	
2005~2006 年度	448	285	223	318	226	1500	
2006~2007 年度	540	343	263	389	265	1800	

"交易助理"版本 B 销售量预测　　　　　　　　　　　单位：套

销售量预测	地域						备注
	华东	华北	华南	东北	西北	合计	
2002~2003 年度	202	141	101	81	81	606	基金及机构投资者软件包
2003~2004 年度	213	143	107	139	105	707	
2004~2005 年度	273	177	136	186	137	909	
2005~2006 年度	301	192	150	214	153	1010	
2006~2007 年度	364	231	177	261	179	1212	

"交易助理"版本 C 销售量预测　　　　　　　　　　　单位：套

销售量预测	地域						备注
	华东	华北	华南	东北	西北	合计	
2002~2003 年度	1	2	0	0	1	4	网上交易用的网站端软件包
2003~2004 年度	2	1	1	1	0	5	
2004~2005 年度	1	1	0	1	1	4	
2005~2006 年度	1	0	1	1	1	4	
2006~2007 年度	0	0	1	1	1	3	

7.1.2 "交易助理"销售收入预测

根据上述销售预测,我们得到"交易助理"未来五年的收入预测:

2002~2003 年度"交易助理"销售收入预测　　　单位:万元

产品版本	项目	地域						备注
		华东	华北	华南	东北	西北	合计	
A	软件收入	1500	1050	750	600	600	4500	销售价格、传输费收入、租金收入标准见表下标注
A	传输费收入	0	0	0	0	0	0	
B	软件收入	4040	2820	2020	1620	1620	12120	
B	传输费收入	0	0	0	0	0	0	
C	软件收入	30	60	0	0	30	120	
C	传输费收入	0	0	0	0	0	0	
C	下单费收入	18	36	0	0	18	72	
年度销售额合计							16812	

注:如第 5 部分所述,版本 A 以终端机形式销售,每套人民币 5 万元,年数据传输费人民币 1.5 万元;版本 B 以应用软件形式销售,每套 20 万元,年数据传输费 3 万元;版本 C 每套 30 万元,年数据传输费 3 万元。

2003~2004 年度"交易助理"销售收入预测　　　单位:万元

产品版本	项目	地域						备注
		华东	华北	华南	东北	西北	合计	
A	软件收入	1496.25	997.5	795	997.5	741	4987.5	(1)软件收入已考虑降价5%的因素 (2)传输费及交易费收入均包含以前年度已发生客户
A	传输费收入	450	315	225	180	180	1350	
B	软件收入	4047	2717	2033	2641	1995	13433	
B	传输费收入	606	423	303	243	243	1818	
C	软件收入	57	28.5	28.5	28.5	0	142.5	
C	传输费收入	3	6	0	0	3	12	
C	下单费收入	54	54	18	18	18	162	
年度销售额合计							21905	

商业计划书

2004~2005 年度"交易助理"销售收入预测　　　　单位：万元

产品版本	项目	地域						备注
		华东	华北	华南	东北	西北	合计	
A	软件收入	1923.75	1249.25	964.25	1311	964.25	6412.5	（1）软件收入已考虑降价5%的因素 （2）传输费及交易费收入均包含以前年度已发生客户
A	传输费收入	922.5	630	463.5	495	414	2925	
B	软件收入	5187	3363	2584	3534	2603	17271	
B	传输费收入	1245	852	624	660	558	3939	
C	软件收入	28.5	28.5	0	28.5	28.5	114	
C	传输费收入	9	9	3	3	3	27	
C	下单费收入	72	72	18	36	36	234	
	年度销售额合计							30922.5	

2005~2006 年度"交易助理"销售收入预测　　　　单位：万元

产品版本	项目	地域						备注
		华东	华北	华南	东北	西北	合计	
A	软件收入	2240	1425	1115	1590	1130	7500	（1）软件收入剔除价格浮动因素 （2）传输费及交易费收入均包含以前年度已发生客户
A	传输费收入	1530	1024.5	768	909	718.5	4950	
B	软件收入	6020	3840	3000	4280	3060	20200	
B	传输费收入	2064	1383	1032	1218	969	6666	
C	软件收入	30	0	30	30	30	120	
C	传输费收入	12	12	3	6	6	39	
C	下单费收入	90	72	36	54	54	306	
	年度销售额合计							39781	

2006~2007 年度"交易助理"销售收入预测　　　　单位：万元

产品版本	项目	地域						备注
		华东	华北	华南	东北	西北	合计	
A	软件收入	2700	1715	1315	1945	1325	9000	（1）软件收入剔除价格浮动因素 （2）传输费及交易费收入均包含以前年度已发生客户
A	传输费收入	2202	1452	1102.5	1386	1057.5	7200	
B	软件收入	7280	4620	3540	5220	3580	24240	
B	传输费收入	2967	1959	1482	1860	1428	9696	
C	软件收入	0	0	30	30	30	90	
C	传输费收入	15	12	6	9	9	51	
C	下单费收入	90	72	54	72	72	360	
	年度销售额合计							50637	

7.2 成本费用预测

根据经验和对软件行业的了解,我们预测未来:

(1) 总费用占总收入的70%,税前净利润占总收入的30%。
(2) 销售成本和费用占总费用的50%,占总收入的35%。
(3) 研发费用占总费用的30%,占总收入的21%。
(4) 管理费用和财务费用占总费用的20%,占总收入的14%。

7.3 损益表

损益估算表　　　　　　　　　　　　　　　　　单位:万元

项目＼年份	2003	2004	2005	2006	2007
一、营业收入	16812.00	21905.00	30922.50	39781.00	50646.00
减:总成本费用	11768.40	15333.50	21645.75	27846.70	35452.20
营业税金及附加	504.36	657.15	927.68	1193.43	1519.38
二、净利润	4539.24	5914.35	8349.08	10740.87	13674.42
减:所得税	680.89	887.15	1252.36	1611.13	2051.16
三、税后净利润	3858.35	5027.20	7096.71	9129.74	11623.26

注:(1) 软件产品享受"科技十八条"优惠政策,征17%,返14%,实际税负为3%。
(2) 由于本公司取得高科技企业资格,企业所得税免税至2002年4月,以后按15%征收。

7.4 现金流量表

现金流量估算表(1~6年)　　　　　　　　　　　单位:万元

项目＼年份	2003	2004	2005	2006	2007	2008
现金流入	16937.29	22090.29	31117.79	39986.29	50861.29	58811.50
营业收入	16812.00	21905.00	30922.50	39781.00	50646.00	58711.50
固定资产折旧	125.29	185.29	195.29	205.29	215.29	100.00
现金流出	13253.65	16927.80	23875.79	30701.26	39072.74	45287.21
固定资产投资	300.00	50.00	50.00	50.00	50.00	50.00
经营成本	11768.40	15333.50	21645.75	27846.70	35452.20	41098.05
营业税金及附加	504.36	657.15	927.68	1193.43	1519.38	1761.35
所得税	680.89	887.15	1252.36	1611.13	2051.16	2377.82
净现金流量	3683.65	5162.49	7242.01	9285.03	11788.55	13524.29
累计净现金流量	3683.65	8846.14	16088.15	25373.18	37161.73	50686.02

续表

年份 项目	2003	2004	2005	2006	2007	2008
折现系数 (P/F, 0.40, t)	0.7143	0.5102	0.3644	0.2603	0.1859	0.1328
净现金流量现值	2631.18	2633.92	2639.22	2416.97	2191.90	1796.17
累计净现金流量现值	2631.18	5265.10	7904.32	10321.29	12513.18	14309.35

注：(1) 合并后的上海××软件有限公司固定资产总额为626.47万元。

(2) 固定资产折旧采用直线摊销法，折旧期限为5年。

7.5 公司价值评估

根据损益估算表，我们假定：①折现率为 r = 40%；②考虑到本公司的业务发展潜力和行业增长趋势，我们非常保守地预测，经过5年的快速成长期后，公司的年增长率g稳定在5%左右。

以下是用折现现金流的方法评估企业价值的公式：

$$公司价值 = \sum_{t=1}^{5} DF_t / (1 + r)^t + DF_6 \div (1 + r)^6 \div (r - g) \tag{7-1}$$

根据式（7-1），××公司的价值 = 12513.18 + 14309.35÷(1+0.4)^6÷(0.4-0.05) = 17645.08（万元）。

以下是计算公司内部投资收益率（IRR）的公式：

$$\sum_{t=0}^{5} DF_t / (1 + IRR)^t + DF_6 \div (1 + IRR)^6 \div (IRR - g) = 0 \tag{7-2}$$

利用插值法得：××公司内部投资收益率 IRR= 183%。

其中，DF_t 代表第t年公司的净现金流量，DF_0 = −2500万元。r代表资金使用成本，考虑到风险投资的平均收益率为30%，取r=40%。g代表第五年以后公司利润稳定的增长率，取保守估计值g=5%。

7.6 融资计划

7.6.1 融资规模及准备出让的股权比例

依据式（7-1），本期融资完成以后公司总价值为17645.08万元，上海××本期计划募集资金2500万元，以优惠价格出让本期融资后总股本的20%。

7.6.2 资金运用计划

××计划引进总金额为2500万元的投资，当期主要用于下列目的：

（1）引进更多软件开发人员、引进金融量化分析人才及数理统计专才、购置对应设施并支付开发费用：500万元。

（2）软件产品营销预算：1000万元。

(3) 补充硬件代理和系统集成的流动资金：1000万元。

××未来6年内的资金来源与运用情况如下表所示：

资金来源及运用　　　　　　　　　　　单位：万元

年份 项目	2003	2004	2005	2006	2007	2008
资金来源	7164.53	6099.64	8544.37	10946.16	13889.71	15952.11
利润总额	4539.24	5914.35	8349.08	10740.87	13674.42	15852.11
折旧及摊销费	125.29	185.29	195.29	205.29	215.29	100.00
股权融资	2500.00	0.00	0.00	0.00	0.00	0.00
资金运用	1980.89	937.15	1302.36	1661.13	2101.16	2427.82
固定资产投资	300.00	50.00	50.00	50.00	50.00	50.00
流动资金投资	1000.00	0.00	0.00	0.00	0.00	0.00
所得税	680.89	887.15	1252.36	1611.13	2051.16	2377.82
盈余资金	5183.64	5162.49	7242.01	9285.03	11788.55	13524.29
累计盈余资金	5183.64	10346.13	17588.14	26873.17	38661.72	52186.01

7.7　风险投资的退出

7.7.1　首次公开上市（IPO）

××软件主要面向在中国地区证券市场的高端用户，以在国内二板上市为好，可以有较高的市盈率，目前可以在50倍左右。也可以考虑在香港创业板上市，促使企业更加规范化。由于软件产业是国家重点扶持的行业，××软件只要业绩表现良好，就会有较大的上市机会，从而给风险投资商提供顺利退出的通道。

7.7.2　管理层收购

在通过融资使企业得以飞跃后，××原有的股东可以考虑采取集体管理层收购的方式，为风险投资人提供一个资金退出的渠道。

7.7.3　并购

除了上述两种退出方式外，软件企业还有较多的并购机会，一些软件公司或对软件感兴趣的大公司，或有战略意图的上市公司愿意出资收购有价值和潜力的软件企业。××软件将保持公司在产品、销售和市场方面的良好基本面，确保公司有良好的价值，以使自己在将来有相当多的机会实施并购，从而保证风险投资商的利益。

8. 风险分析

8.1 产品风险

产品风险主要来自我公司知识产权的被侵犯或产品不能按时推出或质量达不到要求。针对这些风险，我们采取的策略有：

（1）知识产权保护策略。股市情报中心的著作版权的申请已经被接受，并正在办理；"交易助理"软件尚处于紧张的开发过程，一旦开发完成，我们会立即办理检测、版权登记等相关事宜，以保护我们的独有技术。

（2）产品研发管理策略。首先，对每种产品的开发，我们都将制定严格的时间表并指定相应的负责人，实施严格的进程管理。其次，我们将努力通过CMM认证，建立符合国际标准的质量管理体系。

8.2 市场风险

市场风险主要来自竞争与营销的风险。在第3部分，我们已经对市场竞争做了详细的分析，这里我们主要讨论如何规避风险。在明确我们公司的优势和劣势的基础上，我们将采取如下措施：

（1）客户关系稳定策略。由于交易助理软件目标客户的特殊性，在销售上我们采取的主要是直销的方式。为了稳定我们的目标客户群，产品的先进性固然是关键，优质的售后服务也是必须的。为此我们将为目标客户提供完善的售后服务，将服务责任具体到每个营销人员身上，以先进的产品和优质的服务保证良好的业内声誉。

（2）紧急事件应对策略。在竞争中和客户使用产品的过程中，可能会产生一些不可预见的问题。我们将建立紧急应对小组，专门处理各类紧急事件，并将各类紧急事件所反映和暴露的问题及时整理归档，在采取紧急应对措施之外建立良好的机制，防范类似事件的再发生。

（3）持续的产品开发策略。××软件将不断地进行深入研发，推出自己的升级产品，保证自己站在技术的前沿。另外，我们还将继续丰富交易助理的函数库，使更多的投资处理与运算过程可以用简单的Jinn语言描述出来，给用户带来更多的便利。

8.3 管理风险

管理风险是指由于核心技术人员出走或管理上的不规范而给公司可能造成的损失。

规避措施：

（1）通过给核心技术人员股票期权，增强公司的凝聚力，从而发挥其积极性，同时尽量为他们创造良好的工作环境和研究环境。

（2）积极引入一些职业经理人，逐步形成一支高质量的管理团队。

（3）完善公司各项制度，尽量堵住管理上的漏洞。

(4) 建立良好的企业文化，使每位员工对企业都有归属感。

8.4 政策风险

政策风险主要指由于政府某项法规或政策的出台，或由于宏观经济的低迷，导致证券行业不景气，券商的支付能力降低，从而使得我们的市场营销工作变得困难。

规避措施：事实上，如前所述，"交易助理"对我们的客户而言，不仅是一种产品，更为他们提供了获取更大利润的手段，能为他们创造更大的价值。即使假设的情况出现，只要我们一如既往地提供优质的产品和服务，同时加大市场推广力度，就能化不利为有利，甚至占领更大的市场份额。

附件：

1. 相关证书
2. 合作伙伴
3. 国内证券软件行业开发商所在领域

典型客户列表

硬件客户：

客户代码	客户名称
ARKT	阿尔卡特通信设备有限公司
ZT	美国总统轮船（中国）有限公司
AVENTIS	AVENTIS（CHINA）INV.CO，LTD SHANGHAI
XMZ	西门子移动通讯
SK	韩国 SK 上海办事处
CCI	美国 CCI 公司上海代表处
ZYHD	中英海底光缆系统有限公司
COMPAQ	康柏服务中心
SHDZCB	上海电子出版有限公司
HKL	美国荷康来
PDJC	浦东国际机场
TWTY	台湾统一（上海）公司
SYDQ	三元电气（上海）有限公司
ABKS	上海艾伯克斯照明设备有限公司
ABD	北京安博达科技开发有限公司
ALCON	美铝（上海）铝业有限公司
CDCST	成都创思特电子贸易有限公司
FD	北京北大方正电子有限公司

续表

客户代码	客户名称
TTXTZ	天同星投资顾问有限公司
TPRJ	上海托普软件集团
TTZQSH	天同证券上海营业部
TTZQWS	天同证券网上经济业务总部
YDZQ	济南英大证券公司
RBJSD	日本加施德（上海）咨询公司
GJ	高进科技有限公司
CT	广东长通科技有限公司
WW	广州万围公司

软件客户：

	客户名称
	圣诺电子电器公司
	方正公司
	上海市证券管理办公室
	中国华融信托投资公司
	华安基金管理有限公司
	北京市房地产信托投资公司
	中国太平洋保险公司
	广州国际信托投资公司
	福建闽发证券总部
	江西国投总部
	东方信托证券公司
	君安证券公司
	重庆国投证券总部
	中农信托公司
	云南省国际信托投资公司
	山东证券公司
	浙江证券有限责任公司
	大鹏证券有限责任公司上海管理总部
	北海国投上海证券业务部

续表

客户名称
中国农业银行上海分行证券清算数据中心电脑部
中国农业银行上海分行信托投资公司
北海国际信托投资公司上海证券业务部
海通证券公司青岛分公司
香港三昌好好有限公司上海办事处
华清集团
上海达因科技发展公司
上海西派埃电子有限公司

典型工程范例：
- 西南证券田林路证券营业部局域网工程
- 西南证券牛角沱证券营业部局域网工程
- 西安证券上海枣阳路证券营业部局域网工程
- 山东金泰集团企业网
- 上海市徐汇区检察院内部千兆 HA CLUST 局域网
- 济南英大上海证券营业部千兆局域网升级
- 济南英大济南朝山街营业部千兆 NHAS 网络改造工程
- 济南英大济南经纬大厦营业部千兆 NHAS 网络改造工程
- 济南英大远程营业部网络建设与互联
- 济南英大天津营业部搬迁与网络升级
- 浙江证券天津证券营业部搬迁与网络升级
- 浙江证券深圳证券营业部内部千兆局域网工程
- 加施德（上海）咨询有限公司内部局域网组建
- 日本通运株式会社上海亿科软件技术有限公司内部局域网及 VoIP 调试
- 江西临川一中校园网建设
- 韩国 SK 集团株式会社上海办事处局域网建设
- 统一企业（中国）投资有限公司上海分公司存储备份系统规划
- Atos Origin 信息技术（上海）有限公司 VPN 及互联方案

【解读】上海××软件有限公司现有员工 39 人，目前月营业额数百万元，核心产品交易助理开发工作已近尾声，将于年内推向市场。这家公司的重要发明 Jinn 语言是核心产品交易助理的核心组件。

上海××软件有限公司交易助理项目商业计划书的总体架构如下：

📖 **商业计划书**

1. 执行摘要
2. 公司介绍
3. 产品与服务
4. 市场分析
5. 商业模式
6. 战略与实施
7. 公司管理
8. 财务分析与融资计划
9. 风险分析
10. 附件

与初创企业相比，成长期企业的商业计划书是升级版本，更加专业和全面。交易助理项目的商业计划书，在公司介绍部分增加了历史沿革、股权结构和发展历程等全方位的资料；重点研究了交易助理产品的商业模式；公司管理制度较为完善；财务分析中做出了"交易助理"项目未来五年的收入预测（这也是成长期企业商业计划书区别于初创企业的创业计划书的重要方面）；增加了相关证书、合作伙伴等附件。

 **思考与分析**

（1）上海××软件有限公司交易助理项目商业计划书主要包括哪些部分？

（2）试对初创期和成长期的商业计划书案例进行对比分析，二者有什么相同点和不同点？

第二部分　商业计划书重点解读

4. 商业计划书——企业概述

学习要点

- ◆ 企业概述主要包括哪几个方面的内容？
- ◆ 企业宗旨和企业目标有什么不同？
- ◆ 在描述企业的发展历史与现状时需要注意些什么？

创业者应该努力地向风险投资者介绍公司以及所在行业的情况，尽可能简明扼要，同时还要全面。风险投资商不会投资给一个自己不了解的企业，企业概述这一部分，是为了让风险投资者对公司有一个初步的了解。

课堂导读

Uber 的发展历史

UBER TECHNOLOGIES, INC.（Uber）是一家风险投资的创业公司和交通网络公司，总部位于美国加利福尼亚州旧金山，以移动应用程序链接乘客和司机，提供租车及实时共乘的服务。优步已在全世界数十个城市提供服务。乘客可以通过发送短信或是使用移动应用程序来预约车辆，利用移动应用程序时还可以追踪车辆的位置。

公司简介

起初优步的司机驾驶林肯城市轿车、凯迪拉克凯雷德、BMW 7 系列和梅赛德斯—奔驰 S550 等。在 2012 年后，优步推出了"菁英优步"（Uber X）服务，加入了更多不同系列的车型。优步在 2012 年宣布扩展业务项目，其中包括可搭乘非出租车车辆的共乘服务。

2014 年 6 月，优步完成了多笔增资项目，公司约价值 182 亿美元。虽然优步并未宣布公司的投资者，但据许多报道指出，富达投资是主要投资者之一。

发展历史

优步最早是在2009年由特拉维斯·卡兰尼克（Travis Kalanick）和格瑞特·坎普（Garrett Camp）成立，起初名为"UberCab"。优步在2010年6月正式于旧金山推出服务，同年8月莱恩·格雷夫斯（Ryan Graves）就任首席执行官。格雷夫斯不久后离开首席执行官一职，并由卡兰尼克接任。格雷夫斯为营运副总裁和董事会成员。

优步的移动应用程序在2010年于旧金山地区推出，支持iOS和Android系统的智能型手机。

2010年下半年，优步获得加州硅谷一群超级天使投资者的创业投资资金投入。2011年初，优步获得了来自创投公司Benchmark的3200万美元。2011年下半年，优步再次从多位投资者处获得了3200万美元，投资者包括高盛、Menlo Ventures和杰佛瑞·贝佐斯等，这让优步获得的总创投资金达到4950万美元。

2012年4月，优步在芝加哥测试了以较低价预约传统出租车的服务。

2012年7月，优步进入伦敦市场，最初车队拥有90位奔驰、BMW和捷豹汽车的驾驶。7月13日，为了庆祝"国家冰激凌月"（National Ice Cream Month），优步在七个城市推出"优步冰激凌"（Uber Ice Cream）活动。用户可使用手机应用程序招呼冰激凌车提供冰激凌的外送服务，并从用户的账户扣款。2013年7月3日起，优步开始在纽约市和汉普顿（The Hamptons）间提供实验性的直升机招呼服务，称为"UberCHOPPER"，定价为3000美元。

2013年6月27日，优步在中国台湾台北市进行试营运，并于一个月后即7月31日开始正式营运。

2014年6月6日，优步宣布在新一回的募资活动中获得了12亿美元的投资。

经过数个月的试营运后，优步在2014年6月19日正式于中国香港部分地区推出服务，初期服务范围仅涵盖中环及邻近地区。2014年8月14日，优步于中国香港增加了招呼普通出租车的服务。

2014年7月24日，优步推出支持Windows Phone的智能型手机应用程序。

2015年2月20日，虽然在西班牙被禁，但Uber又重新在西班牙推出了送餐服务。每餐价格约为10欧元，外加2.5欧元的配送费。该公司希望借此保持其在西班牙市场的存在感。送餐服务名为UberEats，而在旧金山和比佛利山庄的类似服务则名为UberFresh。

2015年3月4日，Uber首次收购地图及搜索创业公司deCarte。Uber发言人表示：通过收购deCarte，我们将继续改善基于地图的产品和服务。

2015年3月18日，Uber被指在中国偷税漏税，公司收入直接汇入国外账户。

2015年4月9日,打车应用Uber宣布,将在印度首都新德里推出机动三轮车打车服务UberAUTO,以提升公司Uber在印度推出机动三轮车打车服务Uber-AUTO在印度的影响力,并与当地一家对手竞争。

(1) Uber是一家什么类型的企业?
(2) Uber在发展过程中推出了哪些新的业务?

商业计划书的企业概述部分可以从以下几个方面进行阐述:

4.1 企业基本情况

企业基本情况主要包括企业的名称、业务性质、注册场所、经营地点、公司的法律形式等。

企业名称方面,包括企业的法律名称、商标或品牌名称、企业商用名称、子公司名称等内容。如果是准备成立的新企业,还没有固定的名称,可以在商业计划书中采用一个弹性比较大、经营范围比较广的名称,以避免限制企业业务的拓展和经营方向的变化,有利于企业的转让。

主要业务方面,尽量做到用简短的几句话就能让风险投资商了解企业的产品或服务。例如,企业可以这样描述自己:"本公司设计、制造和销售用于医疗的微型计算机。"接下来可以对相应产品或服务进行简单介绍。

注册场所方面,需要列出企业总部所在地、企业主要经营场所的地点、分支机构的地点等。如果企业分支结构过多,只需要写出分支机构的综述。重要的是,在商业计划书中,企业业务范围所涵盖的地区情况必须要做出说明。

按照财产的组织形式和承担法律责任的不同,企业的法律形式有三种选择:独资企业、合伙企业和公司制企业。不同法律形式的企业各有其优缺点,风险投资者所需承担的风险程度有很大区别。在商业计划书中,一定要把企业的法律形式写清楚。如果是股份公司,还要写明有多少股票和股东,最大的股东是谁等。例如,IST(国际系统与技术)公司是一个合伙人性质的公司,在美国马萨诸塞州的波士顿市注册。共有4个合伙人,每个人拥有1/4的股权。

4.2 企业宗旨和目标

企业宗旨是以最精练、明晰的语言来表述企业的经营理念，用以激励员工、指明方向。企业宗旨包括获利能力、外部追求、质量、效率、企业氛围和行为规范。一些著名的国际大公司都有着明确的企业宗旨，如英特尔的宗旨是"在工艺技术和营业方面争创一流"；索尼公司的经营宗旨是"索尼是开拓者，永远向未知的世界探索"；IBM公司的宗旨是"为顾客服务"；施乐公司的宗旨是"价钱公道"。这些公司认为，它们的成功与它们提出的言简意赅而又具有挑战性的宗旨密不可分。

企业目标是企业使命和指导方针的具体化和数量化，它反映企业在一定时期内经营活动的方向和所要达到的水平。企业目标的实现时间一般为3~5年或者更长。好的企业目标应具有前瞻性，同时又切实可行。

在商业计划书中，我们可以把企业宗旨和企业目标放在一起来写。举个例子：

我们的公司是一个销售食品和服务的公司，向社会提供中等价位高质量的食品。我们的宗旨是在公司盈利的同时，与顾客、雇员、社区以及我们的环境保持良好的伙伴关系。我们的目标是保持中等程度的发展速度和盈利水平。在××之前，在服务、支持和培训方面，获得××万元的销售收入。

4.3 企业的发展历史与现状

这部分的介绍需要简短切题，尽量不超过一页，主要介绍公司成立于何时，第一次生产产品或提供服务在什么时候，公司发展经历了哪几个重要阶段等。面谈时，风险投资人通常会就公司业务发展历史提出一些问题，到时企业家可以再详细说明有关细节。

在介绍公司历史时，要记住你的读者需要了解你公司的形成过程。你的创意源于何处？它是怎样进化的？谁是负责人？历史描述应当简洁，同时也应写出公司发展进程中的各个日期、背景等。从你创业的开端一直叙述到现在。

在进行公司目标陈述时，要一语道出公司的目标。要深思熟虑，使其有分量，切忌夸夸其谈。介绍你的发展阶段时要指出你所处的融资阶段。你的公司是处于创立期还是成长期，或是准备公开上市，寻找战略合作伙伴，还是准备近期并购或出售。

4.4 企业业务展望

可以按时间顺序描述公司未来业务发展计划,并指出关键的发展阶段。着重说明公司将采取的重要步骤以及有关时间节点,使投资人明了公司有关项目的进展。阅读本部分时,风险投资人一般需要了解风险企业未来五年的业务发展方向及其变动理由。

这部分在篇幅上可长可短。如可以这样描述:"本公司未来五年将致力生产销售目前这两种主要产品,便在第三年将引入另一种同类产品。"这样的描述简明而又切合主题。但如果公司预计未来业务发展需要经受许多变动因素的考验,通常应该在这里讲清楚,因为风险投资人需要搞清楚公司要发展成功就必须做哪些事情。

4.5 其他

4.5.1 企业内利益冲突

无论本企业中存在什么样的潜在利益冲突,都要在本部分加以说明。例如,本企业董事长也是本企业某个供应商的所有人或董事长,或者是与本企业有相似业务的某个公司的所有者。此外,还应说明由管理层决定的交易中哪些是以不合理的价格采购的。

如果在商业计划书中没有提示这些利益冲突,一旦被风险投资人发觉,就会失去他们的信任,最好的办法是企业从一开始就解决这个问题并告知风险投资人或者向他们说明在这种利益冲突的情况下,会比没有这种情况做得更好。

4.5.2 诉讼

这里要说明与公司相关的任何诉讼事件,既包括外公司对本公司的诉讼,也包括本公司对外公司的诉讼。

4.5.3 知识产权

描述公司现有和待申请的各种专利和商标,也可以说明专利获准的原因,目的是说明产品的技术壁垒,强调公司产品的独特性和唯一性。

4.5.4 企业与公众关系

公众是指对企业利益和行为产生影响的群体,企业与公众关系的好坏将给企业的生产经营活动带来直接的影响。这些公众包括融资公众（主要指银行保险等金融机构）、媒体公众、政府公众和公民团体等。

4.5.5 主要合作伙伴

主要介绍本企业生产所需原材料及必要零部件供应商、产品的经销商、广告及公关代理商等。一般可以用表格形式列出 3~4 家主要的合作伙伴及其提供的产品和服务。风险投资人通常会给名单中的部分供应商打电话以确认该名单的真实性。

如果在企业产品从生产到销售过程中，还有其他一些协作者或分包人参与其中，通常也需要予以说明。说明的内容包括写作人员名单、协作金额等，一般还需协作单位名称、地址及联系电话。

企业概述

公司简介：×××有限责任公司是一家中小型高科技发展公司，预投资于徐州铜山经济开发区，注册资金为 800 万元。

公司是一家以生产"抗烧断型 LED 节能灯"为主的企业，拥有先进的生产技术和高素质的管理队伍，提倡科技为本的绿色生活新理念，为人类提供尽善尽美的节能环保产品。

公司拥有先进的技术和优秀的科研人员，有能力不断深入学习研究开发新的具有更高科技含量的绿色环保产品，将形成以"抗烧断型 LED 节能灯"为主营业务的多元化经营集团公司。

公司注重短期经营与长期发展相结合，却不会只追求短期收益，公司本着致力于环保事业，开拓发展顶级照明技术，共创自然和谐的企业理念，凭借着扎实的技术基础，良好的企业信誉，稳健的经营作风，坚持以先进的科技配合优质的服务，在满足客户需求的同时不断完善自己。热诚欢迎国内外友人、经销商的光临，我们将真诚地为您提供有风格、有特色的产品，也将始终如一地成为您最忠实的伙伴，共同为 LED 辉煌的明天而奋斗。

公司宗旨：为改善人类生存环境，提高人们健康水平和生活质量，致力于打造新一代高效节能的绿色产品。

公司性质：公司初步拟订为有限责任公司，是以中小型高科技为主的企业，采取董事会领导下的总经理负责制。

公司资本结构：

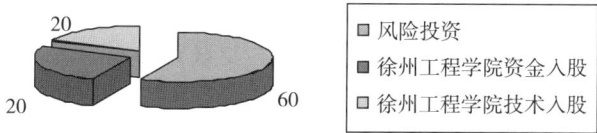

公司组织结构：

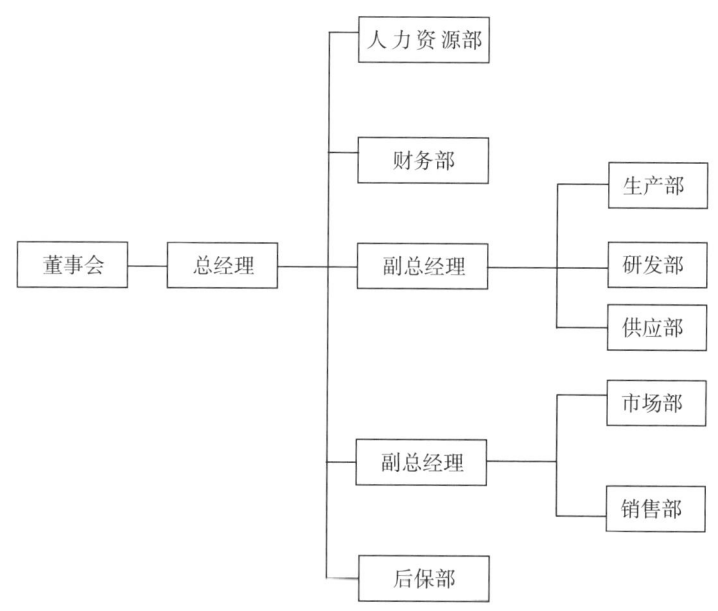

公司经营理念：

本公司是一家研发"抗烧断型 LED 节能灯"并将其用于生产销售的企业，"抗烧断型 LED 节能灯"具有非常良好的节能效果，损耗小，配以完善的保护驱动电路，实现了小体积、大功率和高效率，是当今社会优先发展的器件。只需要在传统加工工艺路线实施改进就可以生产出来一款新一代绿色产品，同时能够被广泛应用于日常生活及生产中。我们本着追求卓越、科技创新、基业常青、绿色环保的经营理念，努力将高科技实用化，满足大众需求，生产出优质稳定、顾客满意、不断提高的高效环保型产品。

企业文化：

➢ 企业理念：品质源于科技，科技源于人才。

➢ 企业精神：团结奋进，追求第一。

➢ 质量方针：

以科技创新为动力，以科学管理为手段，

以一流质量为保证，以顾客满意为己任，
建绿色企业文化，创世界一流照明企业。

公司战略：

在3~5年内成为区域市场中节能照明领域的市场领导者，做消费者与同行业人士尊敬喜爱的企业。

- 初期（创业期）

公司创立的初期为1~2年，主要的目标是把"抗烧断型LED节能"产品打入市场，并在行业中占有一定的比例，并形成区域性的地理优势，提高产品的知名度，让消费者对产品有基本的认同，扩大产品在消费者中的影响。初步建立完善的营销渠道，制定并实施最合理的产品生产流程路线。与此同时，鼓励科技创新，加大投资力度用于新产品的开发和研究。

- 中期（成长期）

从第三年开始，进一步完善和健全LED照明产品的生产和销售，同时着手开发研究其他节能产品，约用3年的时间完成。在这期间我们需进一步提升产品的形象，树立产品的品牌，提高产品的知名度。扩大产品的生产规模，使生产形成规模效应，完善营销渠道，建立巩固的客户关系的同时发掘市场新客户，推出改良过的产品及新产品。

- 远期（成熟期）

利用技术的优势，占据市场的领先地位。建立集团，改变企业内部的组织形式，建立事业型的组织结构。各事业部分别进入技术相近的行业。在建立完善主导产品的同时，重点研制相关产品，进一步拓展产品线，开拓其他领域的产品，实行多元化经营战略。

 **思考与分析**

（1）此案例中的企业概述涵盖了哪些内容？
（2）试将案例中的公司战略转换成更为直观的表格形式。

5. 商业计划书——产品与服务分析

学习要点

◆ 商业计划书的产品与服务分析可从哪几个方面切入？
◆ 产品或服务优势可以从哪几个方面进行分析？

在进行投资项目评估时，投资者最关心的问题之一就是企业的产品或服务能否以及在多大程度上解决现实生活的问题，或者企业的产品、技术或服务能否帮助顾客节约开支、增加收入。因此，产品介绍是商业计划书中必不可少的一项内容。通常，产品介绍应包括产品的概念、性能及特征；主要产品介绍；产品的市场竞争力；产品的研究和开发过程；发展新产品的计划和成本分析；产品的市场前景预测；产品的品牌和专利等。

从卖产品到卖服务

互联网在迅速地改变着世界。海尔认为，互联网使用户的个性化需求得到了最大化的满足，市场被进一步细分，用户的消费思维不再是"市场上有什么"，而是"我要什么",企业要做的不仅是"低成本地提供所有商品",还要"高效率地帮用户找到它"。

这就是海尔提出向服务业转型的出发点。海尔确信,企业营销不能停留在传统的卖产品上,而应转变到卖服务上。只有从制造业转型到服务业和服务引领下的制造业,才能适应市场的变化,实现可持续发展。

海尔提出从制造业向服务业转型的目标,让很多人不解,用一位海尔员工的话说,"一是觉得听不懂,二是觉得做不到"。

传统的制造业也强调满足用户需求、做好用户服务,这与以服务引领的制造业有什么不同?海尔集团执行副总裁、首席市场官周云杰认为,二者有着本质的区别:"传统制造业是以工厂为中心的,服务业是以用户为中心的;传统制造业强调满足用户需求时,用户需求仅是一种参照;以服务引领的制造业,则是完全以市场为主导,以用户为中心。"

卖服务,为用户提供的就不再仅是产品,而是解决方案,产品是提供解决方案的手段。基于此,海尔将自己定位为"美好住居生活解决方案提供商"。对于解决方案,海尔空调的一位企划人员这样解释:"用户要买一个空调,表面看需要的是空调,实际上他真正的需求是适宜的温度,我们应该为他提供的是适宜温度的解决方案。"

海尔空调顾客服务部部长郑守磊介绍了一个为用户提供解决方案的案例:西安的李小姐准备购买空调,她得知邻居家的海尔空调效果不错后,决定购买同型号的产品。郑守磊和同事上门服务后却给了她不同的建议,因为李小姐家是顶层、西向,西晒和顶层会使房间在夏天温度更高,因此,空调应选择功效更大的型号。销售人员结合李小姐家的装修风格,为她选择了适合的产品,并在电脑上做出了效果图。李小姐接受了建议,使用后对产品很满意。

"让用户成为我们的促销员,让我们的促销员成为优秀的设计师,用口碑来传递品牌。"郑守磊十分认同海尔的营销目标,"如果是卖产品,那么产品到了用户手里,买卖关系就结束了。现在用户买了产品后,我们的关系才开始,通过服务让用户满意,成为我们的'销售员'"。

目前,海尔社区店已经遍布全国各个城市,并发展了大批社区联络员,社区店成为社区的好邻居,在为社区居民提供优质服务的同时,可以近距离地获取用户的评价,了解用户的需求。

市场竞争一再证明,谁得到的用户信息更多,谁了解用户的需求更快,谁对用户需求作出的反应更灵敏,谁就能更好地满足和创造用户需求,就能在竞争中获胜。

海尔认为,要想真正做到卖服务,就要离用户近点,再近点。

 小组讨论

(1) 海尔为什么要提出向服务业转型？
(2) 海尔在转型中采取了什么策略？

 知识链接

商业计划书的产品与服务分析部分，可以从以下几个方面切入：

5.1 产品项目

在产品或服务介绍部分，创业者要对之做出详细的说明，说明既要准确，也要通俗易懂，使不是专业人员的投资家也能明白。一般来讲，产品介绍都要附上产品原型、照片或其他介绍，而且产品必须要回答以下问题：

➢ 顾客希望企业的产品能解决什么问题，顾客能从企业的产品中获得什么好处。

➢ 企业的产品与竞争对手的产品相比有哪些优缺点，顾客为什么会选择本企业的产品。

➢ 企业为自己产品采取了何种保护措施，企业拥有哪些专利、许可证，或与已经申请专利的厂家达成了哪些协议。

➢ 为什么企业的产品定价可以使企业产生足够的利润，为什么用户会大批量地购买企业的产品。

➢ 企业采用何种方式去改进产品的质量、性能，企业对发展新产品有哪些计划等。

产品或服务介绍的内容比较具体，因而写起来相对容易，虽然夸耀自己的产品是推销所必需的，但企业所做的每一项承诺都是"一笔债"，在未来的企业运营中都得努力去兑现。由于企业家和投资家所建立的是一种长期合作的伙伴关系，空口许诺，只能得意一时。如果企业不能兑现承诺，不能偿还债务，企业的信誉必然要受到极大的损害，最终只能以创业失败告终，这是企业家和投资家都不愿见到的。

5.2 技术项目

首先，要对技术的来源和所有权问题进行详细、诚实的说明。在我国，很多技术是来源于高校或研究所，而这样就存在一个所有权的问题。如果在双方已经着手合作，企业已有一定规模的时候，又出现关于所有权的问题，常常会导致企业陷入困境。如果是创业者这方面故意以此来欺骗投资家的话，更会打击投资家的信心。因此，投资家往往希望创业者可以在商业计划书中，诚实地反映技术的来源和所有权的情况，以确保无后顾之忧。

其次，在这一部分，企业还要介绍企业的技术研发力量和未来的技术发展趋势，以及研发新产品的成本预算和时间进度。风险投资家在这里主要关心企业的技术研发队伍是否具有足够的实力把握市场上产品技术发展的脉搏，是否能够迎合顾客的需要开发新产品、开拓新市场，是否能够保证企业未来竞争发展对技术研发的需要。创业者应该在仔细评估自己实力的基础上，给出详细的说明。

5.3 产品或服务优势

5.3.1 产品或服务的说明

你的产品或服务必须具有创新性，你将不得不在某些细节上做出解释。向你的顾客介绍它的优点、价值，把它与竞争对象进行比较，讨论它的发展步骤，并列出初步开发它所需要的条件。

只有当一个新的产品（服务）优于市场上的已有产品（服务）时，它才可能受到顾客的青睐。清楚地解释你的产品（服务）能完成的功能，包括顾客应该认清它的哪些价值。

如果市场上存在替代性产品（服务），你应该解释你提供了哪些额外的价值，把你摆在顾客的位置去评价购买你的产品（服务）存在的优点和缺陷，对竞争者的产品（服务）也做出同样的分析。

如果你提供几种产品，把你的讨论集中在最重要的一个上，对其他则做出总体上的简单介绍。

假设你是风险投资家并且很想使你的风险最小化，试着避免技术细节并且使你的解释尽可能简单，做出一个样品对证明你能够对付技术挑战是很有好处的。更好的办法是找一个已经用过此产品的顾客来给你作证。

应该解释你的技术创新和你的产品在竞争中具有的优势。也应该强调你所拥有的技术壁垒或提供有效的专利证明以示你可以防止别人的盗用和模仿。如果发展中仍有未解决的问题，确认在你的计划中讨论过对付它的办法。取得特殊产品（服务）的合法批准是另一种风险，说明你现在已经取得了什么执照，或者正在申请之中和将要申请等。

5.3.2 产品或服务的价格方面

在本部分主要对本企业的产品或服务做出准确的描述，要使读者读完后对本企业生产什么或打算生产什么不再存有疑虑。如果企业有好几种产品或服务，那么最好分成几个独立的小段进行描述，包括每一个产品的价格、价格形成基础、毛利及利润总额等。

产品定价必须充分考虑所有影响因素以使最终形成价格在逻辑上是合理的，并且是市场可能接受的。

在这部分风险投资人通常会问：
➤ 该产品定价反映的是不是竞争条件下的价格走势？
➤ 定价如此之高是不是因为你能抵御来自降价方面的压力？

因此，企业家对此要有所准备。

5.3.3 产品或服务的独特性方面

企业的独特性可以表现在管理队伍上，也可以表现在产品或服务上，还可以体现在融资上。总之是因为独特性的存在才使风险投资人放弃其他投资机会转而投资本企业。因此，在商业计划书摘要和商业计划书中可以专辟一节来对本企业的独特性做出描述。这一部分的描述也可以渗透到其他几个部分中，从不同角度阐述公司的独特性。

5.3.4 顾客或买主

详细介绍产品的主要买主或顾客。内容包括：
➤ 什么人使用该产品？
➤ 其使用目的是什么以及为什么他们会购买本企业的产品或服务？
➤ 是因为价格还是因为其他方面的考虑？

在此部分，还需要列出本企业产品的前三名主要买主及其购买金额与本批购买量（这些内容也可以用表格形式来表述）。当风险投资人对本企业表现出更加浓厚的兴趣时，也可以将全部顾客名单列出来。

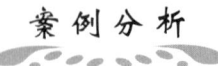

某生物水质净化剂介绍

生物水质净化剂是公司研究人员在××水产学院研究成果的基础上开发出的绿色生物制品，本产品具有相当高的科技含量，它主要用于集约化水产养殖中，对水体中代谢产物进行生物净化，改善水质状况，并从根本上解决传统的化学方法和使用抗生素类药物造成水体的污染、水产动物耐药性的产生以及对人类健康产生严重危害的后果。生物水质净化剂应用实验结果表明，不但水体净化效果好，而且对促进鱼虾生长和预防传染病有特殊功效，对维持自然界生态平衡和微生态平衡具有积极意义。该项目经有关专家论证，认为其成果填补了国内此类研究的空白，其技术已达世界先进水平，具有广阔的开发应用前景。本产品现已获国家专利，并且已经纳入农业部"948"计划项目。

（一）产品研发背景

水产养殖业在我国已经形成产业规模，并在国民经济中占有重要的地位。但由于长期集约化养殖，池塘老化，水体微生态环境日趋恶化，养殖水体的污染越发难以控制。由于大量使用化学方法和抗生素类药物，导致水体生态平衡遭到严重破坏，加之畜禽养殖业的规模化发展，大量的未经处理的有机畜禽粪便排入江河、湖泊，这引起了海水赤潮、湖泊富营养化现象的频繁发生，造成了水产养殖业的滑坡和巨大的经济损失。因此采取生物手段和高科技手段治理水体污染，促进养殖业健康发展，保证水体生态环境的良性循环，已是刻不容缓的任务。为此，××××生物技术有限公司同××水产学院共同研制了用于水质净化的微生态制剂（微生物净水剂）这种以高科技为基础的新产品。该产品的问世和应用，对于水体生态环境污染的治理和促进水产养殖业的发展具有重大的战略意义。本项目是依托××水产学院的科研成果，同时××××生物技术有限公司是集科研、开发与生产经营于一体的高技术企业，因此在技术成果的转化上有可靠的保证。

（二）生物水质净化剂的特点

（1）通过施入有益菌群，抑制致病菌的生长，有效地预防鱼、虾、贝类等的疾病的发生，提高了鱼、虾、贝类的成活率。

（2）有益菌在繁殖过程中，分泌出大量的活性物质，能有效地促进浮游植物的繁殖，增加水体中溶解氧，其生成絮凝物是滤食性鱼类的最佳食物。

（3）能有效地降解水产动物的代谢产物，降低水体中氨、氮和硫化氢浓度，促进鱼虾的健康生长。

(4) 能提高鱼的越冬能力，降低越冬期间鱼的死亡率。

(三) 产品性能

生物水质净化剂是从海泥、土壤中分离出正常的优势菌群成员，并接种于适当的培养基而收获纯菌，然后通过特殊工艺发酵，再加入吸附剂、活化剂、赋形剂和微量元素等，经干燥后而制成活菌制剂，即生物水质净化剂。生物水质净化剂施入水体后，在活性催化剂的作用下，几种有益菌在较短的时间内形成优势菌群，在抑制有害菌群的同时，还能分解水体中的有害物质，如氨、氮、硫化氢等，提高溶解氧，从而达到净化水质的目的，并且可以使有益菌在繁殖过程中形成絮凝物为滤食性鱼类提供优质饵料，从而提高水产品的养殖水平，提高品质和产量，并防治鱼虾传染病害的发生。

(四) 技术方面

1. 技术先进性

在本产品的生产过程中，在菌种的分离与筛选中采用了现代高新技术手段，鱼类生态制剂采用JY10节杆菌、JY31酪乳杆菌和JG光合菌，虾贝类生态制剂采用JX5干酪乳杆菌和JH光合菌，生物水质净化剂采用JS7光合菌，JS8、JS9芽孢杆菌和JS11硝化细菌，其具体的生产工艺是这样的：先将种子液按0.5%～1%接种入培养基，然后在37℃下培养18～36小时后离心沉淀，弃去上清液获取正常菌种群体后加入干燥剂，低温冷冻干燥，使水分低于8%，确保菌群的活菌数≥100亿/克以上，最后加入赋形剂、固化酶、活化剂和微量元素，混合低温干燥后制成生物水质净化剂。该净化剂有效期大于6个月，2个活菌系数不低于90%，其效力指标为10亿/克，同时，革兰氏阴性菌≤1000个/克，致病菌为零，符合国家规定的饮用水卫生标准（生物水质净化剂的卫生指标为杂菌≤10000个/克）。1998年，在农业部组织的初试鉴定结论为"该制剂填补了水产动物微生物生态学研究领域的空白"，并正式被列入农业部"948"计划。

2. 技术独占性

生物水质净化剂及其制备方法已经于2001年4月20日获得国家专利认证，其知识产权受到法律的保护，××××生物技术有限公司将在至少20年的时间里拥有对该项产品技术的独家拥有和生产经营的权利。同时，××××生物技术有限公司是集科研、开发与生产经营于一体的高技术企业，公司除自身的技术力量外，还聘请了以全国知名的微生态专家康白教授为代表的十几位生物专家，组成了专家顾问组，还有北京大学物理系、中国农业科学院、××轻工学院生物工程系等院校和科研院所为后盾，保证了公司在技术上的先进性和领先性。

3. 技术可行性

本项目产品采用了公认的具有国际先进水平的生产技术，已经经过有关专家和研究人员的试验和可行性论证，从试验的结果来看，产品的使用，不但有净化

> 商业计划书

水体的功能，而且能促进水产动物增产抗病害的功效，从根本上解决了因使用化学药物和抗生素制剂给人体健康所带来的严重危害并造成水体质量恶性循环的不良后果，试验结果证明，该项目是成熟且可行的并已经正式通过农业部专家的鉴定。

另外，本产品的研制生产适应了人们环保意识的不断提高和水产养殖业对水质净化剂强烈需求的现状，具有成本低、效果好等优点，可以提高水产养殖产量10%以上，降低发病率20%以上，提高虾苗的成活率20%以上，能够有效治理水体有机质污染，使水体生态向着良性循环的方向发展，对提高水产养殖业的经济效益和减少亏损方面也有着重大的战略意义，因此，该产品是一种质量可靠、效果明显、生产使用简单易行而且成本低廉的生态制剂，属于生物高科技项目，如投入产业化生产，成本低产出高，原料来源充足，生产工艺不受气候条件和自然环境的限制，其市场范围广阔，养殖业的投入产出比均在1∶4以上，经济效益为投入的5倍以上，因此，该项目具有相当广阔的市场开发前景。通过内部财务收益计算，按照设计能力，按第一年达产10%计算，即年产3000吨，即可获利税900万元，当年就可以收回全部投资。

思考与分析

（1）案例中的生物水质净化剂在技术方面有哪些优势？

（2）该案例没有提到服务方面的优势，请你参考相关资料，找出一个有具体分析服务优势的计划书案例。

第二部分　商业计划书重点解读

6. 商业计划书——市场与竞争分析

学习要点

- ◆ 市场调查的作用是什么?
- ◆ 市场分析包括哪些内容?
- ◆ 市场营销包括哪些策略?

在众多的商业计划书中,被拒绝的主要理由有17%是产品市场不够大,或不能创造足够的盈利。因此,创业者在对市场进行了充分的市场调研的基础上,要对自身产品或服务的市场进行合理的预测,并制定出相应的市场策略。如果自我评估结果就不满意,那么企业是没有必要再发展下去的。在有光明的市场前景或可观的盈利潜力时,企业才有必要去为创立新的风险企业努力,也才有可能获得风险投资家的资金支持。

肯德基的"家庭宴会"介绍给英国人

20世纪90年代,肯德基进入英国市场已30年,并开设了300多家连锁店。为了直接与当地流行的鱼肉薄饼店展开竞争,肯德基最初定位"外卖"概念,因此店内座位很少,甚至没有座位。由于竞争者——麦当劳的发展及其他美国快餐公司的流行,肯德基将面临寻找其竞争优势的挑战。在英国,肯德基的传统消费者是年轻男性,他们一般在当地酒吧与朋友聚会后,在很晚的时候光顾肯德基。但在当地也有一些具有很浓家庭气氛的餐馆连锁店,这些店具有很强的竞争力。因此,肯德基从市场角度出发,认为需要重新进行定位,它们想把其现有的经营方式转变为家庭聚会形式。很明显,为了适应英国市场,肯德基有必要确定并调查英国市场家庭价值观问题。

一、定义调研问题

肯德基（英国）部的市场总监约翰·沙格先生会晤了公司的营销部人员及广告代理商。这次会晤的目的是确定最佳方案，以使肯德基的消费对象从青年男性扩展到家庭领域。沙格先生在执行重新定位策略的过程中遇到了三个棘手的问题，并由此展开了讨论。首先，多年来肯德基已在英国消费者心目中形成了一种强烈的"外卖"式餐馆的印象，且其主要消费者一直都是青年男性。"外卖"概念在英国消费者心中已根深蒂固，因此公司可能会花好几年的时间使其形象转变为"友好家庭"概念。其次，肯德基的忠实消费者一直是青年男性，由此给人一种否定女性消费者的感觉。经常出入肯德基的都是青年男性，有时甚至是喝醉了酒的男人，因此母亲们都认为把孩子带进肯德基很不安全。最后，竞争者——麦当劳进入英国市场要比肯德基晚10年，但它却迅速地弥补了这个时间上的损失。现在，麦当劳仅用于儿童广告的单项支出已超过了肯德基的全部广告费用，麦当劳对于家庭的吸引力要比肯德基好很多。

沙格先生和广告代理商意识到，就公司的长期生存能力而言，肯德基重新进行形象定位是至关重要的，因为家庭是快餐行业最大且增长最快的一部分消费者。

由此，肯德基营销管理层即刻面临的问题是：如何使公司对英国的母亲们具有足够的吸引力，以及如何使她们经常购买肯德基的食品作为家庭膳食。所以，英国肯德基面临的两个主要问题是：①相似的"家庭宴会"是否会吸引英国的母亲们？②"家庭宴会"的推出是否会使肯德基的品牌在英国的整体形象及知名度有所提高？

二、确定调研设计方案

对于母亲们进行的"家庭宴会"概念研究，将帮助我们确定肯德基的这个想法在英国是否具有生命力，这也就解决了上述的两个问题。如果它对母亲们具有吸引力，则"肯德基家庭宴会"将在英国全面推行，同时也将开始研究由此而产生的商业及消费者行为。一旦推行"家庭宴会"概念，则将制定相关调查方案，包括二手资料分析、专题座谈会、对于英国母亲们的典型调查以及最终的销售及消费者追踪研究。

三、实施调查

在专题座谈会阶段，肯德基（英国）的研究人员走访了英国各地有12岁以下孩子的母亲们，并与她们展开了一系列的讨论，如她们喜欢的餐馆及快餐店等。由于不希望造成母亲们的偏见或反对的局面，因此在此过程中并没有提及调查委托人。所有的专题座谈会都用摄影机录下，并将母亲们的观点制作成文件以备分析所用。

特定目的分析是指对不同变量的一系列的比较，如价格、食物的数量以及套餐中是否包括餐后甜点或饮料等。公司设计了一份结构性问卷以获得这些资料，同时，为减轻管理的压力，还对该问卷进行了预测。市场追踪问卷是一份标准的并具有结构性和定量性的问卷，它具有一些与先前进行的追踪研究不同的优点。

在定性研究阶段进行的专题座谈会的访问对象来源于英国伯明翰、利兹、伦敦3个城市的母亲，每一个小组都有10~12名在过去3个月中在快餐店消费过的妇女。定性研究的访问对象来源于英国10条主要道路上随机抽取的200名妇女。市场追踪研究是定期性全国追踪研究的一部分，其访问对象来源与定性研究相似，这将通过在英国具代表性的区域持续进行拦截访问来完成。为了区别在不透露委托人情况下收集到的资料，有关"家庭宴会"的知名度及好处的特定问题将在定期追踪问卷最后被提及。

200个样本的调查以及追踪研究应由专业营销调研公司经过培训和富含经验的访问员来完成，调查过程大约需要两个星期的时间。一旦决定在全国推行"家庭宴会"，则应在定期追踪研究中加入有关"家庭宴会"的问题，这需要6个月的时间完成。

四、调查资料分析

根据调查，肯德基（英国）当前正供应一种称为"经济套餐"的膳食，它包括8个鸡块和4份常规薯条，其售价为12美元。而准备推行的"家庭宴会"包括8个鸡块、4份常规的薯条、两份大量的定食，如豆子和色拉以及一个适合4人食量的苹果派。调查过程中，对这两种膳食进行了比较。分析结果表明，如果"家庭宴会"的销价在10英镑以下（约16美元），则会更受人们的欢迎。人们认为"家庭宴会"的价格更为合理，食物更为充足，也更喜欢、更愿意购买"家庭宴会"套餐。在这些研究发现的基础上，肯德基（英国）推出了"家庭宴会"。品牌追踪研究解决的第二个问题，即"家庭宴会"的推出是否会使肯德基的品牌在英国的整体形象有所提高。对于整体价值的追踪调研显示：在推出"家庭宴会"时，肯德基（英国）的整体价值信用度要比竞争者——麦当劳低10个百分点，但到追踪调研阶段结束时，两者的价值信用度已经相同了。年底时，肯德基豪华膳食销售的比例已从10%上升到20%，整整增加了一倍。

其他的追踪研究因素包括连锁餐馆的知名度、"家庭宴会"的知名度以及"家庭宴会"的销售情况。尽管麦当劳在英国的电视广告是肯德基的4倍，但"家庭宴会"的广告还是创造出了前所未有的品牌广告知名度。

人们更喜欢"家庭宴会"，因此其销量远高于"经济套餐"。而从财务角度看，尽管"家庭宴会"的总利润率比"经济套餐"低，但其总利润还是要高于后者。令肯德基员工感到惊讶的是，"家庭宴会"的销量上升了，但同时"经济套餐"的销量却仍然维持在原来的水平。造成这种情况的原因可从对"家庭宴会"消费者的调查结果中反映出来，即不同类型的消费者对这两种食物具有不同的喜好，一般人口多的家庭喜欢"家庭宴会"，而人口少的家庭仍喜欢购买"经济套餐"。

"家庭宴会"利用了肯德基原有的实力，因此从竞争地位的角度来看，"家庭宴会"能有效地与其他的快餐店展开竞争。除了原有的青年男性购买者外，肯德基还将其消费者领域扩展到了家庭。相对于原有的汉堡和薯条等食品，母亲们更喜欢肯德基提供的这种有益健康并符合家庭风格的膳食，"家庭宴会"最终成了肯德基（英国）首要的销售项目。在不断重塑自己的良好形象并和其他的快餐店展开有力的竞争中，肯德基从营销调研上获得了很高的收益。

小组讨论

（1）肯德基（英国）定义的调研问题是什么？
（2）肯德基（英国）是怎样实施调研的？
（3）肯德基（英国）是怎样分析调查资料的？
（4）为什么英国人更喜欢"家庭宴会"？

知识链接

▶▶ 6.1 市场调查

在写作商业计划书前，需要了解其技术和产品的市场潜力的大小和增长速度，用户对产品的满意程度，生产产品的技术先进性及性能，了解行业和技术的发展趋势，了解行业的竞争程度及对手的竞争力和市场占有率，外部政策法律环境是否有利于该技术及产品的发展，生产管理等方面会遇到什么问题，如所需要原材料的价格、质量和供应渠道方便等。要做到这些，除了要收集到充足的技术资料以外，还应该对市场做全面细致的调查研究，以确定计划的市场可行性。

市场调查的目标主要包括两个方面：一是调查行业、技术的状况；二是调查消费者对某产品或技术的满意程度及其市场潜力。市场调查的方法主要分为两种：一是直接调研方法；二是间接调研方法。直接调研是指通过亲身实地的调查，直接与调查目标接触，以收集、了解第一手资料，并将其整理、归纳成有关信息的方法。这种方法具有较强的针对性和可信度，但费时费钱，财力不足的小公司很难承受。间接调研是指收集别人已经加工处理好的二手资料，然后将其整理、归纳成有关信息。与直接调研相反，间接调研具有调研速度快、费用节省的优点，不足之处是收集到的一些信息和数据无法辨识其可信度。从参与者的角度来看，市场调研的方法又可分为两种：亲自调研和委托调研。亲自调研是指调查者亲自参与市场调查活动，这种方法受到参与者时间、调研知识和精力的限制；委托专业市场调研公司进行调查是获取信息的另一种方法。这种方法专业化程度和效率较高，但需要支付一定的费用。

6.2 市场分析

一个好的市场分析需要花相当多的时间和精力去完成，商业计划书的写作者必须对它的目标市场及其顾客和竞争者、如何开展市场竞争、潜在销售额和市场份额做到全面掌握。

目标市场：主要对产品的销售金额、增长率和产品或服务的总需求等做出有充分依据的判断。目标市场是企业的"经营之箭"将产品送达的目的地，而市场细分是对企业的定位，应该细分你的各个目标市场，并且讨论你到底想从它们那里取得多少销售总量收入、市场份额和利润，同时估计你的产品真正具有的潜力。

6.2.1 目标市场的阐述

应解决以下问题：
（1）你的细分市场是什么？
（2）你的目标顾客群是谁？
（3）你的5年生产计划、收入和利润多少？
（4）你拥有多大的市场？你的目标市场份额为多大？
（5）你的营销策略是什么？

6.2.2 行业分析

应该回答以下问题：
（1）该行业发展程度如何？
（2）现在发展动态如何？
（3）该行业的总销售额有多少？总收入多少？发展趋势怎样？
（4）经济发展对该行业的影响程度如何？
（5）政府是如何影响该行业的？

(6) 什么因素决定行业的发展？
(7) 竞争的本质是什么？你采取什么样的战略？
(8) 进入该行业的障碍是什么？你将如何克服？

6.2.3 竞争分析

主要回答如下问题：
(1) 你的主要竞争对手是谁？
(2) 你的竞争对手所占的市场份额和市场策略？
(3) 可能出现什么样的新发展？
(4) 我们的策略是什么？
(5) 在竞争中你的发展、市场和地理位置的优势是什么？
(6) 你能否承受竞争所带来的压力？
(7) 产品的价格、性能、质量在市场竞争中所具有的优势？

6.3 市场营销

市场营销是风险投资家十分关心的问题，商业计划书中，对市场营销策略的设计一定要详尽且有策略性。风险投资者在对一个项目有投资意向后，其关心的问题就是产品或者服务未来的市场营销策略，通俗点来说，就是如何将产品或者服务顺利地销售出去。市场营销设计的好坏充分显示了创业者的能力。此时投资者希望知道的是产品从生产到进入用户手中的全部过程。所以，采取一个切实可行的市场营销策略非常必要。

在商业计划书的写作过程中，要把握好产品的定位。许多现代企业的营销战略家遇到的首要问题就是"产品"问题，因为它不仅指为用户服务，那只是你提供给客户的诸多特点及利益中的重要部分。只需对产品重新做出定义，使其涵盖你提供的各种服务，就可以轻松地得到"产品"更新的概念。人们通常理解的产品是指具有某种特定物质形状和用途的物体。如毛巾、衣服、冰箱等都是产品。这是生产观念的传统看法，是对产品的一种狭义理解。从市场观念来看，产品的概念应包括更广泛的内容。广义的产品指的是一种服务，这种服务是可以满足人的需求的，这种服务可以是物质产品，也可以是非物质的服务。物质产品可以满足人对使用价值的需要。非物质形态的产品也就是服务可以满足顾客的心理需求，达到利益与心理上的满足。

商业计划书中，产品定价是一项很重要的工作，而且对企业来说极具风险。价格常会影响一项产品被市场接受的程度以及竞争对手的经营战略与行动，最终还影响销售者的销售收入和利润。创业企业是一种高投入、高风险的企业，其技术的不确定性和市场的不确定性一方面使定价工作中不可把握的因素增多，从而难度大增；另一方面使定价在企业营销活动中，对上述诸因素的影响程度更为明显，研究定价策略对创业企业而言，相当重要。

在商业计划书中，描述分销渠道时要注意到企业在销售过程中，影响分销渠道的因素有很多，例如产品特点、市场因素和企业本身条件都会对分销渠道的选择有一定影响。分销渠道的选择要根据企业自身资金、声誉、销售力量的强弱来选择。

在商业计划书中，设计合理的促销方式，会对实现企业销售目标有很大的促进作用。选择促销方式时应注意如下三种因素，即销售促进目标因素、产品因素和企业自身因素。销售促进目标因素注重的是工具，即为了能达到所预期的促销目标，必须选择合适的工具。产品因素首先要考虑的问题是产品类型以及产品所处的生命周期，进而选择不同的促销工具，工具的选择一定要适合产品的生命周期。企业自身因素必须要符合企业的形象，在考虑企业的可利用资源以及自身的优劣势以后，必须要保证企业的形象不受损。

综上所述，在撰写商业计划书时，对于创业者来说，由于产品和企业对于消费者来说还不熟悉，对其他企业来说，很难进入一个稳定的销售渠道。因此，企业要采取行之有效的营销策略来营销自己的产品和服务，例如，采用高成本、低效益的营销策略；服务上门推销的方式；利用广告宣传的方式等进行营销。对发展中的企业来说，既可以利用原来的销售渠道又可以拓展新的销售渠道，所以，实施一个切实可行的市场营销策略是十分必要的。

经典案例

WW公司商业计划书"市场营销"部分

营销策略

WW公司的总体营销策略就是要让消费者了解功能性无碳酸饮料的益处,并为消费者的购买提供最大的便利。消费者了解产品的途径也是多种多样的,包括宣传单、报刊广告、促销宣传以及专门的促销活动。

经营地点在营销和促销的过程中将发挥关键作用,因此经营地点必须选在繁华的市中心。

目标市场及市场专业化

WW公司的产品面向的消费者是受过良好教育、生活积极向上、注重健康、收入颇丰且不满足于零售店里有限的几种饮料而愿意尝试新产品、体会新感觉的人群。

价格策略

喷嘴式饮水器所制的功能性无碳酸饮料的售价分为三个档次:小瓶:1.00美元;中瓶:1.50美元;大瓶:2.50美元。

另外,大瓶装可外卖或送货上门,1~20升的塑料桶装价格为2.5~25美元。

产品将以现金交易方式零售,团体购买可望在最初占相当大的销售比例,可以凭30天的远期汇票购买。

促销策略

WW公司将通过以下方式对产品进行促销:

在报纸上定期刊登的广告将侧重介绍功能性无碳酸饮料的益处。

大型宣传活动将尽力使投资商作为功能性无碳酸饮料方面的专家出现在与健康有关的电视节目、广播节目以及宣传单上。

以公司所在地为中心,在方圆1英里范围内向附近居民散发宣传单。

对于一些团体,如健康食品公司、有机园林俱乐部、文化协会等,WW公司将提供相应的折扣。

分销策略

功能性无碳酸饮料主要通过零售渠道销售。其次是通过将瓶装饮料送达餐馆、零售商和某些团体的方式。

另外,WW公司将在自行车赛、音乐会等体育赛事和文化活动举办地增设临时售货亭。

【解读】此篇范文用了多种营销方式,如价格策略、促销策略及分销策略等进行市场销售,并对各种策略都进行了详细的描述,而且这些策略都是切实可行的,在商业计划书的写作过程中都是行之有效的。投资者希望了解到创业者营销的全过程,如他想了解到产品从生产现场直到顾客手中的全过程,文中的各种策略也就相当于向投资者展示了销售的全过程。只有这样,才有利于投资者对营销策略进行集中的分析与研究。所以,这篇对营销策略的分析不失为一篇分析全面、具有可行性的范文。

果友纸业有限公司市场及竞争分析

1　我们将进入何种行业——水果套袋纸业还是水果套袋业?

我们的目标市场是水果套袋纸,而不是其最终产品——水果套袋。做出这一决策的依据主要有以下三点:

1.1　避免同销售商竞争

大多数水果套袋纸和水果套袋销售商均拥有套袋生产技术和设备。鉴于销售商和最终用户之间存在着紧密的联系,我们必须避免同销售商竞争以保护销售商销售"果友"纸的积极性。

1.2　部分农民倾向于自己制作套袋

市场调查报告表明,许多果园都愿意自己制作套袋,这是因为农民的劳动力成本较低。所以水果套袋纸的市场规模要大于套袋。虽然随着果园商品化水平的进一步提高,最终用户的偏好会有所改变,但在可预见的一段时期内,我们的商业利益将主要存在于水果套袋纸行业里。

1.3　避免同套袋生产商竞争

水果套袋生产商的数量很多,因为生产套袋的技术含量较低。它们目前主要采用进口纸制作套袋,然后直接向最终用户或通过农科站销售套袋。进入套袋生产行业将激化同现有厂商的竞争,不利于获得良好的经济效益。相反,如果我们只在套袋纸行业发展,它们就会从竞争对手变为客户,因为它们正在积极地寻求由国内厂商提供的优质、廉价的套袋纸来替代进口产品。

2　中国水果套袋纸市场

2.1　中国大陆引进并使用套袋的历史

水果套袋在中国大陆的应用才刚刚开始,20世纪80年代末中国开始从东亚国家和地区引进这种产品,其后几年在果园中的推广工作进展缓慢。但到 1996 年时,水果生产省份已经认识到了套袋的经济价值,所以利用省级农科院和县级农科所向果园推广这种产品。水果套袋的应用为果园带来了丰厚的回报。下表为使用和不使用水果套袋水果的销售价格。

使用和不使用套袋的水果价格比较

单位:元/千克

	苹果(辽宁红富士)	梨(安徽脆梨)
使用水果套袋	3.2	2.4~3.0
不使用水果套袋	2.0	1.6~2.0

资料来源:农业部:《水果简报》,1997 年 11 月 3 日。

2.2 水果套袋的市场现状

1978 年,中国水果总产量为 5450 万吨,其中苹果和梨产量(最适合使用水果套袋)分别为 1956 万吨和 720 万吨(农业部种植管理司 1998 年的统计数字)。按每千克苹果和梨相当于 5 个水果计算,苹果和梨总数约为 1075.4 亿个。而目前水果套袋的用量仅达 2 万吨或 30 亿个。这就意味着只有 3% 的水果使用套袋。影响水果套袋推广的主要原因是:

- 地方政府、农科所和套袋厂商的促销推广工作还不够。
- 厂商的产品培训和售后服务工作不能令人满意。
- 部分果园不愿意承担购买套袋的成本,因为它们缺乏市场信息。

2.3 水果套袋市场的未来

政府对推广应用水果套袋持非常积极的态度,它希望把优质水果率从 1998 年的 35% 提高到 2005 年的 60%。从水果市场的角度来看,采用套袋的水果价格明显高于其他水果,这将激励果园扩大套袋应用面。从产品生命周期看,水果套袋正从市场引入期步入快速成长期。鉴于中国的套袋使用率远低于发达国家和地区,产品的市场潜力非常大。据估算,今后五年中对水果套袋的需求将从 30 亿个增加到 100 亿个。这就为"果友"纸创造了极佳的市场机遇。

3 顾客分析

因为我们的目标市场是水果套袋纸而非套袋,所以我们的主要顾客是套袋纸分销商和套袋生产商。套袋纸分销商包括农科所、园艺站以及套袋纸批发商。由于与最终用户的密切关系,它们将是我们的主要顾客。由于分布在各水果生产省份,数量众多,所以它们在所在地区有着很大的影响力。又因为其影响力一般局限于所在地域,如在某县,这样的经济规模使分销商很难自己生产水果套袋纸。因此,它们的商业利益更多的是在制作和销售套袋上,或直接向最终用户销售套袋纸上。套袋生产商对套袋纸的需求非常大,到目前为止它们主要购买来自日本、韩国和中国台湾地区的进口纸。但由于最终用户有很高的价格敏感度,套袋生产商正在积极地寻求能提供优质廉价的套袋纸的本地供应商,而目前套袋纸生产商只有少数几家。套袋生产商可能会经由后向一体化自己生产套袋纸,但套袋纸的专利和技术诀窍将成为它们的主要进入障碍。

最终用户,即果农和果园,一般不会成为"果友"纸的直接顾客,因为它们数量众多,分布区域广大,购买批量较小,如果将其作为直接顾客,营销成本之高将难以承受。

鉴于分销商的数量较多,它们在套袋纸业务中不会拥有很强的讨价还价的能力。

4 竞争分析

在水果套袋纸市场上有两类主要参与者:海外厂商和本地厂商。

4.1 海外厂商

海外厂商包括日本、韩国和中国台湾地区的生产商。它们目前并未在中国大陆投资,其产品都通过中国贸易商进口到中国大陆市场。进口产品的质量得到了广泛认可,但由于关税、运输费用和生产商较高的劳动力成本,其售价很高,为每吨 16000~17000 元人民币。

4.2 本地厂商

目前只有少数几家本地厂商能提供套袋纸。根据市场调查报告,本地产品的销售价格为每吨 12000~13000 元人民币。不过最终用户反映本地产品的质量要低于进口产品,所以其竞争力不强。

4.3 不规范的套袋纸

为了节约成本,有很多最终用户用旧报纸和其他废旧纸张制作套袋。但是这样的不规范套袋纸在性能上无法达到规范的套袋纸的要求,如在恶劣气候下容易破损,并且其透气性较差。随着对水果生产技术要求的提高,这种不规范套袋纸将逐步被淘汰。

4.4 "果友"纸

国家专利局和江苏省技术监督局的技术鉴定,以及在本地果园的试用都证明了"果友"纸完全符合进口产品的质量标准。考虑到较低的本地生产成本和对本地市场的信息优势,"果友"纸的定价将比进口纸更有竞争力。因此,"果友"纸会吸引未来的顾客。

套袋纸是用普通造纸机械生产出来的,因此其资产特殊性较低,从而不会成为激化竞争的因素。总结市场竞争情况,可以得出如下结论:

> "果友"纸面临的竞争度一般。
> 竞争的焦点是价格、商品和服务的质量、与顾客的距离和关系。

- 目前在市场上还不存在具有垄断地位的厂商，这将为"果友"纸取得市场领先地位创造良好的条件。

5 原材料供应商

套袋纸的主要原材料就是纸浆，"果友"纸对纸浆并无特殊技术要求。其核心技术是化学试剂，其技术诀窍已被我们掌握。由于标准纸浆从国内和国际市场上都能买到，因此原材料供应商并不具备很强的讨价还价的能力。在生产"果友"纸时能够有效控制成本。

6 新入者的威胁

6.1 本地

本地厂商要进入水果套袋纸市场将会面临下列技术障碍：
- 调配化学试剂的技术诀窍。
- 生产出高质量产品的质量管理能力。

目前还没有一家本地厂商掌握"果友"纸的类似技术。据估计，合成正确配方的研发周期至少要两年，而实现商业化又需一年。所以，在一定时期内新入者很难成功地进入市场。

"果友"纸拥有技术领先、正在注册的商标和试用成功等诸多优势。新入者推出类似产品的计划不会对"果友"纸构成威胁。

6.2 海外

根据我们的市场调查结果，主要的海外厂商如日本厂商没有在中国投资的计划。它们仍然会利用本地进口商的渠道销售产品。

总之，套袋纸市场新入者的威胁不会成为影响本项目可行性的重要因素。

7 替代产品

在可预见的未来，不存在套袋纸的替代产品，因为发展替代产品有下列障碍：

7.1 技术要求高

- 必须具有高强度以承受恶劣气候。
- 必须具有良好的透气性使被包裹的水果能吸收空气。

7.2 最终用户价格敏感度高

水果套袋纸价格低廉，所以能为果农接受，否则他们会使用其他水果保护材料。

8 结论

8.1 进入市场的时机

目前正是投资经济实体以进入水果套袋纸市场的良好时机。上述分析表明"果友"纸项目具有如下优势可以确保投资的成功：

- 市场容量巨大。

- 从产品生命周期来看正处于从市场引入转为快速成长的阶段。
- "果友"纸拥有领先技术。
- 市场竞争度一般。
- 生产成本低。
- 采购原材料容易。
- 管理系统完善。

8.2 成功因素

下列成功因素将对"果友"纸项目起到决定性的作用:
- 是否有保持技术领先地位的产品创新能力?
- 制造工程能力能否确保高效率的设备运行和维护?
- 生产和质量管理能力如何?
- 价格是否具有竞争力?
- 营销策略,尤其是分销渠道的选择是否准确?
- 资本投入是否充分?

由于具备了一系列的优势,并且掌握着能有效解决上述问题的方案,所以我们确信该项目能给投资者带来丰厚的回报。

(案例中的果友纸业有限公司解答了有关市场分析的相关内容。这一部分的商业计划书撰写,可加入市场营销的相关分析,对市场及竞争做出进一步的解读。)

思考与分析

(1) 果友纸业有限公司的目标市场是什么?

(2) 果友纸业有限公司将面对哪些竞争者?

(3) 你认为这个案例中的市场及竞争分析还可以增减哪些内容?

商业计划书

7. 商业计划书——管理团队和公司结构

学习要点

- ◆ 管理团队应如何介绍?
- ◆ 组织结构的采用取决于哪些因素?
- ◆ 企业组织结构可分为哪些类型?

在撰写商业计划书的过程中,管理团队起着重大的作用,一个成功的核心团队不但能够在企业遇到风险的时候使企业转危为安,而且一个具有强大实力的核心团队是企业在以后发展过程中的一个坚实后盾,在处理问题与解决问题的时候能够起到积极、正面的作用。

现代企业组织结构的形式

(一) 直线制

定义:直线制又叫单线制,它是工业经济发展初期所采用的一种简单的组织形式。

特点:从最高管理层到最低管理层,上下垂直领导,各级领导者执行统一指挥和管理职能,不设专门的职能管理机构。

直线制组织结构形式如下图所示:

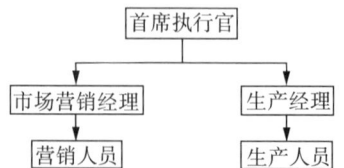

优点：结构简单，权责分明，指挥与命令统一，联系简捷，决策迅速，用人较少，费用较低，工作效率较高。

缺点：没有专业的职能机构和人员做领导的助手，要求企业领导者通晓各种业务，成为全能人物。

适用范围：小型企业。

(二) 职能制

定义：职能制是在直线制的基础上发展起来的，它的特点是在各级行政领导之下，按专业分工设置管理职能部门，各部门在其业务范围内有权向下级发布命令和下达指示，下级领导者或执行者主要听从上级各职能部门的指挥。

职能制的组织结构形式如下图所示：

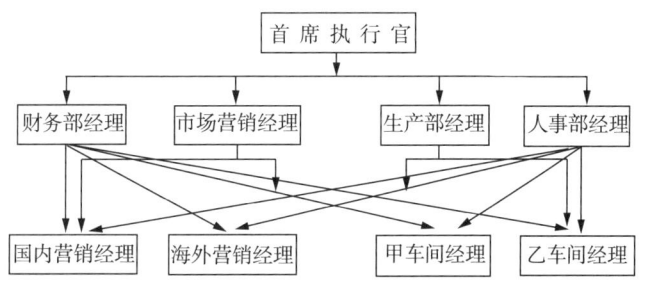

优点：将企业管理工作按职能分工，适应了现代企业生产技术比较复杂、管理工作分工较细的特点，同时提高了管理的专业化程度，减轻了各级领导者的工作负担。

缺点：容易形成多头领导，有可能妨碍企业的统一指挥，不利于建立健全责任制，影响整体工作效率的提高。

适用范围：没有得到推广。

(三) 直线职能制

定义：直线职能制又称生产区域管理制，它的特点是以直线制为基础，在各级行政领导者下设置相应的职能部门分别从事专业管理，作为该级领导人的参谋部门，是企业管理机构的基本组织形式。职能部门拟订的计划、方案以及有关命令，由企业行政领导者批准下达，职能部门不进行直接指挥，只起业务指导作用。

直线职能制的组织结构形式如下图所示：

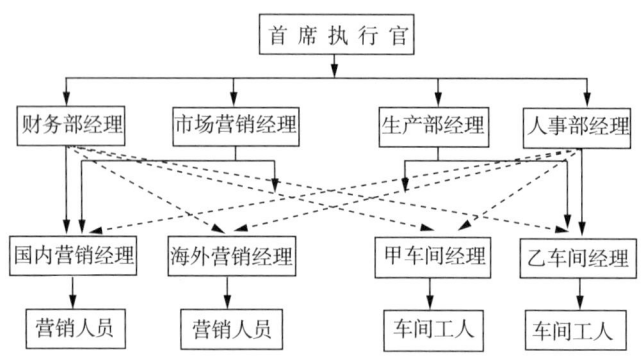

优点：它吸收了直线制和职能制组织结构的长处，既保证了直线制的统一效果，又发挥了各职能部门和人员的专家作用，因而能够更好地发挥组织结构的效能。由于职能部门和人员分担了大部分专业职能方面的工作，直线指挥人员就可以集中精力从事生产经营的组织指挥，搞好经营决策。它便于严格遵守各自的职责，比较适应现代企业管理的要求，是当前企业采用较多的组织形式。

缺点：各专业分工的职能部门之间横向联系较差，容易产生工作脱节和矛盾，影响企业整体的管理效率。

适用范围：企业规模不大，产品品种不太复杂，工艺稳定，市场情况比较容易掌握的企业。

（四）矩阵制

定义：矩阵制（目标规划管理制）是既有按管理职能设置的纵向组织系统，又有按规划项目（产品、工程项目）划分的横向组织结构，两者结合，形成一个矩阵。

特点：横向系统的项目小组所需工作人员是从各业务部门抽调的，他们受双重领导，即在执行日常工作任务方面，接受原属业务部门的领导，当参与项目小组工作时则接受项目负责人的领导。每个项目小组都不是固定的，一旦任务完成后，项目小组就撤销，人员仍回原部门工作。

董事，总经理	生产部经理	营销部经理	人事部经理	财务部经理
A项目组经理				
B项目组经理				
C项目组经理				
D项目组经理				

优点：打破了传统的人员只受一个部门领导的管理原则，从而加强了管理部门之间的纵向和横向联系，有利于各职能部门之间的配合，及时沟通信息，共同决策，提高了工作效率；把不同部门的专业人员组织在一起，有助于激发人们的积极性和创造性，培养和发挥专业人员的团队效能，提高技术水平和管理水平；把完成某项任务所需的各种专业知识和经验集中起来，加速完成某一特定项目，从而提高管理组织的机动性和灵活性。

缺点：①在管理关系上的双重性，难免在领导指挥上发生矛盾；②当工作发生差错时，也不易分清责任；③由于组织中的成员不是固定的，因而容易产生临时观念，对工作有一定影响。

适用范围：生产经营复杂多变的企业，特别适用于创新性和开发性的工作项目。

(五) 事业部制

定义：事业部是一种分权制的组织形式，实行独立经营，单独核算，自负盈亏。事业部制（联邦分权制）是目前国外大型企业普遍采用的一种管理组织形式。

特点：在总公司的统一领导下，按产品或地区、市场的不同，分别建立经营事业部。

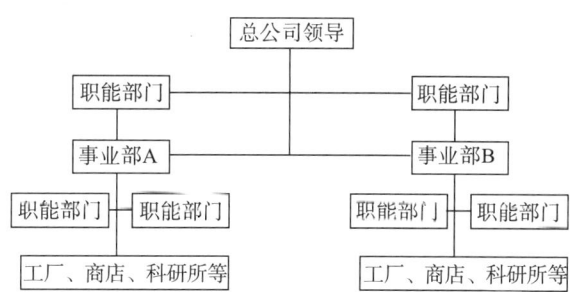

原则：按照"集中决策，分散经营"的管理原则，公司最高管理机构握有人事决策、财务决策、规定价格幅度、监督等大权，并利用利润等指标对事业部进行控制。事业部经理根据总公司的指示进行工作，统一领导其主管的事业部及其组成单位。

优点：①事业部成为半独立经营单位，企业最高领导层可以摆脱日常事务，集中精力搞好战略决策、长远规划和人才开发；事业部相对独立、自负盈亏。②有利于事业部之间的竞赛，增强企业的活力。③有利于经营管理人才的培养。④可以充分发挥各事业部主管的能动性，增强经营管理的能力，提高工作效率。

缺点：①事业部之间的协调配合难，容易产生本位主义，使事业部只考虑自己利益，而忽视企业整体利益；②总部和各事业部机构重叠，势必增加管理人员和管理费用，降低工作效率等。

适用范围：规模较大、产品种类较多、各种产品之间工作差别较大、技术比较复杂和市场广阔多变的大型企业。

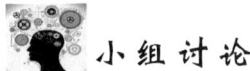

（1）现代企业组织结构的形式主要有几种？
（2）试找出一个采用直线职能制组织结构的企业，并分析这种形式的利弊。

高素质的管理人员和良好的组织架构是管理好企业的重要保证，从一定意义上讲，好的管理团队就是企业的品牌。这部分主要包括以下几个方面：

7.1 管理团队主要成员展示

撰写商业计划书时，对核心团队的成功经历进行展示，同时要对管理团队主要成员进行展示。在这一部分的写作过程中，要介绍创业企业的领导者以及其他对公司业务有关键性影响的人。通常小公司不超过三个关键人物，大公司也不宜超过六个关键人物。在这里需要注意的是，风险投资者对关键人物十分关心，应该从最高者起，依次介绍。对管理人员主要从教育背景、各种背景、领导能力以及个人品质等方面进行介绍。

教育背景主要是介绍学历和相关的高级培训，强调与所担任职务的相关性，如果没有直接关系，则不作详细介绍。通过教育背景，可以看出一个团队的知识结构。当然，一个团队的知识结构越全面越好，因为如果一个人既懂经济又通晓法律技术和管理方面的知识，对企业以后所带来的利益将不可估量。但是，这种全方面的人才在现实生活中存在的较少，也有些不现实，所以，企业就有了"团队的需要"。

工作背景和业绩主要是介绍创业者过去在哪些大公司任职，担任过什么职务，负责过什么项目，做过什么计划，获得过什么重大成绩等。大多数投资商决定投资与否的因素是看人，如果管理层之中有投资者熟知的，曾经成功过的人，那么就会使投资者的信心增加。

对于领导能力的描述，主要花笔墨在管理人员在企业管理方面所具有的优势之上。它主要包括生产管理、人员管理、刺激员工积极性、财务管理、信息管理等方面的特点。

对风险投资商来说，投资在根本来说是投资"人"。所以对于一个人的人品，没有一个详尽的描述，一切都是空话，是不能让人信服的。人的品质是在生活过程中养成的，并不是一朝一夕就可以改变的，所谓人品就是人的内在价值。人的内在价值包括很多方面，其中风险投资者最注重的就是人的信用程度以及真诚与否，这关系到投资者的资金安全，投资者不会将资金交给一个信用度很低的人。关于个人品质的描述，可以采用下面这样肯定的形式：管理层成员、董事会成员或本公司的主要投资者均不曾受到犯罪指控；以上人员均未破产过，无论是个人还是其曾从事过的企业，要有能证明各个成员未曾拖欠债务的信用报告。

总之，创业企业家必须向风险投资商证明企业管理团队的成员都非常"干净"。在商业计划书的写作过程中，管理团队的介绍是非常重要的，一个具有实力的管理团队不仅能够在企业遇到风险时应对自如，使风险得到有效的控制，而且，一个领导能力强、有过重大成绩的管理团队还能够增加投资者的信息，所以，核心团队的成功创业经历在商业计划书的写作过程中显得尤为重要，一定要突出优势去吸引投资者的目光。

任何伟大的事业都是容易创造但难以组织和管理的，对于一个创业企业来讲也是同样的道理。大部分的风险投资家都认为投资的关键因素是"人"。正如曾投资Intel、Apple的Arthurrouk所说的"我投资的是人，而不是生意"。据北京大学风险投资研究会的调查，风险投资家拒绝投资的理由有40%是因为对管理人员的能力和素质不满意，对创业者能否带领企业在竞争环境中成为市场的主导持怀疑态度。所以，撰写商业计划书应首先以人为本，多用些笔墨在人员上。

▶▶ 7.2　公司外脑

市场经济导致社会分工越来越细密，创业企业不可能拥有所需要的所有人才，所以聘请专业顾问，同一些科研机构和高等院校建立固定的联系是重要的。风险投资商也很看重这一点，计划书中可以介绍以下方面的公司"外脑"资源：

- ➢ 律师。
- ➢ 财务顾问。
- ➢ 管理顾问。
- ➢ 市场营销顾问。
- ➢ 产业专家。
- ➢ 战略伙伴。
- ➢ 关系资源。

7.3 人力资源管理

> 人力资源现状：可以采用表格形式把不同部门的学历层次、专业结构、年龄结构予以展示。

> 激励约束机制：优秀的人才对企业的发展壮大是重要的，但人才要充分发挥作用，必须靠有效的激励约束机制，包括经济激励机制、升迁发展的激励、企业文化的激励进而约束机制等，突出报酬与劳动的紧密结合，责任与权力的结合。

> 人才吸收计划：介绍企业吸收人才的原则、条件和待遇情况。

7.4 组织结构与机构设置

企业组织结构是指组织机构的横向分工关系和纵向隶属关系的总称。企业的组织结构有不同的形式，大致可分为直线型、职能型、直线职能型、矩阵制、事业部制等。不同的组织形式有不同的优缺点，适应于不同的企业类型。

采用哪种组织结构取决于企业所处的发展阶段、战略定位、业务模式、经营范围和规模等诸多因素。

组织结构设计有三个关键方面：决策权限分配、员工激励机制和业绩评估体系。这三个关键方面之间相互联系互为依存。特定的决策权限分配，需要有相应的员工激励机制和业绩评估体系加以配合，否则很难促使拥有决策权的人做出有利于企业的决策，也无法监督和评估决策人的决策质量和决策后果。反之，如果企业采用了划定的员工激励机制，也有必要给予他们相应的决策权利，以便员工有权限按相应的激励因素采取行动，并且还要有相应的业绩评估体系来指明和约束行动的方向。只有决策权限分配、员工激励机制和业绩评估体系相互协调的组织架构设计，才是比较理想的选择，这应该是初创企业在设计组织架构时值得参考的重要原则。

初创企业的部门设置最好能够简单明了，避免过多的管理层级，一般有三个管理层级就足够了。此外，还要注意组织中的信息沟通渠道是否通畅，部门间的合作是否协调有效。在介绍企业组织结构时一般采用图示的办法，这样更加清楚明了。

第二部分　商业计划书重点解读

案例分析

深圳市×实业有限公司的管理团队

管理层素质和经验（董事长、总经理、财务经理、技术总监及其他对企业发展负有重要责任的人员的基本情况、主要经历和业绩及评价分析等）

总经理：×××，男，现年41岁，1988年毕业于成都电子科技大学电子材料与元件专业，大学本科学士学位。1988~1992年就职于贵州国有大型军工企业中国振华集团红云器材厂（4325厂），任开发工程师职务，在电容类产品的新产品开发和科技创新方面多次获奖；1993~1997年在深圳中伟达电子有限公司、深圳市容电科技有限公司先后担任品质经理、业务经理职务，工作职能由技术方面向市场方面转换；1998年开始自主创业，从事电容及开关电源等电子产品的贸易；2001年成立深圳市×实业有限公司，出任公司总经理，正式步入开关电源的设计、生产、销售及服务行业。公司在总经理的领导下迅速成长，市场遍及中国大陆、美国、欧洲等地，为公司以后的国际化发展奠定了坚实的基础。2004年凭借多年的电源设计、制造及销售经验和对电源市场的敏锐嗅觉，公司准确判断液晶电视机（LCD TV）的发展潜力和发展方向，牢牢把握液晶电视机的重要部件开关电源发展的重大商机，先后与创维、康佳等国内外知名电视机制造商建立供货合作关系，公司已发展成为国内液晶电视机电源行业的知名企业。

副总经理：×××，男，30岁，毕业于成都航空工业学院。曾任职于COMPAQ电脑四大PC电源供应商之一的皇源（Amperor）电子（深圳）有限公司工程部、研发部，具多年开关电源开发设计、生产管理和工厂管理经验，能够从专业技术角度对工厂运作过程中可能发生的状况进行预测和判断，擅长公司长远发展战略和规划。

开发副总：××，男，38岁，大学本科，毕业于武汉大学。多年液晶电视电源开发生产经验，自有专利技术，曾任深圳跨宏电子有限公司开发经理及副总。具有现代企业管理模式、制度管理体系建设等理论和实操经验，有极强的原则性、创新意识和敬业精神。

制造副总：××，男，42岁，大学本科，毕业于西北工业大学。18年电子行业管理实务操作经验，先后任陕西飞龙有限公司、美国PBI中国分公司、惠科电子有限公司等的生产副总职务，精通生产过程控制、成本控制与品质管理，有极强的规划、组织、协调、控制能力。

财务经理：××，男，35岁，毕业于西南财经大学。13年制造业财务管理经验，曾任台湾冠桓集团宜禄冠程国际有限公司、东莞群力模具厂志旺公司、成都兰花草有限公司等大型企业财务经理等职务。具有丰富的财务管理经验，熟悉国家财税政策法规、会计业务和财务运作，富有原则性和敬业精神，具有较强的财务策划和控制能力。

销售经理：××，男，26岁，大学专科，毕业于河南机电高等专科学校，曾任富士康科技集团行销部经理，具有丰富的电子类产品销售工作经验，能够准确地对市场进行分析判断，熟悉市场发展方向，擅长市场规划、新客户开发和客户管理。

品质经理：××，男，29岁，大学本科，毕业于四川仪表工业学院，多年电子行业品质管理经验，曾任四川飞宏电子有限公司品质经理，具有丰富的ISO体系管理经验，精通电源产品品质管理。

人事行政经理：××，男，24岁，大学专科，毕业于重庆大学，曾任中国万嘉集团有限公司人力资源科科长，具有很强的企划管理和策划能力，具有丰富的人事行政管理经验。

管理层的稳定性（主管或经理以上人员流动率，内部激励办法，劳保福利等情况简介）

公司管理人员具有良好的协调性和管理能力，公司为管理人员和在职员工购买了社会养老保险及医疗保险。公司良好的环境和住宿条件，使员工工作之余备感生活的惬意。公司对管理层实施绩效考核制度，各部门负责人按季度制订考核内容及考核目标，根据各部门对考核内容的实际完成情况进行奖惩。对公司发展有卓越贡献的管理人员，公司将进行表彰和奖励。公司将适时对董事、监事、高管人员以及核心业务骨干人员实施股票期权激励计划，以进一步完善公司法人治理结构，建立健全公司中长期激励约束机制，保证股权激励的长效性并推动公司业绩逐年稳定增长，实现公司和股东价值最大化。

管理现状（对内部组织架构、决策程序、人事管理、财务管理、对关键人员的激励机制、管理薄弱环节等作简要分析）（略）

企业内部组织架构图

深圳市×实业有限公司组织架构如下图所示：

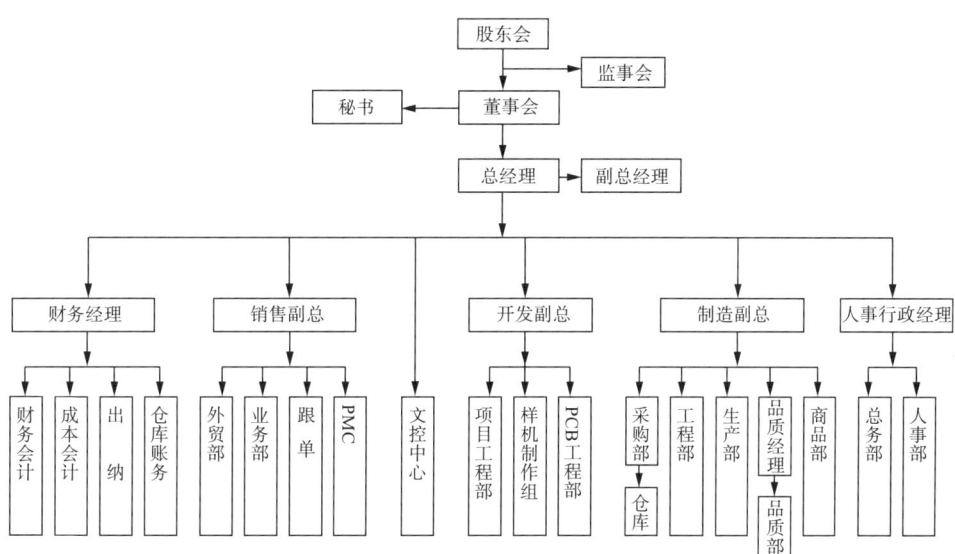

思考与分析

（1）深圳市×实业有限公司的组织架构属于哪种形式？
（2）深圳市×实业有限公司采取了哪些内部激励措施？

商业计划书

8. 商业计划书——财务分析与融资计划

学习要点

- ◆ 企业的财务分析与融资计划，可以从哪些方面进行研究？
- ◆ 财务预测中，需要用到哪些基本的财务报表？
- ◆ 风险投资的退出方式主要有几种？

相对来说，财务分析是整个商业计划书中比较专业的部分，对写作者有较高的要求。在商业计划书的写作过程中，财务分析需要花费相当多的时间和精力。如果作者缺乏这方面的知识，就需要请专业人士帮助。投资者期望从该部分来判断企业未来经营的财务损益状况，进而从中判断能否确保自己的投资获得预期的回报。

课堂导读

证券市场的选择

创业企业股票上市的选择包括境内市场和境外市场。境内上市包括深沪两地主板、中小板、创业板三个不同板块的证券市场体系。由于服务对象不同，各板块在发行标准、制度设计、风险特征、估值水平等方面都有所区别。

从企业的生命周期看，主板市场主要服务于经营比较稳定的大型成熟企业，中小板市场主要服务于达到成熟阶段的中小企业，而创业板市场则主要定位于成长阶段中接近成熟期这一区间的中小企业。

对于已满足上市要求的企业，深沪两地的主板市场是最好的选择，上市和集资可一步到位。但这对企业的合规考量尺度相当严格，有固定业绩等多项硬性要求，监管机构会有针对性地针对企业的软肋要求披露和确保合规，这对许多"摸

第二部分 商业计划书重点解读

着石头过河"的创业企业提出了重大挑战，有的企业因为历史遗留问题或税务原因迟迟无法达标。此外，主板IPO对上市的时机要求很高，市场气氛不好时很难成功发行股票，有的企业甚至因错过时机而永远错过上市的机会。

深圳证券交易所的中小企业板块为主业突出、具有成长性和高科技含量的中小企业提供了直接融资平台。中小企业板上市的基本条件与主板市场完全一致，差别只是公司的规模相对较小，主要安排主板市场拟发行上市企业中具有较好成长性和较高科技含量的企业。

与主板市场只接纳成熟的、已形成足够规模的企业上市不同，深圳证券交易所创业板以成长型创业企业为服务对象，重点支持具有自主创新能力的企业上市，具有上市门槛相对较低、信息披露监管严格等特点。

总体上看，创业板企业的发行条件比中小板要更为宽松，两个板块的功能定位各有侧重，不能简单地把创业板理解为"小小板"。中小板主要服务于即将或已进入成熟期、盈利能力强但规模较主板小的中小企业，而创业板以成长期创业企业为服务对象，重点支持自主创新企业，这些企业的成长性特点突出，开始具备一定的规模和盈利能力，在技术创新、经营模式创新方面非常活跃。

目前，全球GDP前10名的国家全部设立了创业板市场。其中美国纳斯达克、英国AIM、日本佳斯达克、韩国柯斯达克的发展最好。中国创业板市场自2009年10月正式启动以来，至2010年12月共有144家上市公司，总市值超过5000亿元。创业板第一批上市公司发行市盈率58倍，第二批市盈率88倍，一年内创造了500多个亿万富豪，创业板一时间被视为"造富"的场所。

下表为主板、中小企业板、创业板上市条件对比：

上市板块 / 项目	主板/中小企业板	创业板
财务	（1）最近三年连续盈利，净利润累计超过3000万元，净利润以扣除非经常性损益前后较低者为计算依据 （2）最近三个会计年度经营活动产生的现金流量净额累计超过5000万元，或者最近三个会计年度营业收入累计超过3亿元	最近两年连续盈利，净利润累计不少于1000万元，且持续增长，或者最近一年盈利，净利润不少于500万元，最近一年营业收入不少于5000万元，最近两年营业收入增长率均不低于30%
资产	最近一期末无形资产（扣除土地使用权、水面养殖权和采矿权等后）占净资产的比例不高于20%	最近一期末净资产不少于2000万元
股本	发行前股本总额不少于3000万元	发行后股本总额不少于3000万元

> 商业计划书

续表

项目 \ 上市板块	主板/中小企业板	创业板
主营业务	最近三年内主营业务没有发生重大变化	发行人应当主要经营一种业务，最近两年内主营业务没有发生重大变化
董事（高级管理人员、实际控制人）的变化	最近三年内董事、高级管理人员没有发生重大变化，实际控制人没有发生变更	最近两年内董事、高级管理人员均没有发生重大变化，实际控制人没有发生变更
成长性和创新能力	无	(1) 重点推荐具有"两高六新"特征（即高成长、高科技、新经济、新服务、新能源、新材料、新农业、新模式）的企业在创业板上市 (2) 具有一定的自主创新能力，在科技创新、制度创新、管理创新等方面具有较强的竞争优势 (3) 具有较强的成长性，在核心技术、研发能力、业务特色、业务模式、市场开拓能力等方面具有竞争优势
募集资金用途	募集资金原则上应当用于主营业务	募集资金应当用于主营业务

由于企业在国内上市目前仍受到严格的核准限制，海外上市作为中国企业吸纳国际资金的重要渠道正备受追捧。然而，海外上市是一项复杂的系统性工作，国内企业必须根据自身的融资规模和不同市场的上市条件、风险以及成本合理挑选上市地。

全球主要证券交易所的上市条件都经历了不断发展和完善的过程，不同时期对股票上市的要求也各不相同，而且不同的国家和地区的法律文化、市场发育的程度各不相同，导致不同的证券市场或者相同的证券市场不同时期，上市条件也不同。

全球各个国家的不同交易所在发展中也采取了差异化、专业化的策略，这意味着不同的交易所中集聚的投资者不同，深层反映了投资者的风险偏好、行业选择等的不同。进行海外上市，要根据企业所属行业、企业筹资的风险程度等选择上市地点。纽约市场和纳斯达克同样是美国的证券交易市场，但是在分工上就存在着明显的差异。纽约市场是传统行业和传统性公司偏好的市场，纳斯达克则更多的是高科技或新经济行业或企业集聚的市场。这种传统行业和高科技行业的不同交易市场，在英国、日本等都存在。但就高科技行业或新经济证券交易市场来说，纳斯达克在全球更具有知名度。

对于中国国有企业而言，中国香港、纽约、伦敦、新加坡是最主要的海外市场。

中国香港

中国香港是离大陆最近的真正意义上的国际金融中心，有除日本之外亚洲最大的证券交易所，资本市场成熟，法律法规健全，融资能力强，是中国国有企业海外上市的重要集聚地。

据香港联交所公布的有关资料统计，截至2016年5月底，在香港交易所上市的公司总市值为4000多亿美元，在全球各主要交易所中名列第8位。其中，中资背景企业140余家，总市值达13460亿港元，占整个港股市价总值的29.5%，已成为香港证券市场上的重要力量。很多中国大型国有企业海外上市首选香港。香港联交所为了鼓励内地大型企业，特别是国有企业赴港上市，于2004年初专门修改了上市规则，放宽大型企业赴港上市在盈利与业绩连续计算方面的限制，在一定程度上为这些大型国有企业赴港上市创造了更为便利的条件。

在上市成本上，香港主板市场，一般的上市成本为筹资总额的10%。

中国香港作为本土市场的构成部分，国有企业在中国香港上市有地域和文化上的优势，而且对于上市公司而言，在本土市场上市意义重大。另外，在监管层面上，香港联交所和中国证监会有着密切的沟通和合作。国企在中国香港上市是一个不错的选择。

事实上，比较中国移动等大型国企在美国和中国香港同时上市之后，在中国香港市场上的流动性更高，交易量占据主导性地位。

特别是在美国《萨班斯法案》颁布后，大型国有企业越来越倾向于在中国香港上市。但中国香港投资者具有自身的投资偏好，较偏好房地产行业和银行业，这一点应引起注意。

从目前的趋势看，国家管理层也偏向于国有企业实施A+H的上市模式，它不仅可以让国内投资者分享经济增长的成果，同时也避免了由于国内市场容量有限，不能承受大的融资需求的矛盾，并且也进一步巩固了中国香港作为世界金融中心的地位。

纽约

包括纽约证交所和纳斯达克两个主要市场。对中国企业来说，纽约虽然在地域及文化上相距较远，但这里拥有其他市场所不能比拟的资金容量、流通量和最强的资本运作能力。

美国纳斯达克的筹资成本是最高的，一般占筹资总额的13%~18%，而纽约股票交易所目前最低不会低于筹资总额的12%。与中国内地融资成本不超过筹资金额5%的标准相比，这么高的门槛不是一般企业能够承受的。尤其是在《萨班斯法案》实施之后，巨额的上市成本、不菲的维持费用、极为严格的内部控制标准，加上对中国企业认知度较低，让许多国内企业望而却步。

不过，美国证券市场的严格要求，使得能够在美国上市成为一个企业追求的较高境界。如果能够在美国证券市场上市，表明这个企业完善的治理结构和良好的信誉，表明这个企业可以较大程度维护投资者的利益，表明这个企业经营管理制度的国际化。如此，投资者更愿意支付更多的溢价而鼓励企业到美国上市。

事实上，企业上市最主要的目的是融资，但还有一个非常重要的副产品就是提高公司治理水平、品牌形象和知名度。纽约是世界金融中心，对提升公司形象有比较积极的意义；适应它的严苛，才更显得与众不同。

新加坡

新加坡作为亚洲的一个金融中心，也非常欢迎中国企业。但新加坡的金融地位不如中国香港，上市公司数量少，虽然筹资成本不高，约为筹资金额的8%，但融资金额有限，交易不活跃，适合中小型国企上市。

伦敦

伦敦交易所的上市程序与中国香港类似，而且筹资成本较低。作为世界三大金融中心之一，伦敦一直吸引着不少亚洲优秀企业前往上市。尤其美国《萨班斯法案》生效后，伦敦应该是更受中国企业关注的上市地点。国航股份就因为美国"404条款造成的高额财务费用和较为苛刻的内控要求"，从而将上市地点从美国搬到了英国。

欧洲

在欧元启动之后，欧洲证券市场的崛起日益引人注目，形成德交所和泛欧交易所对峙的局面。德交所为了吸引外国公司上市，专门成立了名为"自由市场"的上市三部。这个上市三部上市条件比较宽松，既没有公司最低成立年限的限制，也没有最低发行资本等的限制，甚至对于企业挂牌之后的年度和中期报告披露也没有要求，因此吸引了大量外国公司，据说已占德交所半壁江山。随着欧元经济区的日趋整合，估计会吸引更多的欧洲和区外企业前来上市。

泛欧交易所则具有与多国监管部门进行协调的经验，特别是在与纽约交易所合并后，可以实现一天24小时的连续交易。

要不要多地同时上市

随着中国"走出去"战略的实施，尤其是在2001年后大陆股票市场融资功能的下降，中国企业的海外上市已经成为一种趋势，且呈现出单一企业多地上市的新特征。

海外多地上市，既是经济全球化的需要，也是中国企业融资全球化的需要，更是考虑中国大型、优质企业融资量巨大的需要。像中国建设银行和中国移动这样的中国特大型国有企业，融资额非一个证券交易所能承受。中国经过30多年的改革开放，引资策略也在发生着变化，正在从以市场换资走向以发展引资的模式。

海外多地同时上市,既是全球各证券交易所的交易条件不同,中国大陆企业相机抉择的结果,也是中国大陆企业面对不同证券市场,分散风险的选择。虽然全球各主要的证券交易所都是发达国家或主要新兴国家或地区所形成的国际金融中心,但这些国际金融中心,同样存在各种可能的系统性风险、操作风险、交易风险和法律风险,多地同时上市,在一定程度上可以分散这些风险。

海外上市同时也意味着中国企业走向国际化经营,成为跨国公司。进行跨国经营,可以回避不同国家的贸易和非贸易壁垒,也可以获取不同国家因为争取外资而获取的相应优惠政策。多地上市也是为了避免倚重于某一市场,而失去多国竞争的优惠收益。

就全球经营来说,跨国公司的资本是社会化的、全球化的,多地上市也是跨国公司组建全球经济帝国的重要手段。中国大陆企业多地同时上市,无疑是使得中国资本社会化、全球化的重要手段,是实现全球互惠互利、合作共赢的良好策略。

当然,作为多地同时上市的中国大陆企业,要注意多地同时上市,对企业控制权的把握;要注意由于海外上市规模过大,而使得国内居民无法分享中国企业发展的收益问题;要注意海外多地同时上市情况,弱化了中国大陆证券市场发展的问题。

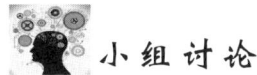

(1) 相对于主板和中小板,创业板有些什么特点?
(2) 搜集相关资料,试分析阿里巴巴为什么会选择在纳斯达克上市?

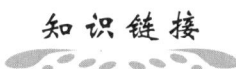

财务分析与融资计划部分,具体可以从以下几个方面进行研究:

▶ 8.1 融资说明

企业需要在融资说明中阐述融资需求并回答相关问题。首先,根据企业所处的发展阶段、发展计划和对资金的需求,说明融资金额、资金用途以及预期达到的目标。其次,根据融资金额、企业自身本金和财务状况以及有利于企业治理和发展的股权结构的因素,说明相应的融资方式、资本结构、融资抵押、担保和融资条件等。

8.1.1 提议的融资方式

企业家可以在普通股、优先股和可转换债权、债券以及认购股权证等融资工具中，向风险投资人提议一种。注意要对有关发售这些金融工具的众多细节问题予以说明，以免风险投资人产生过多的疑问。

(1) 如果出售的是普通股，通常要求说明：是否分配红利？红利是否可以累积？经过一段时间后股份是否要求赎回以便风险投资人撤回投资？发售价格是多少？该种股权是否有所限制？普通股持有人具有什么样的投票权和注册登记权（安排上市从而变为公众公司）？

(2) 如果发售的是优先股，则需要说明：支付何种股利？股利是否可以累积？对优先股有何回购安排？优先股是否可以转换为普通股？如果是可转换优先股，那么转换价格是多少？对优先股权有何限制？优先股股东是否具有投票权？是否在董事会具有控制权？优先股具有哪些优先权？

(3) 如果发售的是可转换债，也需要对相关条款作出说明，包括：债券期限是5年还是10年？债券利率以多高为宜？是固定利率还是变动利率？该债券可以转换为普通股还是优先股？如果上述条款还可以协商，那么也应该在这儿予以说明。

(4) 如果是按上述条款发售股票期权，那么需要对风险投资人必须支付的期权购买价格作出说明。同时还要考虑风险投资人兑付期权时的执行价格和购股数量，并说明期权的期限是多长。

(5) 如果企业家提议的融资方式及有关条款还有协商的余地，那么也应该予以特别说明。

8.1.2 资本结构

要求对本企业的普通股、优先股及长期负债作出说明，以便风险投资人对企业融资前后的资本结构有全面的了解。表述格式举例如下：

(1) 融资抵押。如果是普通股融资当然不存在抵押问题，如果是债务融资，则需要就债务抵押情况作出说明。

(2) 担保。主要说明对风险投资人的投资提供个人或公司担保的情况。如果是个人担保，通常需要提供担保人的个人财务报表。

(3) 融资条件。比如，本企业是否允许风险投资公司的代表进入董事会？资金到位后企业要达到什么样的目标？哪些阶段性目标必须达到？等等。

(4) 报告。主要介绍本企业打算通过何种方式向风险投资人报告经营管理情况。如提供广度损益表、资产负债表和年度审计后的财务报表等。

(5) 资金运用。说明本企业将如何运用资金，最好不要使用"营运资金"这样模糊的字眼，而要尽可能分项详细论述。

(6) 所有权。介绍现有股东持股数量及风险投资人在投资发生后的持股数量。指出获得该项所有权所支付的金额，每位股东的股权比例等。对企业创始股东已经或将会获得股份（而不是现金）的情况更要详细加以说明，如果考虑给予土地、建筑物、机器设备或是创业股份，那么对这些资产目前的市值也需加以说明。

(7) 面值摊薄。说明投资本企业资产、净资产以及盈利账面值将被摊薄到何种程度。

(8) 费用支付。说明引资过程中是否需要支付咨询顾问费、律师费用及如何支付等问题。

(9) 风险投资人对企业经营管理的介入。风险投资人一般要求在企业董事会中占有1~2个席位，如果本企业希望风险投资人对经营管理的介入更深一些，那么可以在此加以说明。例如，可以要求风险投资人在企业融资方面给予帮助，甚至要求提供某一特定类型的融资，但企业也承诺对此支付一定的费用。也可以为风险投资人安排私募支付费用，如将私募金额的2%给予风险投资人等。总之，应该在此将企业希望在资金到位后由风险投资提供的增值服务的内容和要求加以说明。

8.2 财务预测

由于缺乏经验，创业者在资金的有效使用上往往有待加强。为了更好地决定短期和长期资金的需求，必须制定准确的财务预测。提供一个清晰的、有逻辑的并且有根据的财务预测是赢得投资的重要因素。如果你本人没有财务预测的能力，可以聘请财务专家。

财务预测的信息主要有销售估计、管理成本、产品成本、销售成本、资金支付、边际贡献、债务利率、收入税率、应收账款、应付账款、存货周转、减价计划和资产利用率等。

8.2.1 损益预测表

损益预测表反映企业在一定时期内的盈利和亏损情况，损益预测让所有者或管理者提前了解每月或每年的公司盈利情况。这些预测一般以每月的销售收入、成本和费用作为依据，涉及的主要指标如下表所示。

损益预测表参考格式：

	第一年	第二年	第三年	第四年	第五年
销售收入					
销售成本					
销售费用					
销售税金及附加					
销售利润					
管理费用					
财务费用					
营业外其他收支					
利润总额					
所得税					
净利润					

（1）销售收入。比较现实地估计一下，若按你所期望的价格每月能卖出多少单位的产品或服务？期望的收益是多少？定价是否合理？是否会打折或减价？

（2）销售成本。精确地计算你的销售成本，计算所有的产品和服务以便计算净销售收入。如果涉及存货，千万别忘了运输费用和直接的劳动费用。

（3）毛利润。用净销售收入减去总销售成本即是毛利润。

（4）毛利率。毛利润除以总净销售收入即为毛利率。

（5）管理费用和财务费用。管理费用是指为组织和管理生产经营活动而发生的各项费用，如管理人员工资及福利费、业务招待费、租赁费、折旧费、无形资产摊销、咨询费、审计费、房产税、土地使用税、印花税等。

财务费用指企业为筹集资金而发生的各项费用，包括贷款利息支出、金融机构手续费及其他财务费用。

（6）净利润（或净亏损）。①税前利润：毛利润−总费用；②税款：存货和销售税金、房地产税等；③税后利润：税前利润−税款。

8.2.2 资产负债预测表

（1）资产。列出企业拥有或控制的有价值的经济资源，这些资源可以在未来的经营中为企业带来经济效益。总资产包括流动资产和长期资产，长期资产又包括长期投资、固定投资、无形资产、递延资产等，资产的折旧和注销（无形资产如专利、版权等逐年减少）应当扣除。

流动资产主要包括货币资金、交易性金融资产、应收票据、应收账款、预付款项、应收利息、应收股利、其他应收款、存货等。

非流动资产是指流动资产以外的资产，主要包括长期股权投资、固定资产、在建工程、工程物资、无形资产等。

（2）负债。流动负债一般包括短期借款、应付票据、应付账款、预收账款、应付工资、应付福利费、应付股利、应交税金、其他暂收应付款项、预提费用和一年内到期的长期借款等。

长期负债主要包括长期借款和长期应付款。长期借款指一年以上的各种借款；长期应付款指除长期借款和应付债券以外的其他各种长期借款。

（3）净资产。净资产也被称做所有者权益，净资产是企业主对企业资产的所有权。在独资企业或合伙企业中，股东原有投资加上企业留存收益即为股东权益。对于公司来说，净资产等于成立时的实收资本加上资本公积金、盈余公积金和未分配利润。

（4）总负债和净资产。负债加上所有者权益等于资产。

资产负债预测表图例：

资产负债表

单位：百万元

年份	2012	2013	2014	2015	2016
流动资产	1345	1580	1838	2108	2435
现金及现金等价物	223	320	425	529	667
交易性金融资产	—	—	—	—	—
其他短期投资	0	1	1	1	1
应收账款及票据	600	584	655	732	816
其他应收款	86	142	159	178	199
存货	436	533	598	668	751
其他流动资产	0	1	1	1	1
非流动资产	1601	1661	1819	1855	1887
长期投资	7	—	—	—	—
固定资产	1492	1567	1725	1761	1793
无形资产	84	46	46	46	46
其他	18	48	48	48	48
资产总计	2946	3241	3657	3963	4322
流动负债	961	1137	1342	1488	1660
应付账款	347	406	456	509	572

续表

年份	2012	2013	2014	2015	2016
应交税金	43	22	51	57	63
短期借款	152	53	100	100	100
其他	419	656	736	822	925
长期负债	161	147	175	153	153
长期借款	100	73	101	79	79
其他	61	74	74	74	74
负债合计	1122	1284	1517	1641	1813
股本	257	655	656	656	657
留存收益	868	984	1158	1327	1498
其他储备	504	110	110	110	110
少数股东权益	195	208	216	229	244
归属于母公司所有者权益	1629	1749	1923	2093	2265
负债及权益合计	2945	3241	3657	3963	4322

8.2.3 现金流量预测表

现金流量表是三种基本的财务报表（资产负债表、利润表、现金流量表）之一，它是反映公司在一段时期内现金流入与流出信息的报表。现金流量表能够决定公司短期的生存能力，有助于了解公司的变现能力和支付能力，进而有效地把握公司的生存能力、发展能力和适应市场变化的能力。

对现金流量表的分析，既要掌握该表的结构及特点，分析其内部构成，又要结合损益表和资产负债表进行综合分析，以求全面、客观地评价企业的财务状况和经营业绩。

现金流量表分为主表和附表（即补充资料）两大部分。主表的各项目金额实际上就是每笔现金流入、流出的归属，而附表的各项目金额则是相应会计账户的当期发生额或期末与期初余额的差额。附表是现金流量表中不可或缺的一部分。一般情况下，附表项目可以直接取相应会计账户的发生额或余额。

现金流量预测表图例：

现金流量表

编制单位： 2013 年 单位：元

项目	金额
一、经营活动产生的现金流量	
销售产成品、商品、提供劳务收到的现金	
收到的其他与经营活动有关的现金	
购买原材料、商品、接受劳务支付的现金	
支付的职工薪酬	
支付的税费	
支付其他与经营活动有关的现金	
经营活动产生的现金流量净额	
二、投资活动产生的现金流量	
收回短期投资、长期债券投资和长期股权投资收到的现金	
取得投资收益收到的现金	
处置固定资产、无形资产和其他非流动资产收回的现金净额	
短期投资、长期债券投资和长期股权投资支付的现金	
购建固定资产、无形资产和其他非流动资产支付的现金	
投资活动产生的现金流量净额	
三、筹资活动产生的现金流量	
取得借款收到的现金	
吸收投资者投资收到的现金	
偿还借款本金支付的现金	
偿还借款利息支付的现金	
分配利润支付的现金	
筹资活动产生的现金流量净额	
四、现金净增加额	
加：期初现金余额	
五、期末现金余额	

8.3 财务比率分析

除了三种主要财务报表外，还有一些财务比率和经营比率也是创业者应该了解和注意的。通过这些比率，也可以了解公司经营状况的好坏。收益性财务分析比率是测量公司获利能力的指标，是投资者最关心的财务分析比率。主要有以下一些具体指标：资产报酬率、资本报酬率、每股收益、每股净值、销售利润率。

8.3.1 收益性财务分析比率

收益性财务分析比率是测量公司获利能力的指标，是投资者最关心的财务分析比率。主要有以下一些具体指标：

（1）资产报酬率。也叫投资盈利率，是指企业资产总额中平均每百元所能获得的纯利润，是用以衡量公司运用所有投资资源所获经营成效的指标。其公式为：

资产报酬率＝税后利润平均资产总额×100%

平均资产总额＝（期初资产总额＋期末资产总额）÷2

资产报酬率越高越好，原则上最低不应低于银行利息率。

例如，A 公司 1999 年初资产总额为 32808 万元，1999 年末资产总额为 46976 万元，则其平均资产总额为（32808＋46976）÷2＝39892（万元），其资产报酬率＝2678÷39892×100%＝6.71%。它表明 A 公司每投入 100 元资金，获得收益 6.71 元。

（2）资本报酬率。也称股东权益报酬率，是指公司税后盈利与资本总额的财务分析比率，即企业资本总额中平均每百元所能获得的纯利润，是用以衡量公司运用所有资本所获经营成效的指标，其计算公式为：

资本报酬率＝税后利润资本总额＝税后利润股东权益×100%

其中，股东权益即为公司资本总额，等于总资产与总负债之差。对股东而言，股东权益报酬率越高越好。

以 A 公司为例，其资本报酬率为 2678÷25575×100%＝10.47%。

（3）每股收益。每股收益是指扣除优先股股息后的税后利润与普通股股数的财务分析比率，公式为：

每股盈利＝（税后利润－优先股股息）÷普通股总股数

每股收益是测定股票投资价值最重要的指标之一。每股盈利越多，则股票投资价值越高。

上市公司在公布年报时，有的会在财务状况中列出每股收益（Ⅰ），每股收益（Ⅱ），前者是指按加权股本计算，后者是按期末总股本（全面摊薄）计算。那么什么是加权计算和全面摊薄计算呢？

由于股本变动将影响到每股收益，在计算每股收益时，股本应该是确定的。但上市公司常因送配股造成股本变动，因此，为了较准确地衡量相对固定化的股本数量，常采取加权法和全面摊薄法。加权法是将公司送配股时间作为权数来计算每股收益的方法，而全面摊薄法是将期末的总股本作为除数来计算每股收益的方法。

例如，A 上市公司 3 月送股转增股数量为 7363 万股，到 12 月底计算每股收益，3 月距 12 月差 9 个月，所以送股转增股的加权股本为 7363×9÷12＝5522（万股），如果公司原有股本为 9203 万股，那么到 12 月底公司的加权总股本为：

9203+7363×9÷12＝14725（万股）

每股收益（Ⅰ）＝2678÷14725＝0.18（元）

按全面摊薄法计算的每股收益为：

每股收益（Ⅱ）＝2678÷16566＝0.16（元）

（4）每股净值。每股净值也称每股账面价值或每股净资产额，是股东权益与股本总数的财务分析比率。计算公式为：

每股净值＝股东权益总数÷股本总数

每股净值是衡量公司实力和股票市价高低的重要指标，一般来说，股票市价高于其资产净值，而每股资产净值又高于其面额。

以 A 公司为例，其每股净值为 25575÷16566＝1.54（元）。

（5）销售利润率。是指公司税后利润与销售收入的财务分析比率，表明公司销售收入中平均每百元获得的纯收益，其计算公式为：

销售利润率＝税后利润销售收入×100%

该财务分析比率也是反映公司获利能力大小的一个重要指标，其数值越大，表示公司获利能力越强，反之则弱。

依上式可求出 A 公司的销售利润率＝2678÷26778×100%＝10%。

8.3.2 安全性财务分析比率

安全性财务分析比率是分析公司偿债能力的指标，主要有以下具体指标：

（1）流动财务分析比率。是衡量公司短期偿债能力最通用的指标。其计算公式为：

流动财务分析比率＝流动资产÷流动负债

投资者通过分析流动财务分析比率，就可以知道公司 1 元的短期负债，能有几元的流动资产可做清偿保证。流动财务分析比率越大，表明公司的短期偿债能力越强，并表明公司有充足的营运资金；反之，说明公司的负债能力不强，营运资金不充足。财务健全的企业，其流动资产应高于流动负债，流动财务分析比率不得低于 1∶1。一般认为流动财务分析比率大于 2∶1 较合适。但是，对于公司和股东而言，并不是流动财务分析比率越高越好，尤其是由于应收账款和存货过大引起的流动财务分析比率过大，更是对财务健全不利。一般认为，流动财务分析比率超过 5∶1，则意味着公司的资产未得到充分利用。所以，对流动财务分析比率的分析，必须结合流动资产和流动负债的构成内容具体探讨。

以 A 公司为例，其流动财务分析比率＝6013÷14197＝0.42。

(2) 速动财务分析比率。速动财务分析比率又称酸性测验财务分析比率，是速动资产和流动负债的财务分析比率。它是用于衡量公司到期清算能力的指标。投资者通过分析速动财务分析比率，就可以测知企业在极短时间内取得现金偿还短期债务的能力。其计算公式为：

速动财务分析比率＝速动资产÷流动负债

其中，速动资产是指那些能立即变现的资产，一般是指从公司流动资产中扣除流动性较差的存货、预付款等之后的余额。一般认为，速动财务分析比率最低限为0.5∶1，如果保持在1∶1，则流动负债的安全性较有保障。因为，当此财务分析比率达到1∶1时，即使公司资金周转发生困难，也不致影响其即时偿债能力。

A公司1999年末时的速动财务分析比率＝2678÷14197＝0.19，即A公司的每1元流动负债中，有0.19元速动资产可以抵偿。

(3) 负债财务分析比率。负债财务分析比率即负债与股东权益之间的财务分析比率。它表明公司每1元资本吸收了多少元负债。其计算公式为：

负债财务分析比率＝负债总额÷股东权益

通过分析这一财务分析比率，可以测知公司长期偿债能力的大小，负债财务分析比率越小，表明股东所投资的资产越多，债权人的债权越有保障，并表明公司对外负债与利息负担减少，财务危机发生的可能性减少；反之则表明一个公司负债越来越多，自有资本越来越少，从而财务不健全，一般认为负债财务分析比率最高限为3∶1。

以A公司为例，其负债财务分析比率＝21402÷25575＝0.84，即公司每1元自有资本共吸收了0.84元的负债。

(4) 举债经营财务分析比率。举债经营财务分析比率即债权人权益对总资产财务分析比率，它表明公司的资产总额中，债权人的投资额的大小。其计算公式为：

举债经营财务分析比率＝负债总额÷总资产净额×100%

其中，负债总额就是债权人权益，总资产净额是全部资产总额减去累计折旧后的净额。举债经营财务分析比率可以测知公司扩展经营能力的大小，并揭示股东权益运用的程度。其财务分析比率越高，公司扩展经营的能力越大，股东权益越能得到充分利用，越有机会获得更大的利润，为股东带来更多的收益，但举债经营要承担较大的风险；反之如果经营不佳，则借贷的利息由股东权益来弥补，如果过多负债到无法支付利息或偿还本金时，则有可能被债权人强迫清偿或改组。

例如，A公司的负债为21402万元。总资产净额为46976万元。其举债经营财务分析比率为45.56%，即百元资产中，有45.56元是经举债取得的。

8.3.3 成长性财务分析比率分析

成长性财务分析比率是财务分析中财务分析比率分析法的重要财务分析比率之一。它一般反映公司的扩展经营能力。其主要指标有：

利润留存率。它是指公司税后盈利减去应发现金股利的差额和税后利润的财务分析比率。它表明公司的税后利润有多少用于发放股利，多少用于留存收益和扩展经营。利润留存率越高，表明公司发展的后劲越强；利润留存率越低，则公司发展的后劲越弱。其计算公式为：

利润留存率＝税后利润－应发现金股利税后利润

以 A 公司为例，其税后利润为 2678 万元，当期没发股利，依上式计算，其利润留存率为 100%。

8.3.4 周转性财务分析比率分析

周转性财务分析比率是用来分析一个公司经营效率的财务分析比率，是财务分析中的财务分析比率分析法的重要财务分析比率之一。常用的周转率有以下五种：

（1）应收账款周转率。应收账款周转率是指销售收入与应收账款之间的财务分析比率。其计算公式是：

应收账款周转率＝销售收入（期初应收账款＋期末应收账款）÷2

由于应收账款是指未取得现金的销售收入，因此用销售收入与应收账款相比较，就可以测知公司的应收账款余额是否合理以及收款效率的高低。应收账款的周转率越高，每周转一次所需要天数越短，表明公司收账越快，应收账款中包含旧账及无价的账项越小；反之，周转率太小，每周转一次所需天数太长，则表明公司应收账款的变现过于缓慢以及应收账的管理缺乏效率。如果用 1 年的天数（365）除以应收账款周转率，便求出应收账款每次周转需要天数，即应收账款转为现金平均所需要的时间。计算公式是：

应收账款变现平均所需时间＝365÷应收账款周转次数

在具体比较时，则应结合行业特点具体分析判断。如果某公司应收账款周转率高于行业平均水平，说明该公司销售管理较有效率。

以 A 公司为例，其 1999 年主营业务收入为 26778 万元，期末应收账款为 2061 万元，期初应收账款为 7971 万元。则其应收账款的平均余额为 5016 万元，按上式计算，应收账款周转率为 5.34 次，即 A 公司每年应收账款转为现金的平均周转次数为 5.34 次，每周转一次所需天数约 68 天。

（2）存货周转率。存货周转率是指销售成本与商品存货之间的财务分析比率。其周转率越高，说明存货周转速度越快，公司控制存货的能力越强，营运资金投于存货上的金额越小；反之，存货周转率太低，则表明公司存货过多，不仅使资金滞压，影响资产的流动性，还会增加仓储费用甚至使一些产品损耗或过时。其计算公式是：

存货周转率=销售成本÷[（期初存货+期末存货）÷2]

例如，A公司的销售成本为22606万元，期末商品存货为3652万元，期初存货为2766万元，则平均存货余额为3209万元，根据上式计算，可求出A公司存货周转率为7.04次。

（3）固定资产周转率。该财务分析比率指销售收入与固定资产之间的财务分析比率。它表示固定资产周转次数。投资者可以用这一财务分析比率来检测公司固定资产的利用效率。固定资产的周转率越高，表明固定资产周转速度越快，固定资产的闲置越少；反之，则表明固定资产闲置严重，效率未能得到充分发挥。其计算公式是：

固定资产周转率=销售收入÷固定资产平均净值

固定资产平均净值=（期初净值+期末净值）÷2

根据上式可以求出A公司的固定资产周转率=26778÷[（21935+39840)÷2]=0.867（次）。

（4）资本周转率。资本周转率又叫净值周转率，是销售收入与股东权益的财务分析比率。资本周转率越高，表明资本周转率速度越快，运用效率越高。资本周转率越低，则表明公司的资本运用效率越差。其计算公式为：

资本周转率=销售收入÷股东权益平均余额

依照上式，可以计算出A公司的资本周转率为26778÷[（22896+25575)÷2]=1.10（次）。

（5）资产周转率。资产周转率是指销售收入与资产总额之间的财务分析比率。它是用以衡量公司总资产是否得到充分利用的指标。其计算公式为：

资产周转率=销售收入÷资产总额

依据上式，A公司的总资产周转率为26778÷46976=0.57（次）。

8.4 盈亏平衡分析

企业在创业初期失败，很多是因为创业资本被过多地用于购买固定资产。除非有些设备明显是初期所必需的，其他的应尽可能推迟购买。固定成本越高，达到收支平衡并开始获利所需的时间就越长。亏损太大，时间过长，不利于新企业的成长。新企业需要尽快获利，否则它将面临亏损甚至破产。收支平衡分析不仅适用于企业前期的项目规划，还适用于企业的日常运营。

线性盈亏平衡的分析步骤和方法介绍如下：

8.4.1 图解法

图解法是一种通过绘制盈亏平衡图直观反映产销量、成本和盈利间的关系,确定盈亏平衡点的分析方法。盈亏平衡图的绘制方法是:以横轴表示产销量 Q,以纵轴表示销售收入 TR 和生产成本 TC,在直角坐标系上先绘出固定成本线 F,再绘出销售收入线 TR=PQ 和生产总成本线 TC=F+VQ;销售收入线与生产总成本线相交于 A 点,即盈亏平衡点,在此点销售收入等于生产总成本;以 A 点作垂直于横轴的直线并与之相交于 Q′点,此点即为以产销量表示的盈亏平衡点;以 A 点作垂直于纵轴的直线并与之相交于 B 点,此点即为以销售收入表示的盈亏平衡点。

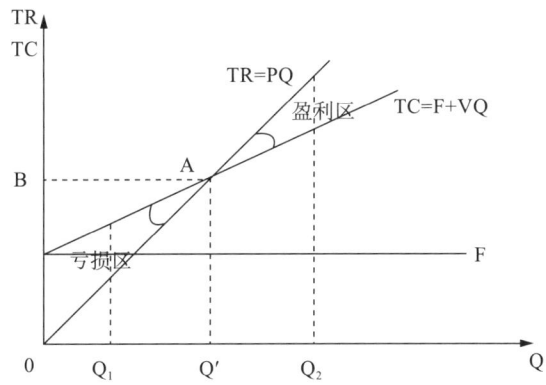

8.4.2 方程式法

方程式法是利用数学方程式来反映产销量、成本和利润之间关系,确定盈亏平衡点的一种分析方法。

产销量、成本、利润三者之间关系的基本方程式为:

销售净收入方程:NR=(P-T)Q

生产总成本方程:TC=F+VQ

利润方程:M=NR-TC

8.5 风险投资的回报与退出

在阅读了创业者一系列美妙设想和规划后,风险投资者还有最后的两个问题需要予以解答:一是他将获得多少投资回报;二是他的投资资金如何退出。

从风险投资的发展历程来看,目前,风险投资的变现回收方式主要有以下几种:

8.5.1 兼并与收购

兼并与收购（Merge and Acquisition，MA）是风险资本退出比较常用的一种方式，是风险投资商在时机成熟的时候，通过并购的方式将自己在风险企业中的股份卖出，从而实现风险资本的退出。其中兼并是指由一家实力较强的公司与其他一家或几家独立的公司合并组成的新公司，而实力较强的公司占主导地位；收购则是指企业通过证券市场购买目标公司的股份或者购买目标公司的产权从而达到控制目标公司的行为。

风险企业被兼并收购通常可以分为两种方式，即一般收购和二期收购。一般收购，是指创业者和风险投资者将风险企业完全卖给另一家公司。这种方式通常是高科技创业者不愿意接受的，因为这意味着将完全丧失独立性。不过，对于困境中的中小高科技企业来说，卖断产权也不失为一条出路。如1998年鄂武商以350万元整体收购武汉顺太有限公司，解决了武汉顺太有限公司因缺乏资金无法对其专利产品进行规模生产的难题。二期收购则是指风险投资者将其所持有的股份卖给另一家风险公司，由其继续对风险企业进行后续投资，创业者并不退出风险企业。据不完全统计，在风险投资的退出方式中，一般收购约占23%，二期收购约占9%，两项合计占32%，但收益率仅为IPO的1/5。无论采用哪种方式并购，时机选择都非常重要。时机选择适宜，风险投资就能获得较大的收益。一般风险企业应该选择在企业未来投资收益的现值比企业的市场价值高时把公司出售。这时风险投资公司可以获得最大的投资收益。北大PE私募股权投资还是非常不错的。

由中国风险投资研究院（香港）编纂的《2003年中国风险投资行业调查分析报告》显示，我国风险投资退出方式以股权转让为主。通过对风险投资退出项目的调查分析，在2003年190家样本公司中有38家风险投资机构的64个项目得到全部或部分的退出；62个提供了退出方式的信息，其中以股权转让方式退出的有51个项目，占到了82%；以其他退出方式退出的项目相对较少，比例都在10%以下。

2005年4月，中国风险投资研究院（香港）公布的《2004年度中国风险投资业发展现状调查分析报告》表明，2004年中国风险投资延续了2003年以来的回暖趋势，投资更为活跃，并呈现出一些新的特点。在中国风险投资研究院（香港）本次调查回收的有效问卷中，有36份问卷提供了退出项目方式的信息，统计结果显示，调查范围的风险投资机构近3年共123个退出项目中，有49个项目以国内企业收购的方式退出，占退出项目总数的40%。由此可见，收购兼并依然是国内风险资本退出的主渠道。

股权并购在我国如此盛行，主要原因有以下两方面：一方面，由于股票上市及升值均需要一定的时间,而兼并收购的退出方式可以立即收回投资,使得风险投资者能够快速、完全地从风险企业中退出,因此具有强大的吸引力;另一方面,由于并非所有企业都能符合上市的条件,而且风险投资本身具有高风险性,这就使得一些风险投资者在权衡各种利弊得失后毅然选择并购方式来实现其风险资本的退出。

8.5.2 破产清算

破产清算是在风险投资不成功或风险企业成长缓慢、未来收益前景不佳的情况下所采取的一种退出方式。虽然以清算方式退出一般会带来部分损失,但也是明智之举的,因为投在不良企业中的资金存在一定的机会成本,与其被套牢而不能发挥作用,倒不如及时收回资金投入到下一个更有希望的项目中去。据统计,美国由创业资本所支持的企业,有20%~30%完全失败,约60%受到挫折,只有5%~10%的创业企业可以获得成功。当某一项目面临失败或缺少足够的成长性时,风险投资家应拿出壮士断腕的勇气,果断地抽出资金,转向投入预期回报更高的标的之中,寻求更好的获利机会。在很多时候采用清算公司的方法虽是迫不得已,却是避免深陷泥潭的最佳选择。

8.5.3 股份回购

如果风险企业在渡过了技术风险和市场风险,已经成长为一个有发展潜力的中型企业后,仍然达不到公开上市的条件,它们一般会选择股权回购的方式实现退出。

股份回购一般包括两种回购方式:创业者回购风险投资者的股份和风险企业回购风险投资者的股份。前者是通过买股期权的形式来实现的,是在引入风险投资签订投资协议时,由创业者或风险企业给予风险投资者一项选择权,他可以在今后某一时间要求创业者或风险企业按照预先商定的形式和股票价格购买他手中的股票;后者则是通过卖股期权的形式来实现的,即是给予创业者或风险企业一项选择权,让其在今后某一时间以相同或类似的形式及股票价格购买风险投资者手中的股票。在股权回购时到底是采用买股期权或是卖股期权来进行,这主要看风险企业对风险投资吸引力的大小而定。如果风险企业是一家受到许多风险投资公司普遍看好的公司,则可能会采用买股期权;如果是风险企业急需引入风险投资,则可能会采用卖股期权。绝大多数股权回购是采用卖股期权进行回购的。一般而言,在风险投资投入时投资双方就已签订好关于股份回购的协议,包括回购条件、回购价格和回购时间等。

股份回购对于大多数风险投资者来说是一个备用的退出方法,当风险企业不是很成功的时候,为了保证已投入资本的安全,便可采用此种方式退出。由于企业回购对投资双方来说都有一定的诱惑力,所以风险企业从风险投资家手中回购股权的方式发展得很快。在美国,从企业数目来看,风险企业回购已成为风险投资退出最主要的途径之一。虽然我国目前以此种方式退出的案例并不多,但是从发展趋势看,股份回购应该是未来我国风险投资基金退出的一种现实选择。

8.5.4 公开上市

公开上市(Initial Public Offering, IPO),是指将风险企业改组为上市公司,风险投资的股份通过资本市场第一次向公众发行,从而实现投资回收和资本增值。

上市一般分为主板上市和二板上市。主板上市又称第一板上市,是指风险投资公司协助创业企业在股票市场上挂牌上市,从而使资金退出。二板上市又称创业板市场,主要服务于中小企业的股票市场,其相对于主板市场而言,上市的条件比较宽松,企业进入的门槛较低,比较适合新兴的中小企业,尤其是具有增长潜力的高科技企业。许多国家和地区都设立了二板市场,如美国的纳斯达克(NASDAQ)市场、加拿大温哥华股票交易所的创业板市场、比利时的 EASDAQ 市场、英国的 AIM 市场以及 1999 年第四季度开始正式运作的香港创业板市场等。其中以美国的 NASDAQ 市场最为成功,约 30% 的美国风险投资都经由这一市场退出。风险投资企业发行股票上市,使得许许多多的风险投资家和创业家一夜暴富,成为亿万富翁。在二板市场最发达的美国,纳斯达克市场使这种白手起家的创业神话一再上演:较早的有计算机硬软件公司如苹果公司、微软公司和英特尔公司等,较近的有电子商务类公司如雅虎公司、亚马逊公司等。这些成功典范也使股份上市成为风险投资家首选的资本退出方式。据美国风险投资业的统计,风险投资各种退出方式的年平均投资回报率为:回购和并购为 15%,而发行股票上市为 30%~60%。公开上市有其固有的优点,它不仅为风险投资者和创业者提供了良好的退出路径,而且还为风险企业筹集资金以增强其流动性开通了渠道。大多数的风险企业会选择在企业发展成熟阶段的后期上市。这个时期的风险企业正处于发展扩张的阶段,如果仅依靠企业自身的积累和风险资本的投入是远远不够的,通过股票上市,风险企业可以在资本市场上筹集到大量的资金。同时,也有利于分担投资者的投资风险,提高风险企业的知名度和公司的形象。

案例分析

财务计划（果友纸业有限公司）

一、第1~第5年的财务数据

作为一个新公司，果友纸业有限公司没有历史数据可作参考，因此，我们根据行业的历史数据进行下列的假设。

1. 产量预测

具体产量预测表（略）。根据产量和销量假设，第1~第5年的生产量将从1300吨增长到4000吨。

2. 员工需求量和劳动力成本预测

具体预测表（略）。第1~第5年的产量为1300~4000吨，在这个产量范围内所需工人总数将保持不变，为48名。一旦产量超过4000吨，工人数将会显著增加。

3. 损益表

(1) 第1年（按月编制）（表略）。此项目从第一年起就开始盈利。

(2) 第1~第5年（表略）。在5年中年净利润从239.7万元增长到836.2万元。

4. 现金流量表

(1) 第1年（按月编制）（表略）。在最初两个月内现金流量表为负，但到年末，现金流量表已完全呈正值。

(2) 第1~第5年（表略）。随着产量和销量的迅速上升，现金流量也始终呈正值而且快速上升。第1年末现金流量已达449.2万元，而到第5年末更是累计高达1766万元。

5. 资产负债表

(1) 第1年（按月编制）（表略）。该项目的现金总投资为355万元，再加上估价45万元的技术专利，总资本金为400万元。到第一年末，总资产已达到760万元，其中股东权益为720万元。

(2) 第1~第5年（表略）。经过5年的运作，公司的总资产达到2400万元人民币。因为我们在创业初期是租用厂房和生产流水线而不是直接购买，公司的固定资产很少，绝大部分是现金和库存。

二、财务分析

1. 比率分析

(1) 比率。我们使用的盈利分析比率有：

资产回报率（Return on Assets，ROA）、所有者权益回报率（Return on Equity，ROE）、总资产周转率（Total Assets Turnover Ratio，TATR）、边际盈利比率（Profit Margin Ratio，PMR）等。

财务比率分析

	净利润（元）	销售额（元）	平均所有者权益（元）	平均总资产（元）	所有者权益回报率（%）	资产回报率（%）	总资产周转率	边际盈利比率
第1年	2396807	12307692	5198404	5381310	46.1	44.5	2.287	0.195
第2年	4345415	20170940	7970313	8336125	54.5	52.1	2.420	0.215
第3年	6567138	27760684	11741034	12152572	55.9	54.0	2.284	0.237
第4年	7351049	32738462	15971989	16429254	46.0	44.7	1.993	0.225
第5年	8362200	38596923	20349066	20806331	41.1	40.2	1.855	0.217

(2) 净现值、投资回收期和内部收益率分析。

现金流量和DCF

单位：元

	第0年	第1年	第2年	第3年	第4年	第5年
现金流量	4000000	371857	3358257	4788311	6558620	8792771
DCF	4000000	338052	2775419	3597529	4479626	5459619

注：在10%贴现率的基础上进行贴现现金流分析。

在分析中第6年的终值未被计入。

从现金流和贴现现金流的计算可以得出下列结果：

➢ 净现值：12650245元。
➢ 内部收益率：67%。
➢ 投资回收期：2.06年。
➢ 贴现投资回收期=2.25。

为保守起见，尽管在第6年有业务拓展计划，在上述计算时没有计入第6年的终值。即使如此，投资回报仍让人十分满意。

2. 量—本—利分析和盈亏临界点分析

量—本—利分析和盈亏临界点分析

	第 1 年
固定成本（元）	16030066
价格（元）	12000
单位可变成本（元）	6834
保本点产量（吨）	6834

盈亏临界点分析

产量（吨）	固定成本（元）			单位可变成本（元）		
	1603006	1763307	1923607	6834	7517	8169
12000	310	341	375	310	358	430
11000	385	423	466	385	460	587
10000	506	557	613	506	464	926
9000	740	814	895	740	1081	2193
8000	1375	1512	1663	1375	3322	

量—本—利分析

产量（吨）	固定成本（元）	单位可变成本（元）	价格（元）	毛利（元）	价格（元）	毛利（元）
1200	1603006	8200800	12000	4996194	11000	3396194
1100	1603006	7517400	12000	4079594	11000	2979594
1000	1603006	6834000	12000	3562994	11000	2562994
900	1603006	6150600	12000	3046394	11000	2146394
800	1603006	5467200	12000	2529794	11000	1729794
700	1603006	4783800	12000	2013194	11000	1313194
600	1603006	4100400	12000	1496594	11000	896594
500	1603006	3417000	12000	979994	11000	479994
400	1603006	2733600	12000	463394	11000	63394
300	1603006	2050200	12000	-53206	11000	-353206

(1) 固定成本和可变成本。

固定成本和可变成本

单位：元

成本		金额
固定成本		1603006
可变成本	劳动力成本	566784
	研发费用	246154
	设备折旧费	16000
	厂房和设备租赁	110000
	分摊费用	130000
	管理费用	534068
	可变成本	8201208
	产品的其他费用	780000
	原材料	642000
	营销费用	1001208

盈亏临界点产量＝固定成本÷（单位价格－单位可变成本）

在第一年，盈亏临界点分析显示，只有当实际销售量远远低于预测销售量时，才有可能达到保本点。

销售量、固定成本、单位可变成本和单位销售价格都会影响盈亏临界点。即使当销售价跌到每吨8000元人民币或固定成本上升10%或20%，或单位可变成本增长10%或20%，处于保本点的销售量仍远远低于预测销售量。

(2) 量—本—利分析。

本项目只有当销售量低于400吨并且价格为每吨11000元时，才会达到保本点。因此我们完全可以有把握地说，这是一个高盈利性的项目。

通过财务分析，我们确信这些数据和结论都是可信的和可达到的。凭借公司的所有权结构，管理体系以及产品质量、技术专利，本商业计划设定的目标也是完全可行的。因此，我们相信，这是一个非常有吸引力的投资项目。

三、资金需求与使用

(1) 目前资金需求量：400万元人民币。

时间：1999年6~9月。

资金类型：权益：100%，债务：0%。

145万元人民币由5位高层经理投资。255万元人民币为风险投资基金。

(2) 其他资金需求：在接下去的几年中，由于该项目的高盈利性，公司每年的保留盈利已完全可以满足业务不断拓展的需求，不会再向外界筹资或向银行借款。

(3) 资本金的使用。果友纸业公司在创业初始需要355万元用于初期投资。具体安排如下：

1) 公司创办费10万元。其中，办公室装潢5万元，各种证明、证书和执照0.5万元，机器和产品测试2万元，初期促销费用2.5万元。

2) 库存占用资金270万元。在第1年的1月，库存量将会达到顶峰，价值270万元。从那时起，库存量因为销售量的上升而逐渐回落。因此，我们设定初期在库存方面的资金准备为270万元。

3) 厂房和设备租赁费用11万元。其中，用于生产的厂房和设备租赁费用10万元，办公室租赁费用1万元。

4) 办公设备费用8万元。购买计算机、电话、传真机、复印机和其他办公设备。

5) 实验室的建立和研发费用16万元。其中，实验室的建立费用10万元，第一季度的研发费用6万元。

6) 管理费用13万元。

思考与分析

(1) 果友纸业有限公司的财务计划涵盖哪些内容？
(2) 根据本章所学，果友纸业有限公司的财务计划还可以增加哪些内容？

9. 商业计划书——风险应对

学习要点

- ◆ 企业主要面临哪几类风险？
- ◆ 企业应如何进行风险防范？

商业计划书写作中要对企业可能遇到的各种风险做出实事求是的分析，使整个商业计划显得更客观。同时，还要提出一些针对所提出风险的防范措施，尽量让风险投资者相信，所有这些风险都能够得到有效的控制。在企业经营过程中，风险是任何企业都无法回避的问题，对于创业企业更是如此。风险可以降低，但不可消除。

风险投资者在决定是否投资之前，会对投资进行风险评估。风险投资者进行风险评估会使用多种方法。风险资金的申请者，必须对各种风险评估方法有一个细致充分的了解，并在商业计划书的写作过程之中，如实对商业计划书的风险部分进行描述，风险分析部分涉及的内容主要包括：第一，分析并指出企业在生产经营过程中可能面临的风险。对每一项分析出的风险，企业都要认真对待，并分析判断企业在将来是不是要面对这一风险，如果不存在此风险，要简要说明不存在的理由；如果存在此风险，必须说明存在这一风险的原因。分析出风险之后，就需要对可能面临的风险进行评估，也就是对风险的发生概率以及可能的损失进行评估。第二，要针对企业可能面临的各种风险提出相应的应对措施。企业有风险是不可避免的，风险投资者也可以接受，但是风险投资者注重的是企业要有一定的风险应对措施，可以采取一定的措施回避风险、转移风险，或者有一定的有效措施在风险发生之后可以将企业的损失降至最低，也就是说，要提出具体的风险管理措施。

利用合作博弈进行企业风险防范

市场如战场，身处市场经济大潮中的企业，时刻都面临着竞争风险的威胁。尤其是势单力薄的中小企业，在日益复杂、多变的环境形势下，及时调整经营博弈的策略思路，对于提高企业竞争效果无疑显得极为重要。

1. 竞争理念的演变：化干戈为玉帛，变竞争为竞合

竞争一词的传统含义是指两个或两个以上的主体为了各自利益而相互争斗的现象。竞争所带来的结果往往是一方获胜而另一方失败，其中也不乏两败俱伤的情形。但是，近年来随着企业所处的外部经营环境发生巨大变化，企业奉行的经营信条正在逐渐发生变化，传统的竞争内涵也日益得到修正。原来那种势不两立、你输我赢的竞争已越来越为优势互补、共同获益的"双赢"模式所替代。这是因为社会科技的飞速发展以及消费者需求日趋复杂多变，使得企业所面临的竞争压力不断加大，企业单凭自身的资源实力已很难适应当前风险日益增加的形势要求，不少企业纷纷寻求合作发展策略，即通过与外界力量的联合，优势互补，增强联合体的综合竞争能力，以达到共同获益、共同提高的目的。通俗地说，就是共同把"蛋糕"做大，使大家都能获得尽可能多的份额。可见，现代企业的竞争理念已从传统的你死我活的搏斗变为互利互惠的合作。

企业从对立走向联合，体现的实质就是在一定资源条件基础上的一种合作博弈行为。假设市场中有两家相互竞争的企业，可以知道，每个企业的资源相对于外界环境而言都是有限的，如果企业之间进行对抗式的竞争博弈，那么在达到最终的竞争均衡状态时，每个企业都将为此消耗掉自身大量的资源。然而，如果企业采取合作博弈的方式进行竞争，则情形将大不一样。通过合作，两家企业各自将自身的优势资源联合在一起，产生"1+1>2"的功效。也就是说，对于同一外部形势而言，两家企业的整体资源实力得到了相对增强，二者参与对外竞争中所处的地位将更加有利。上述分析说明：合作博弈扩大了资源配置的范围，并通过减少"内耗"而达到增强整体竞争实力的目的。当联合体由于资源实力的改善而获得更好的竞争结果时，各合作方也就能从中获得比单纯依靠自身力量参与竞争所能取得的更为有利的结果。

2. 利用合作博弈防范企业风险的方式

通过合作博弈实现企业风险防范的方式主要有以下六类：

（1）与下游客户联盟。识别并满足消费者需求是一切经营战略成功的基础，也是企业竞争的出发点和最终归宿。与消费者实现真正互惠互利的联合，不仅有

助于企业及时准确地捕捉市场信息,同时也可维护企业与客户之间的良好关系,降低市场营销成本。这种前向合作模式,较适合以零部件生产为主的企业。

(2) 与上游供应商联盟。正如前向合作能为企业带来丰厚的利益一样,与供应商的后向联盟则可以降低供应成本,建立稳定的原材料供应渠道。对于中小企业来说,由于它在生产及营销过程中需要大量优质的原材料及配件支持,因此,通过与供应商结盟,获得对关键零部件生产的控制,可以更好地使产品具有特色,增加可靠性,而且,也有助于减轻中小企业自身的资源不足压力。例如,2001年当羽绒服市场开始引进鹅绒服时,连续6年稳居行业老大的江苏康博集团与上游供应商联盟,大量买进鹅绒,从而立于不败之地。

(3) 与竞争对手联盟。如前所述,现代竞争的理念正由对抗转为合作。面对日益严峻的经营形势,不少昔日的竞争对手现在纷纷摒弃前嫌结为盟友。在日新月异的计算机产业界,这种趋势更为明显,如IBM与微软合作等。与竞争对手合作,关键是要识别自身与对手之间最主要的差别,合作博弈应以这种差别为基础,审慎地进行战略定位,确定合作的范围和程度,否则企业将丧失自己的竞争优势。

(4) 与配套产品生产联盟。企业与配套产品生产商的关系是相互促进、相互制约的,其中任何一方的产品发生变动,都会相应地影响到另一方。因此,如果企业能通过合作关系与配套产品生产商形成一种互相促动、相生相长的协调联动机制,则必将使双方处于更加有利的竞争地位。如微软公司的视窗软件与英特尔公司的芯片所组成的"Wintel"架构就是一个典型的例子,现在,它几乎已成为计算机业界的配置标准,微软和英特尔都从中获益良多。

(5) 与科研机构联盟。企业与科研机构合作所产生的利益是显而易见的,科研机构一般具有巨大的人才、技术优势,但由于受到资金及生产条件的限制,其技术成果往往难以转化为现实生产力,而企业则能较好地弥补这些不足,而且企业需要不断地进行技术创新来维持生存和发展,这样就在企业和科研机构之间产生了合作的动机。

(6) 与其他机构联盟。一般来说,只要能对企业的博弈提供更加有利的资源条件支持,则都可作为企业合作的对象。除上述对象以外,其他如政府部门、金融机构、贸易机构均可作为企业的潜在合作伙伴,只要合作方式合理合法,那么,企业就能得到大量的人力、财力、物力支援,从而大大缓解风险压力。

小组讨论

(1) 什么是合作博弈?

(2)通过合作博弈实现企业风险防范的方式有哪些？
(3)除了市场/竞争风险，企业还会面临哪些风险？

9.1 风险评估

风险存在于整个运营过程，并不单单存在于某一个特定的环节，而且它是客观存在的。要在商业计划书中将经营过程中可能遇到的风险进行一一分析，所可能遇到的风险大概分为以下几种：

9.1.1 技术风险

技术风险对于企业来说，主要是技术寿命风险，高新技术快速发展的今天，所选择的技术可能会在很短的时间内就被更高级的技术所取代，技术存活时间的长短无法预知。如果旧的生产技术在很短的时间内被新的技术所取代，将使得投资风险大大增加。

9.1.2 市场风险

市场风险是新技术产业化过程受阻或者失败的主要风险。这种风险的起因是市场新产品不适应市场需求以及新产品产量沅远大于市场的容量。风险投资企业的产品都是相对新颖的，如果没有做好前期的宣传工作，那么顾客对其不了解，这就导致了顾客对这些新产品持一种观望的态度，就直接影响了市场对这种新产品的接受程度。

如今在经济发展、社会进步和人们文化水平越来越高的情况下，新产品的市场接受周期普遍变短。但是，有的产品在研发出来到人们意识到其功用而普遍接受之间的时滞比较长，这会影响企业的资金回笼，这对新创企业来说是致命的，会导致企业的生产经营陷于停顿甚至难以维持。

9.1.3 财务风险

当企业发展到一定程度之后，由于各方面规模都随之扩大，尤其是新技术的研究资金更会呈几何式增加，所以对于资金的需求也会迅猛增长，这样可否及时足够地获得资金的支持，将会直接影响到企业的扩张以及企业成长。如果无法在一定时间内获得企业发展所需要的资金，企业将很难维持，甚至倒闭。这就使得我们在描述风险种类之时要提出几条备用的融资方案。

9.1.4 管理风险

管理风险是风险投资的核心风险之一。因为管理原因而造成投资失败,对于风险投资者来说是最不可原谅的。所以风险投资者在关注商业计划书之时会对这部分投注更多的精力。现代企业的管理中心不是像过去一样重在新产品项目的创新,而是在于经营,而经营的重点在于决策。如果企业为了追求短期效益而将大部分精力放在潮流产品的创新之上,而过度地忽视管理、制度等方面的问题,忽视构筑企业文化平台,这样会大大增加管理风险。高新技术企业一般是寻求风险投资的客体,众所周知,高新技术发现速度很快,产品更新换代快,因为管理原因而去盲目追求新技术,盲目发展新技术,当新技术研发出来之后,这种技术已经被淘汰,不言而喻,这种失败的决策必然会使得企业失败。

9.2 风险防范

在商业领域,风险是客观存在的,它并不可怕,只要在每一条风险后面有相应的解决策略,让风险投资商放心,说明创业企业的管理者有能力、有办法控制风险,就会使投资商有信心投资。

9.2.1 针对行业风险的一般对策

在写作中,要寻找企业的自身优势,使用这些优势比如生产技术、科研管理水平、产品质量优势等,尽量保持产品的先进性,使产品的竞争力在一段时间内处于优势。扩大生产规模,发挥生产的集约优势,强调采用质优价廉的方针,万不可为了降低成本而粗制滥造,用具有先进性、质优价廉的产品来增加产品在同类产品之中的竞争力,从而提高产品的市场占有率。

9.2.2 市场风险对策

在加强产品销售的同时,需要在企业的盈利能力上下功夫,这就需要制定合理的价格,建立完善的信息体制。加快产品的研发速度,增加企业的市场应变能力,及时调整、生产符合市场需求的产品。增大企业的研发力度,提高产品质量,努力降低成本,以高质量低成本的产品吸纳客户,提高产品的竞争力。实行名牌化战略,稳定客户。

9.2.3 管理风险对策

降低管理风险,就要加强企业的组织机构建设,打造出合理优秀的管理团队,使之在管理过程中发挥巨大的作用。要建立相应的激励以及制约机制,使之发挥出最大效用。减少企业对个别主要领导的过分依赖,加强对管理者的培训,培养创新意识。

9.2.4 技术风险对策

说明本技术在国际上的领先地位,并且要列举出各种措施,保证技术的先进性,将技术的领先地位一直保持下去。还要加快科技转化为切实可行的销售产品的速度,使之迅速占领市场,与同类产品相比,具有领先优势。要时刻关注国内外的最新科技,并随之调整企业科技研究方向以及产品战略。

综上所述,在撰写商业计划书的过程中,风险分析的目的就是要说明企业在创业的过程中所潜在的风险,向投资人展示针对风险的规避措施。此部分,针对提出的各种风险,必须在风险对策部分一一提出与之相对应的应对策略。对于投资者而言,风险并不可怕,因为,无论哪个商业领域在创业的过程中都会存在这样或那样的风险,可怕的是对于风险的盲目乐观和忽视与低估风险的存在的创业者们。所以,有针对风险的行之有效的措施十分重要。

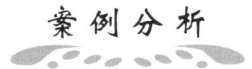
案例分析

密码技术产品商业计划书"风险分析"部分

1. 风险因素

投资高新技术产业是一种风险投资,具有高的投资回报,同时也存在一定的投资风险,投资风险主要包括以下几种:

(1) 政策风险。国家正在加强对信息安全的立法,特别是对密码产品,从研发到生产、销售各个环节国家都实行专控管理,目前已出台了一些法规和管理办法,但还有待于进一步的完善。立法的速度和内容都将对本公司的经营和发展产生不确定的影响。同时,国家其他相关法律、法规的颁布与修订以及产业政策、税收政策等方面的调整都可能会给公司的运营带来一定的风险。

(2) 管理风险。对高科技公司的管理,目前还没有成熟的模式和经验,需要公司管理层不断摸索出符合公司实际和行业特点的管理模式。

(3) 技术风险。公司的 ABC 信息安全核心技术,目前在国内外处于领先水平,能否持续保持领先地位,领先地位能保持多久都具有不确定性。

高新技术项目的研发周期以及技术转化为产品的过程中,不确定因素较多,因此,不能完全把握是否能达到预定的进度、预定的目标和预定的用途。

(4) 市场风险。新技术、新产品推出后,消费者在使用新技术替代旧技术时往往会持观望态度,公司不能准确地确定市场的接受能力。

网络安全产品,特别是数据加密产品的推广应用很大程度上取决于各应用行业主管部门的行业标准和规范的修改与制定,市场预测具有很大的不确定因素。

公司将会面临市场激烈竞争的威胁,在竞争中,我们最终能占领多大的市场份额,事先难以完全准确地测算。

(5) 人才风险。公司目前拥有优秀的管理队伍和研发队伍,但随着公司业务的扩大,公司对技术、管理、资本运营的高级人才将会有持续的需求。若不能挖掘到合适的人才,将会给公司的发展带来严重的影响。

公司的优势在于拥有先进的技术,先进的技术来源于公司的高级技术人员,能否培养和留住人才,能否保持人才结构的稳定和优化,也存在一定的风险。

(6) 融资风险。公司经营业务有赖于资本的大量投入,在公司自有资金不足的情况下,需通过融资解决资金问题。公司不能完全确保能按计划增资扩股,获得发展资金,也不能保证上市计划会得到有关主管部门及时的批准。

(7) 其他风险。不可抗拒和不可预测事件的出现,可能导致公司的投资损失。

2. 风险控制

(1) 针对政策风险。本公司为有限责任公司,公司的设立和运作严格遵守国家的法令、法规和政策。

公司将加强对有关政策、法规的研究,掌握国家法规政策的最新动态,及时调整公司的发展目标和经营战略。

公司加快研发速度,缩短科技转化为产品的周期,减少政策变化所带来的风险。

公司将充分利用国家对经济特区和高科技企业的优惠政策,提高企业的实力和抗风险能力。

(2) 针对管理风险。(略)

(3) 针对技术风险。(略)

(4) 针对市场风险。(略)

(5) 针对人才风险。(略)

(6) 针对融资风险。(略)

思考与分析

(1) 案例中的密码技术产品公司面临哪几种风险?

(2) 请针对公司所面临的风险种类,为其风险控制出谋划策,将省略部分补充完整。

第二部分 商业计划书重点解读

10. 商业计划书的完善

学习要点

- 商业计划书的检查有哪些流程?
- 为什么要签订保密协议?
- 商业计划书评估的主要标准是什么?

结合国际惯例和各风险投资机构的要求,商业计划书大致包括以下十个部分:项目摘要、企业概述、产品与服务、市场分析、营销策略、管理团队和公司结构、生产与经营、财务计划、风险应对及附录等。由于不同企业的性质、规模、发展模式等各不相同,企业可以根据自身具体情况,采取最适合的模板进行商业计划书的写作。

商业计划书的内容全部完成之后也并非万事大吉,创业者要尽可能使自己的计划书趋于完善,并想尽办法引起风险投资商的注意。

如何打造一份合格的商业计划书?

商业计划书是不断完善的过程,它受诸多外界因素的影响,如经济环境和地域的影响。一份较为成熟的商业计划书,应该具备以下特点:

1. 主题突出,项目展示明确化

商业计划书的目的是获取风险投资者的投资,而非与风险投资者闲聊。因此,在开始写作商业计划书时,应该避免与主题无关的内容,要开门见山地直接切入主题来展示你的项目。因为风险投资者没有很多时间来阅读对他来说没有意义的东西。这一点对很多初次写作商业计划书的创业者来说应当格外注意。

📖 商业计划书

风险投资者只能在极为有限的闲暇时间快速浏览你递上的商业计划书,不可能有充分的时间来审查和分析,在这种情况下,如何在最短的时间里吸引风险投资者的注意力,让他们有继续读下去的兴趣,显然就成为渴望获得风险投资资金的创业者的首要任务。另外,由于风险资金的供给远远不能满足创业企业对资金的需求,风险投资者成为创业者追捧的对象,送到他们手上的商业计划书堆积如山,但只有极少数幸运者能够成功地获得投资。所以,风险投资者不会有足够的耐心从头到尾翻阅每一份商业计划书,他们会对浮华的辞藻和繁复的文风感到厌烦,那些说了半天还不知其所云的计划书注定会被抛弃。

因此,一份成功的商业计划书必须直入主题。不要有过多的开场白,不要先过分吹嘘你的计划的美妙前景,不要热情得近乎煽情,你应该了解风险投资者的心态,其实投资者在第一时间最想要知道你是谁、你的计划是什么、如何实施、在哪里实施、什么时候进行。开宗明义的论述方式简洁、有力,给人以思维清晰的深刻印象,可以让人一目了然,对商业计划书的内容马上有了大概的了解。如果你的技术、产品和计划足够优秀,这样的表达方式能够更有效地促进你和投资者的沟通,能更容易抓住识货者的心,大大降低风险投资者由于不耐烦而将你的商业计划书漏过的可能性。

2. 观点真实,调查分析客观化

商业计划书虽然是创业者对创业企业发展的一份战略性文件,但它在起步阶段的主要目的还是争取风险投资家的投资,所以它的主要读者是风险投资者。

在商业领域,激情是需要的,没有激情的人不是缺乏创造力,就是没有足够的动力来承担把一个创意从空想转变为实业,把一个企业从小到大地发展壮大的艰巨任务。但激情的表达有个限度,任由激情四处泛滥,无所不在却不见得是一件好事。人们所处的社会充满了各式各样空洞的说教。人们已经厌倦了光焰万丈的豪言壮语,需要的是冷静和客观,广告般华丽的计划不仅不能产生强烈的吸引力,反而会适得其反,而使投资者无法接受。当然,激情过度就成了冲动,冲动的人往往是固执和缺乏理智的,只要认准了一个道理,他们很少能再听进别人的意见,假如他们认准的方向是正确的,那就会起到好的作用,否则结局将不堪设想。

商业计划书在写作中的观点必须冷静客观,不偏不倚,既不要掩饰缺陷和不足之处,也不要夸大优势和市场潜力,语调应该尽量显得冷静客观,至于创业计划是否如你所说那么有利可图,还要留给读者去判断。在撰写商业计划书时应该注意以下几个方面:

首先,商业计划书是创业者向风险投资者介绍创业项目的说明书,风险投资者就是以创业者提供的商业计划书为基础,跟创业者进行磋商和谈判。计划书应该揭露完整的信息,帮助投资者判断创业计划的发展前景。因此在计划书中不能含有欺骗性或误导性的信息和内容，一切数字要尽量客观、切合实际，不要主观臆断随意估计。

其次，在做价值评估、预测分析时应尽量选用行业内公认的方法，不能随随便便乱扯一气交差，应确切说明所采用假设、财务预估方法与会计方法，同时，也应该说明市场需求分析所依据的调查方法与事实证据。总之，一切都要做到有根有据。

最后，在分析机会与威胁时，创业者容易犯一个错误，即倾向于按有利于自己的方向来分析形势，搜集一切可能支持自己观点的证据和数据，而对于那些明显不利的证据和数据，则忽略不计或轻描淡写一笔带过。这明显不是客观、负责的态度，投资者需要的不是报喜不报忧的虚假信息，他们想要了解真实的情况，于是能否本着客观、务实的精神编写商业计划书成为考察创业者的一个重要标准。

3. 语言通俗，内容介绍平实化

首先，商业计划书的写作风格应该通俗易懂，应尽量采用通俗易懂的语言以免产生误解。应避免使用冗长、复杂的句法，句子要尽量简短、有力；描述、分析问题切记不要太过学术化，商业语言和学术语言有较大差异，并不是所有的风险投资家都接受过专业训练，也并不是每个风险投资家都欣赏学究式的风格。通俗简洁的语言向投资者传达了这样的信息，即创业者不是一个只懂得待在象牙塔里的人。简而言之，语言通俗简单有助于清晰地表达你的意思，能树立你精干务实的形象。当然，这里所说的通俗易懂并不是通俗到流俗，过于贫乏的语言又显得创业者平庸，所以，如何在过于学术化和平淡之间找到一个中间点，需要一定的技巧和经验，这方面的问题可以找有关专家咨询。

风险投资家是投资及经营管理者的行家，但在技术方面未必如此，为了使投资者充分理解创业计划，技术的描述是必要的，但不要过分纠缠于技术细节，大多数情况下投资者需要的只是技术的基本原理和概述，也许一张技术流程图就够了，如果非要加入一些技术细节，可以把它们放到附录里面去；对于必须引用的专业术语及特殊概念则应该在附录中给予必要的解释和说明。

其次，编写商业计划书时要注意的另一个问题是要保持严谨的作风。要把计划书的编写当作一件严肃的事情，认真对待，耐心搜集所需资料和数据，踏踏实实地做好调查研究工作；要把商业计划书当作一个整体来进行统筹规划，精心安排各部分的内容和陈述方式，使得相互之间的衔接合理流畅，注意避免结构松散、主题不明、格式混乱等现象的发生；在分析问题时要详细周密，不要漏掉任何相关的影响因素，应完整地包括事业经营的各功能要项，对于非相关的资料尽量不列，以免过于冗长。

4. 风格一致，文本叙述规范化

首先，在实践中，商业计划书没有统一的格式，但就每一份商业计划书而言，它必须有自己完整的风格。只有这样才能相对完整地陈述必要的内容，也使计划本身更具有说服力，并体现出专业素质。

商业计划书的编写工作并不是由创业者一人而是由好几个人一起完成，但每个人都会有自己习惯的风格和写作方式，例如，有的沉稳老到，有的慷慨激昂，有的惯用第一人称，有的则用第三人称，凡此种种，于是就产生了风格不协调的问题，这个问题解决不好，会使文章不伦不类，可读性极差。但商业计划书是获得风险投资的敲门砖，文章写得好坏直接影响风险投资家对创业者的评价，如果仅仅是由于文章的写作问题而误了大事，那简直是荒谬透顶，所以，最后应该对完成稿进行风格统一，使文章看起来显得统一、专业。例如，所有的标题的大小和类型都应该和全文的内容与结构相协调，优美而整洁。

其次，除了写作风格以外，应用的数据也应该前后一致。数据的准确性是一份严谨计划书的基本要求，它是任何分析、预测、推论的前提，计划书中出现的数据要经得起考验，数据存在缺陷的计划书是不可信的。基于此，商业计划书在编写过程中对数据的处理一定要细致，切不可出现数据前后不一致的现象，例如，财务预测中要用到市场分析与技术分析所得的结果，如果数字前后不一致，逻辑推理就会出现问题，商业计划书就不能自圆其说。数据不一致会引起读者对数据真实性的怀疑，进而诱发对创业者的诚信度、创业计划的可信度的怀疑，这是任何一个创业者都不愿看到的。所以，商业计划书完成以后，创业者还要检查文中各部分的相关联的数据是否出现冲突。

5. 目标具体，阶段任务条理化

一份好的商业计划书绝对不是一堆数据和表格胡乱拼凑在一起的大杂烩，它条理清晰、脉络分明、线路明确、层次感强，读起来清爽无比。

首先，任何一个计划都不可能一蹴而就，风险创业更是如此。风险投资开创事业的结局多数处于两种极端：或灿烂辉煌，或一败涂地。投身于风险投资就等于选择了与风险为伍。风险投资家一般被认为是不回避风险的人，风险就是他们的事业，但是他们在挑战风险的同时，也不喜欢风险无休止地膨胀，他们总是尽力试图将投资的风险置于自己控制范围之内，通过某些安排将风险最小化，所以大多数风险投资家在与创业者签订投资合同时，选择了分段投资方式，即给每一阶段设定一些目标，如果能够实现，就追加投资，否则将重新考虑与创业家的合作。风险投资家虽然也憧憬超额的投资回报，但他们是理性的，他们也希望创业者能解释自己的项目是如何一步步达到盈利的目标，每一步的论证都让人信服，这就如同证明一道几何题，缺了中间的步骤，最后的证明是不成立的。因此，创业者设计的商业计划书也应该将这一因素考虑在内，将创业进程划分为几个阶段，每一阶段设定不同的目标，给出企业不同的努力方向，而不是笼统地写出一个最终目标。

其次，阶段目标需表明创业者对创建的事业的信心。一份能将每一阶段该怎么做、做到什么地步规定得一清二楚的计划书至少说明这些事实，即计划的设计者是用了心的；他了解创业计划的各个步骤；知道创建的事业的发展方向和具体操作；知道所面临的困难和克服困难的可能性和措施等。浮夸的东西经不起推敲，很难在把它们继续细分的过程中保持逻辑的严密和前后连续性。

综上所述，一份阶段目标明确的商业计划书有助于加深投资者对创业者的了解，同时也使投资者对创业项目的可行性有了更深刻的认识，提高了创业计划获得风险投资的可能性。一份商业计划书应该是创业者知识、智能、才华的一个集中展现，创业者必须全身心地投入写作之中，力争呈现一份令人满意的商业计划书。

小组讨论

（1）为什么一份合格的商业计划书要求风格和数据一致？

（2）对比教材第1章的商业计划书的主要编写格式，教材第二部分的商业计划书重点解读省略了哪些内容？

（3）试了解商业计划书摘要和附录的作用。

知识链接

如何使手中的商业计划书变得更为完善？对商业计划书进行检查、包装以及评估是不可或缺的。

10.1 商业计划书的检查

在商业计划书完成之后，创业者最好再对计划书检查一遍，看一下该计划书是否能准确回答投资者的疑问，争取投资者对本企业的信心。通常，可以从以下几个方面对计划书加以检查：

（1）商业计划书是否显示出你具有管理公司的经验。如果你自己缺乏能力去管理公司，那么一定要明确说明你已经雇用了一位经营大师来管理公司。

（2）你的商业计划书是否显示了你有能力偿还借款。要保证给预期的投资者提供一份完整的比率分析。

（3）你的商业计划书是否显示出你已进行过完整的市场分析。要让投资者坚信你在计划书中阐明的产品需求量是确实的。

（4）你的商业计划书是否容易被投资者所领会。商业计划书应该备有索引和目录，以便投资者可以较容易地查阅各个章节。此外，还应保证目录中的信息流是有逻辑的和现实的。

（5）你的商业计划书中是否有计划摘要并放在了最前面，计划摘要相当于公司商业计划书的封面，投资者首先会看它。为了保持投资者的兴趣，计划摘要应写得引人入胜。

（6）你的商业计划书是否在文法上全部正确。因为计划书的拼写错误和排印错误能很快就使企业家的机会丧失。

（7）你的商业计划书能否打消投资者对产品/服务的疑虑。如果需要，你可以准备一件产品模型。

商业计划书中的各个方面都会对筹资的成功与否有影响。因此，如果对自己的商业计划书缺乏成功的信心，那么最好去查阅一下计划书编写指南或向专门的顾问请教。

10.2 商业计划书的包装

10.2.1 图表的处理

在编制商业计划书的过程中，有很多部分是文字的叙述，但同时也要使用一定的图表。这样创业者可以更简洁、客观地反映自身状况，可以让投资家在较短的时间内充分了解企业的实力。图表一般有两类：一类是与正在描述的内容关系密切，而且自身内容较少的。对于这样的图表，编制者可以将之直接插在相关正文中。另一类图表要么是自身内容过大，放在正文中影响整个计划书的连贯性，要么在计划书中起到的是备查的作用。像是企业的三大预测财务报表就属于后一类。对于这样的图表，可以将之集中列在附录中，一方面可以缩短计划书正文的内容，另一方面也便于投资家查询和使用。

许多软件系统，包括常用的棋盘式对照表和文字处理系统，都可以用来列表。切记，一定要用高质量的打印机来打印图表。

10.2.2 保密协议

保密是个重要问题。商业计划书因其涉及公司的发展战略，签订保密协议尤其关键。因为商业计划的暴露，有时会给企业带来致命性的打击。

当必须把商业计划的一部分信息提供给对方时，一定要与对方签订保密协

第二部分　商业计划书重点解读

议。保密协议要严格声明：对方有可能接触到商业机密，因此要承诺在未经允许的情况下不得使用或泄露机密。

做法可有多种：

（1）要求收件人在一份保密协议上签字。

（2）在文件中添加一段，对读者提出保密约束。

（3）尽量不把敏感性信息写进文件（但是文件中必须包括充足的内容才能令人信服）。

另外，还有一些常规的做法，如在商谈过程中商业计划书封面要打上"机密和专利"的字样。这样，一旦对方违反了保密协议，就可以利用法律手段保护自己。

保密协议的多寡和复杂程度随情况而异。如果保密协议属于商业计划书本身的一部分，那么应该把它放在首页并且说明：收件人一旦接受该文件，即视同收件人同意接受本协议的约束。需要注意的是，为执行保密协议的条款而采取法律行动的相当罕见，而且费用昂贵，对小型企业而言将是一个较重的负担。

10.2.3　封页

封页是每一个商业计划书的门面。尽管很少有人在看过封页之后再回头看一遍，但计划书的封页给人的第一印象也是比较重要的。因此，一定要精心设计封页，并且使之符合整个计划书的风格。

封页上必须拥有公司的名称、地址、电话号码以及其他联系方式，另外还要标注计划书拟定的日期。上述这些信息一定要用黑体字清楚地书写，要将这些信息置于封页上方，如果愿意，还可以附加上计划书的接收人以及联系方式。

如果你拥有一个引人注目的、设计上乘的广告标识语，也可以将它置于封页之上。或者也可以说公司的一个口号，当然这个口号一定要能够显示出公司的特色，并且能够达到交流与沟通的目的。

有些计划还将一些机密通知或是未公开的要求置于封页之上，为了便于搜寻，如果计划书有类似的敏感信息，最好控制一下计划书副本的数量，并且在封页之上予以编号。封页的作用在于能够证实公司的身份，此外的细节都是多余的。

以下是商业计划书封页的一般格式：

公司或者项目名称：
商业计划书
出版日期：××年××月
制定联系人：×××
职务：
电话号码：
传真：
电子邮件：
地址：
国家、城市：
邮政编码：
网址：

保密协议

本商业计划书内容涉及本公司商业秘密，所有权属于本公司。仅对有投资意向的投资者公开。本公司要求投资公司项目经理收到本商业计划书时做出以下承诺：

1. 妥善保管本商业计划书。
2. 未经本公司同意，不得向第三方公开本商业计划书涉及的本公司的商业秘密。收件人不得将本计划书全部/或部分以复制、影印、传递、泄露或散布给他人。
3. 本商业计划书不可用作销售报价使用，也不可用作购买时的报价使用。

商业计划书编号：   收方：
公司：   签字：
日期：

10.2.4 自荐信

如果有必要，还需要附上一份自荐信。自荐信可以看作计划的序言，它应该对你的与收信人联系的原因进行简短的介绍。自荐信提供了一个向收信人展示交往愿望的舞台，在争取投资者的路上前进了一步。此外，自荐信还可以详述一下你呈递计划书的条件，如果计划需要限期答复，或者强调由于这份计划的机密性需要返还，或者希望计划书接收人可以将计划书转交给其他对此感兴趣的人，你都可以在自荐信中指出。

10.3 商业计划书的评估

潜在投资者在决定对拟建项目进行投资之前，必须对商业计划书进行全面、系统、科学、严谨的审查评估。商业计划书是否能够顺利通过评估，是获得投资的关键。

10.3.1 主要评判标准

评估的关键标准是要判断拟建项目及其依托的企业是否处于适当的发展阶段,是否存在良好的市场机会,是否拥有满意的管理团队以及能否制定和实施一套稳健的商业计划。

10.3.2 对商业计划书的一般要求

(1) 编写格式是否规范,是否包含足够信息。

(2) 是否对项目可能面临的各种风险因素及项目的可行性进行了全面系统深入的研究。

(3) 数据的真实性和分析的逻辑性。要评估商业计划书中采用的数据是否真实可靠,市场分析预测结果是否令人信服,财务分析的方法是否恰当,结论是否可信,各种逻辑推理是否合理。

10.3.3 关键环节的评估要点

(1) 进入时机是否恰当。对于风险投资而言,种子期(研发阶段)和成长期(中试阶段)为最佳投资期;对于产业投资而言,推广期(小批量生产)和成熟期(已经成功进入市场)应为最佳投资期。

(2) 市场前景及营销策略。需要清晰界定目标市场和有吸引力的预期市场规模、竞争对手的市场占有情况,并重点评估对市场预测的推理逻辑是否合理,企业经营存在哪些市场风险,评估企业对目标市场的界定是否合理,目标客户群的规模及增长前景。评估市场竞争状况,分析对企业核心竞争力的界定是否恰当,市场营销计划是否完善,主要竞争优势及中长期竞争策略是否恰当,分析竞争对手对企业市场进入/增长的可能反应。评估本企业是行业业务发展模式的塑造者还是适应者,评估如何培育在行业中的核心竞争力,如何有效进入市场,分析谁会最早成为项目产品的目标市场人群。

(3) 项目管理团队。重点评估董事长、总经理、首席执行官以及技术开发、市场营销、财务管理等关键职位是否已有胜任人选,管理团队的最终组建方案。评估在关键职位的负责人技能和经验,分析其担任过的高级管理职位或其他成功业绩。如负责运营的副总裁应有在相关领域一流企业的工作经历,具备丰富的经营管理经验,有制定营销市场价值。对拟建项目的财务计划进行详细评估,包括投资总额及其构成、项目建设期及投资进度计划收入及成本费用预测的依据盈亏平衡和利润等情况。

(4) 治理结构。评估是否具备一套控制和管理企业运作的制度安排,治理结构能否有效解决管理层的激励问题,各利益相关主体的权利义务和责任是否明确，能否确保投资者在企业中的资产得到应有的保护和获得合理的投资回报。企业治理结构能否按照国际通行的规则进行安排。

（5）项目获利途径和投资回报。重点评估业务模型的选择情况、所确定的经营模式及企业盈利目标、评估项目可能的收入来源、影响成功的关键因素，分析业务模型的潜在回报是否具有吸引力。评估产品的价值定位，分析产品能为客户带来何种服务和市场价值。对拟建项目的财务计划进行详细评估，包括投资总额及其构成、项目建设期及投资进度计划、收入及成本费用预测的依据、盈亏平衡和利润等情况。

（6）技术及研发。评估所采用技术的成熟程度，是否经过中试阶段，与同类技术相比较所具有的领先地位，评估拟建项目的主要创新点，分析向消费者提供比市场上现有产品功能更强的产品或服务的途径和方式。评估所需资源的可获得性，能否控制非已所有的资源。

（7）投资者的股权安排。评估投资者所承担的风险能否与所获得的回报相匹配，股权结构安排是否合理，投资人的退出机制及撤资方式是否可行。

（8）商业计划执行的可信度。要求商业计划书的相关部分结构清晰，目标明确，计划合理，数据翔实，并能确保该商业计划书能够作为未来企业推进拟建项目的行动指南并予以贯彻实施。

自荐信与保密协议

1. 自荐信

首先，自荐信可以看作商业计划书的序言。

其次，自荐信提供了一个向收信人展示交往愿望的舞台。

最后，自荐信还可以详述一下你呈递计划书的条件。

【自荐信实例】

亲爱的麦尼尔先生：

阿尔夫·瓦尔顿写信建议同您商议关于投资于我新建公司的相关事宜。随函附寄商业计划书一份，详述了 Pairing Off 背后的决策和理念，新的因特网服务也正在逐步建立之中。关于员工、企业专家及未来的供货商那部分的计划初步进展得非常顺利。因此，寻找产权投资者的时机已成熟。

最近，我更加看好 Pairing 的前景。一些最新做出的报告表明因特网使用的增长速度远远超过我们在计划中所预期的。其中发展速度最快的方面体现在个人的创造性方面,其中包括网上交友。

最近,我们在吸纳有识之士加盟我们的队伍方面也取得了巨大成功。除此以外,我们还聘用了一位充满活力的程序设计师,他曾任职于网络商业领域的权威公司。我们还同 Laura Marchaca 签订了一份长期合同,该网站午夜主页中为青少年交往提供建议的专栏已在 200 多家报刊发表。

最后,我很希望抓住这次同您在 Pairing Off 这个项目上合作的机会。我大多数时间都会在办公室,你可以在任意时间拨打我的私人电话,(918) 555-××××。敬候佳音。

谨上
埃多尔都·阿尔曼

2. 保密协议

保密协议

本商业计划书属于商业机密,所有权属于(公司名称)。所涉及的内容和资料仅限于已签订投资意向书的投资者使用。收到本计划后,收件人即可确认,并遵守以下规定:

(1)若收件人不希望涉足本计划书所属项目,请按上述地址尽快将本计划书完整退回。

(2)在没有取得(公司或项目名称)书面同意前,收件人不得将本计划书的全部或部分予以复制、传递给他人、影印、泄露或散布给他人。

(3)应该像对待贵公司的机密资料一样对待本商业计划书所涉及的所有机密资料。

商业计划书编号: 收方:
公司: 签字:
                                       日期:

思考与分析

请根据第 2 章的初创企业商业计划书案例,为美味佳食品有限责任公司设计一份自荐信或商业计划书封面。

第三部分　商业计划书的应用

第三部分 商业计划书的应用

11. 商业计划书与创业融资

学习要点

- 什么是创业融资？
- 什么是风险投资？
- 如何找到合适的风险投资？

我国的风险投资最早萌发于20世纪80年代。太平洋彼岸的美国"硅谷"以及风险投资对新技术革命的推动作用，已经映入国人的眼帘；1985年，《中共中央关于科学技术体制改革的决定》指出："对于变化迅速、风险较大的高技术开发工作，可以设立创业投资给予支持。"这样风险投资在中国发展就有了政策上的依据和保证。

我国风投行业在2000年、2001年达到发展高峰，之后随国内创业板暂不开设和纳斯达克网络泡沫的破灭而走向低谷，直到2004年由于资本市场退出形势的预期好转以及网络潮的回暖，风投行业在总投资额上大幅攀升。随着中国经济持续稳定的高速增长和资本市场的逐步完善，中国的投资市场在近几年出现强劲的增长态势，中国市场的高回报率使中国成为全球资本关注的战略要地。

2010年，我国已经拥有720家风险投资机构，管理资金达到2046亿元，累计投资8693项，成为仅次于美国的世界第二大风投资本国家。与以往扎堆投资互联网行业不同，目前新一轮VC投资潮热衷传统项目，新材料、新能源、医疗保健、教育培训、餐饮连锁、清洁技术、汽车、环境等都是风险投资关注的投资热点。

课堂导读

创业与风险投资

中国经济的飞速发展，日益吸引着留学海外的中国学子回国创业发展。一个高科技项目，一个创业小团队，一笔不大的启动资金。这是绝大多数海归刚开始创业时的情形。不要说百度、搜狐这样的网络公司，就是UT斯达康这样的通讯公司，创业伊始，也不过是三两个人。只是因为不断得到风险投资基金的融资，这些公司才最终从一大批同类中脱颖而出。

海归创业投资事业经历了近十年的发展，规模日益壮大。在纳斯达克上市的中国企业共40多家，总市值300多亿美元；在纳斯达克上市的中国企业中，高管大多有海外留学背景；在纳斯达克上市的中国企业正推动新技术及传统产业发展，创造了企业在中国发展、在海外融资的新模式。

在纳斯达克上市的中国企业，已突破了互联网和高科技公司的范围。有来自多行业、多领域的公司登陆纳斯达克，对此，纳斯达克中国首席代表徐光勋指出，"这些公司在纳斯达克上市，它们带来的中国概念也被国际市场所接受。这对中国企业而言，无疑是好事。在纳斯达克上市的中国企业中，高级管理层大多拥有海外留学背景"。他们中有海归企业亚信科技创始人田溯宁、百度董事长兼首席执行官李彦宏、中星微电子有限公司董事长邓中翰、空中网总裁杨宁、北极光的邓锋、网讯公司（WebEx）创始人朱敏、携程网及如家快捷酒店创始人沈南鹏、携程网董事会主席梁建章、北京新东方教育集团董事徐小平、展讯通信科技

第三部分 商业计划书的应用

有限公司总裁武平等诸多成功引领企业登陆华尔街的海归人士。

以北京中关村科技园区为例，在纳斯达克上市的来自中关村科技园区的中国企业中，海归企业为数不少。这些在纳斯达克上市的海归企业，正在由推动国内新经济、新技术、互联网等诸多领域的发展，扩展到推动中国传统产业的发展。

以百度、新浪、搜狐、携程、如家等为代表的一批留学人员回国创业企业给国内带回了大批风险投资，这种全新的融资方式，极大地催化了中小企业的成长。同时，国内几乎所有国际风险投资公司的掌门人大多是海归，IDG资深合伙人熊晓鸽、鼎晖国际创投基金董事长吴尚志、赛富亚洲投资基金首席合伙人阎焱、红杉基金中国合伙人沈南鹏、金沙江创业投资董事总经理丁健、美国中经合集团董事总经理张颖、北极光创投基金创始合伙人邓锋、北斗星投资基金董事总经理吴立峰、启明创投创始人及董事总经理邝子平、德克萨斯太平洋集团合伙人王竑等掌管各类风险投资基金的海归人士。大部分风险投资都是通过海归或海归工作的外企带进国内的。这些投资促进了国内对创业的热情，促进了一大批海归企业和国内中小企业的发展，同时也带动了国内风险投资行业的进步。

（1）你知道国内有哪些著名的风险投资机构吗？试列表写出。
（2）创业、商业计划书、风险投资的关系是怎样的？试画出关系图。

▶ 11.1 什么是创业融资

对创业者来说，能否快速、高效地筹集资金，是创业企业站稳脚跟的关键，更是实现二次创业的动力。据了解，目前国内创业者的融资渠道较为单一，主要依靠银行等金融机构。实际上，风险投资、民间资本、融资租赁等都是不错的创业融资渠道。

11.1.1 天使投资：创业者的"婴儿奶粉"

天使投资是自由投资者或非正式风险投资机构，对处于构思状态的原创项目或小型初创企业进行的一次性的前期投资。天使投资虽是风险投资的一种，但两者有着较大差别：天使投资是一种非组织化的创业投资形式，其资金来源大多是民间资本,而非专业的风险投资商;天使投资的门槛较低,有时即便是一个创业构思,只要有发展潜力,就能获得资金,而风险投资一般对这些尚未诞生或嗷嗷待哺的"婴儿"兴趣不大。

对刚刚起步的创业者来说,既吃不了银行贷款的"大米饭",又沾不了风险投资"维生素"的光,在这种情况下,只能靠天使投资的"婴儿奶粉"来吸收营养并茁壮成长。

例如,牛根生在伊利期间因为订制包装制品时与谢秋旭成为好友,当牛根生自立门户之时,谢秋旭作为一个印刷商人,慷慨地掏出现金注入到初创期的蒙牛,并将其中的大部分股权以"谢氏信托"的方式"无偿"赠与蒙牛的管理层、雇员及其他受益人,而不参与蒙牛的任何管理和发展安排。最终谢秋旭也收获不菲,380万元的投入如今已变成10亿元。

11.1.2 创新基金:创业者的"营养餐"

近年来,我国科技型中小企业的发展势头迅猛,已经成为国家经济发展新的重要增长点,政府也越来越关注科技型中小企业的发展。同样,这些处于创业初期的企业在融资方面所面临的迫切要求和融资困难的矛盾,也成为政府致力解决的重要问题。

有鉴于此,结合我国科技型中小企业发展的特点和资本市场的现状,科技部、财政部联合建立并启动了政府支持为主的科技型中小企业技术创新基金,以帮助中小企业解决融资困境。创新基金已经越来越多地成为科技型中小企业融资可口的"营养餐"。

例如,兰州大成自动化工程有限公司自运行一年来,主要进行产品开发,几乎没有收入,虽然技术的开发有了很大的进展,但资金的短缺越来越突出。当时正值科技型中小企业技术创新基金启动,企业得知后非常振奋,选择具有国际先进水平的"铁路车站全电子智能化控制系列模块的研究开发与转化"项目申报创新基金。为此,他们进一步加快了研发的速度,于1999年12月通过了铁道部的技术审查,取得了阶段性的成果。正因为企业有良好的技术基础,于2000年得到了创新基金100万元的资助,它不仅起到了雪中送炭的作用,而且起到了引导资金的作用。同年,该项目又得到了甘肃省科技厅50万元的重大成果转化基金,教育部"高等学校骨干教师资助计划"12万元的基础研究经费。2001年,针对青藏铁路建设的技术需求,该项目被列入甘肃省重点攻关计划,支持科技三项费用30万元。

11.1.3 中小企业担保贷款:创业者的"安神汤"

一方面中小企业融资难,大量企业嗷嗷待哺;另一方面银行资金缺乏出路,四处出击,却不愿意贷给中小企业。究其原因主要在于,银行认为为中小企业发放贷款,风险难以防范。然而,随着国家政策和有关部门的大力扶植以及担保贷款数量的激增,中小企业担保贷款必将成为中小企业另一条有效的融资之路,为创业者"安神补脑"。

例如,上海一家高科技公司属国内一流艺术灯光景观建设专业企业,开发了数十项产品。在强大的科技研发能力支持下,该公司业务发展迅速。与业务发展相伴而行的则是资金困境。工程类企业的行业特点是资金回笼速度慢,营运资金占用情况严重。但由于公司规模较小,又缺乏与银行合作的信用记录,获得银行融资困难重重。

2005年底,该企业得到中投保提供保证担保的80万元流动资金贷款,由此,该公司近两年取得了快速发展,2007年6~7月,该公司先后中标2008年北京奥运场馆照明工程合同。

11.1.4 政府基金:创业者的"免费皇粮"

近年来,政府充分意识到中小企业在国民经济中的重要地位,尤其是各省市地方政府,为了增强自己的竞争力,不断采取各种方式扶持科技含量高的产业或者优势产业。为此,各级政府相继设立了一些政府基金予以支持。这对于拥有一技之长又有志于创业的诸多科技人员,特别是归国留学人员是一个很好的吃"免费皇粮"的机会。

例如,2001年,在澳大利亚度过了14年留学和工作生涯的施正荣博士,带着自己10多年的科研成果回到家乡无锡创业。当无锡市有关领导得知施正荣的名声和他的太阳能晶硅电池科研成果在国内还是空白时,立即拍板要扶持科学家做老板。在市经委的牵头下,无锡市政府联合当地几家大型国企投资800万元,组建了无锡尚德太阳能电力有限公司。有了政府资金的鼎力支持,尚德公司有了跨越式发展,仅仅3年时间销售额已经过亿元,成为业界明星企业。

11.1.5 典当融资:创业者的"速泡面"

风险投资虽是天上掉馅饼的美事,但只是一小部分精英型创业者的"特权";银行的大门虽然敞开着,但有一定的门槛。"急事告贷,典当最快",典当的主要作用就是救急。与作为主流融资渠道的银行贷款相比,典当融资虽只起着拾遗补阙、调余济需的作用,但由于能在短时间内为融资者争取到更多的资金,因而被形象地比喻为"速泡面",正获得越来越多创业者的青睐。

例如,周先生是位通讯设备代理商,前段时间争取到了一款品牌新手机的代理权,可是问题在于要在三天内付清货款才能拿货,而他的资金投资在另一商业项目上，他可不甘心失去这得来不易的代理权。周先生脑子转到了自己的那辆"宝马"车上，于是，他马上开车来到典当行。业务员了解情况后告诉他：当天就可以办理典当拿到资金。周先生大喜过望，立即着手办理典当手续，交纳相关证件、填表、把车开到指定仓库、签合同、领定金。不到半天的工夫，他就拿到了他急需的 50 万元，一个月后来赎当，这笔当金帮他赚了近 10 万元。

11.2 认识风险投资

在英语中，风险投资的简称是 VC，与维生素 C 的简称 VC 如出一辙，而从作用上来看，两者也有相同之处，都能提供必需的"营养"。广义的风险投资泛指一切具有高风险、高潜在收益的投资；狭义的风险投资是指以高新技术为基础，生产与经营技术密集型产品的投资。根据美国全美风险投资协会的定义，风险投资是由职业金融家投入新兴的、迅速发展的、具有巨大竞争潜力的企业中的一种权益资本。

11.2.1 风险投资的基本特征

（1）权益投资。风险投资不是一种借贷资本，而是一种权益资本；其着眼点不在于投资对象当前的盈亏，而在于他们的发展前景和资产的增值，以便通过上市或出售达到蜕资并取得高额回报的目的。所以，产权关系清晰是风险资本介入的必要前提。

（2）无担保、有高风险的投资。风险投资主要用于支持刚刚起步或尚未起步的高技术企业或高技术产品，一方面，没有固定资产或资金作为贷款的抵押和担保，因此无法从传统融资渠道获取资金，只能开辟新的渠道；另一方面，技术、管理、市场、政策等风险都非常大，即使在发达国家高技术企业的成功率也只有 20%~30%，但由于成功的项目回报率很高，故仍能吸引投资人。

（3）流动性较小的中长期投资。风险投资往往是在风险企业初创时就投入资金，一般需经 3~8 年才能通过退资取得收益，而且在此期间还要不断地对有成功希望的企业进行增资。由于其流动性较小，也被称为"呆滞资金"。

（4）高专业化和程序化的组合投资。由于创业投资主要投向高新技术产业，加上投资风险较大，要求创业资本管理者具有很高的专业水准，在项目选择上要求高度专业化和程序化，精心组织、安排和挑选，尽可能地锁定投资风险。为了分散风险，风险投资通常投资于一个包含 10 个项目以上的项目群，利用成功项目所取得的高回报来弥补失败项目的损失并获得收益。

（5）投资人积极参与的投资。风险资金与高新技术两要素构成推动风险投资事业前行的两大车轮，二者缺一不可。风险投资家（公司）在向风险企业注入资金的同时，为降低投资风险，必然介入该企业的经营管理，提供咨询，参与重大问题的决策，必要时甚至解雇公司经理，亲自接管公司，尽力帮助该企业取得成功。

（6）追求超额回报的财务性投资。风险投资是以追求超额利润回报为主要目的的一种投资行为，投资人并不以在某个行业获得强有力的竞争地位为最终目标，而是把它作为一种实现超额回报的手段，因此风险投资具有较强的财务性投资属性。

11.2.2　风险投资的四大要素

（1）风险资本。风险资本是指由专业投资人提供的投向快速成长并且具有很大升值潜力的新兴公司的一种资本。在通常情况下，由于被投资企业的财务状况不能满足投资人于短期内抽回资金的需要，因此无法从传统的融资渠道如银行贷款获得所需资金，这时风险资本便通过购买股权、提供贷款或既购买股权又提供贷款的方式进入这些企业。

（2）风险投资人。风险投资人是风险资本的运作者，是风险投资流程的中心环节，其工作职能是：辨认、发现机会；筛选投资项目；决定投资；促进风险企业迅速成长、退出。资金经由风险投资公司的筛选，流向风险企业，取得收益后，再经风险投资公司回流至投资者。

风险投资人大体可分为以下四类：

1）风险资本家（Adventure Capitalists）。他们是向其他企业家投资的企业家，与其他风险投资人一样，他们通过投资来获得利润。但不同的是风险资本家所投出的资本全部归其自身所有，而不是受托管理的资本。

2）风险投资公司（Venture Capital Firm）。风险投资公司的种类有很多，但是大部分公司通过风险投资基金来进行投资（风险投资公司除通过设立风险投资基金筹集风险资本外，同时也直接向投资人募集资本，公司本身也采用有限合伙制形式，投资人成为公司的有限合伙人，公司经理人员成为公司的一般合伙人），这些基金一般以有限合伙制为组织形式［虽然有限合伙制（LP）是主要组织形式，近年来美国税法也允许选用有限责任合伙制（LLPs）和有限责任公司（LLCs）形式作为风险投资公司另一种可选组织形式了］。

3）产业附属投资公司（Corporate Venture Investors/direct Investors）。这类投资公司往往是一些非金融性实业公司下属的独立的风险投资机构，它们代表母公司的利益进行投资。和专业基金一样，这类投资人通常主要将资金投向一些特定的行业。

4）天使投资人（Angels）。这类投资人通常投资于非常年轻的公司以帮助这些公司迅速启动。在风险投资领域，"天使"这个词指的是企业家的第一批投资人，这些投资人在公司产品和业务成型之前就把资金投入进来。天使投资人通常是创业企业家的朋友、亲戚或商业伙伴，由于他们对该企业家的能力和创意深信不疑，因而愿意在业务远未开展进来之前就向该企业家投入大笔资金。

（3）风险企业。如果说风险投资家的职能是价值发现的话，风险企业的职能是价值创造。风险企业家是一个新技术、新发明、新思路的发明者或拥有者。他们在其发明、创新进行到一定程度时，由于缺乏后续资金而寻求风险投资家的帮助。除了缺乏资金外，他们往往缺乏管理的经验和技能。这也是需要风险投资家提供帮助的。

（4）资本市场。资本市场是风险投资实现增值变现的必经之路，没有发达完善的资本市场，就不可能使风险投资获得超额回报，从而使风险投资人丧失了进行风险投资的原动力。

11.2.3　风险投资的运作流程

通常风险投资交易始于风险投资公司对商业计划书的筛选到交易的完成，以至最终风险资金的退出。具体可分下列几个程序：

（1）初次筛选。风险投资公司每天都收到大量的执行总结和商业计划书。在初次筛选时投资专家通常只看执行总结或商业计划书的执行总结部分，每份通常大约只花几分钟时间。一旦发现他们感兴趣的他们才会花一些时间看完整个商业计划书，或要求创业者提供完整的商业计划书。

（2）项目审议。风险投资公司对感兴趣的商业计划书提交给其投资小组进行初步审议。通过了初步审议，风险投资通常会建立一个项目评估小组，对项目进行进一步全面的审议。他们会向申请风险融资的企业要求更全面的企业背景资料，通常包括：

- ➢ 注册登记文件。
- ➢ 企业章程。
- ➢ 董事会和股东资料。
- ➢ 董事会纪要。
- ➢ 重要的业务合同。
- ➢ 法律和财务方面的合同。
- ➢ 详细财务报告。
- ➢ 资产清单。
- ➢ 知识产权方面的文件。
- ➢ 管理团队的背景资料和员工方面的情况。
- ➢ 法律诉讼和保险方面的资料。

➢ 政策法规等方面资料。

审议将会涉及的方面有：

➢ 行业审议。
➢ 技术审议。
➢ 市场审议。
➢ 财会审议。
➢ 法律审议。

（3）项目谈判。风险投资公司的项目评估小组下一步将与企业的管理层或创业者就有关问题进行谈判。涉及的主要问题通常包括投资形式、将来融资、资金使用、股本结构、股权转化价格、股权注册权限、其他股东的义务、上市、董事会组成、核心人员招募、财务状况披露、股份购买协议、交易达成的前提条件、排他性、交易费用。

（4）交易完成。风险投资公司将与投资企业或创业者签署有关的法律文件，这些文件通常需要有关的律师来准备。同时涉及对企业的现有章程进行修改，并须报有关部门批准和备案等。

从初次筛选到交易完成通常需要 90~150 天。

（5）项目跟踪。风险投资公司的一名合伙人或投资专家将参与所投资企业的董事会，跟踪项目的实施，商业计划的执行情况，经营管理情况等，同时帮助企业制定有关的商业策略、进一步融资计划和提供一切必要的支持。风险投资公司也会全力以赴地帮助企业，使其风险投资获得成功，资本最大限度地增值。这种跟踪和帮助直至风险资金退出投资的企业。

（6）风险资金的退出。风险资金到一定的时间必须退出，通常为 5~7 年，甚至达 10 年。通过退出来实现资本增值的价值。退出的途径主要有上市、被并购、资本重组、被企业回购。

11.3　如何找到适合的风险投资

风险投资人的投资考察过程往往要耗费企业高级管理人员很多的时间和精力，从而分散了管理人员对业务经营的注意力。在寻找风险资本家来源的同时，创业者对风险投资商的资质也要进行审查，因为在投资期间他们要进入董事会指导企业决策，提供增值服务并在企业的后续融资中起着非常重要的作用。

第一步是了解每个风险投资基金评估潜在投资机会的参数，例如：

➢ 专注的行业（如 IT、医疗保健、消费品或媒体）。
➢ 专注的区域（许多公司只在特定的区域投资）。
➢ 投资的阶段（种子、早期、成长期或扩张期）。

把你排除在投资条件之外的风险投资，接触他们只是浪费时间。花时间列出通过第一步筛选风险投资的名单。

第二步是进一步缩小这份名单：

> 风险投资的专业能力（风险投资是否能明白你的价值主张，能否"懂你"）。

> 潜在的冲突（该公司具有的专业能力，是否是来自曾经投资你潜在竞争对手）。

> 可用的资本量（VC公司是否有足够的资本参与一系列的融资）。

考察对方专业能力时，关注对方公司中具有专业能力的具体合作伙伴。"公司"通常不带来附加价值，该合作伙伴能。潜在的冲突是非常重要的，及早发现，不要浪费宝贵的时间用来培训潜在竞争对手的投资者。同样，接近尾声的基金投资者不可能支持你的整个发展周期。

第三步是从其他的创业者处，了解风投的声誉：

> 他们能带来附加价值吗？

> 当事情变得棘手，他们会和你共患难吗？

> 他们对募资有帮助吗？他们通常是积极的支持者吗？

> 与他们合作的公司会再次与他们合作吗？

创业者并不总是有机会挑选投资者，但至少要制作一个投资者优先表。与风险投资公司的合作是长期的：事先了解清楚，总胜过之后后悔。

第四步是在名单排序的基础上，确定想与谁合作，然后想办法让自己的公司被热情地介绍给该公司特定的合伙人。

风险投资公司每年评估成百上千份潜在投资。通常情况下，只有不到1%能获得该公司的融资承诺。一个受信任下属的"热情推荐"将使你在候选名单中位置前移一些。推荐人越被信任，你可能越快得到一个初步的积极或消极的回应。积极的回应意味着一个初次会面，消极的反应是进一步收集情报的机会，很可能是通过受信任的下属。一个高质量的"不"，也可以帮助你调整和改善你的融资技巧。

投资集团总是能够比单个投资者给创业者提供更多的帮助。这将使你的公司获得更广泛的投资经验和网络，而且使创业公司和团队与投资者之间更加平衡。不管因为什么，当你需要更多资本时，投资集团有更大的投资潜力。当然，与投资集团共事，要求你除了做好上述的四步，还要选择出能够相互合作的多家公司。

第三部分 商业计划书的应用

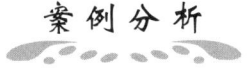

风投经典案例：IDGVC 投资深圳金蝶

核心提示：接受风险投资两年后，2001 年 2 月，金蝶国际在香港创业板成功上市。此时，IDGVC 持有的深圳金蝶股份在 20%左右。此后三年间，IDGVC 通过数次套现资金，回收高达 2 亿港元，投资回报率达到 10 倍。

案情概览

在应用软件领域，人们常言"北有用友，南有金蝶"，可很少有人知道这一市场格局的形成很大程度上是源于 1998 年 5 月 1 日的一次风险投资。

这天，国内 IT 业诞生了继四通利方后数额最大的一笔风险投资。投资方是来自全球最大的信息服务提供商 IDGVC（国际数码集团）。该集团分两次向从事财务软件研发的深圳金蝶豪掷 2000 万元，成为占其 25%股份的股东。从 IDGVC 募集而来的资金将被金蝶用于科学研究以及拓展国际业务。这是中国财务软件行业获得的第一笔国际风险投资。

通过此笔国际风险投资的引入，深圳金蝶的资金实力大为增长，其各项指标出现了井喷式的增长：人员从 10 多年前初创时的 5 名发展到现有的 3200 多名、营销网络遍及全世界、年均营业额以 50%的高速增长……今日的金蝶已经成为国内软件业的标杆，并与我国软件业的另一劲旅——用友形成双分天下的态势。目前，金蝶公司的 ERP 软件在中小企业市场中名列第一。在中国财富百强企业中，有一半选择金蝶的信息化解决方案。作为中国本土财务、管理软件的领导厂商之一，金蝶对我国产业结构的调整和整个社会信息化的发展起到了不容低估的作用。

接受风险投资两年后，2001 年 2 月，金蝶国际在香港创业板成功上市。此时，IDGVC 持有的深圳金蝶股份在 20%左右。此后三年间，IDGVC 通过数次套现资金，回收高达 2 亿港元，投资回报率达到 10 倍。在创业板上市四年后，2005 年 7 月，金蝶国际在香港联合交易所主板成功上市。

案例关键词解析：适时、团队、空间、协助

深圳金蝶能够成功吸引 IDGVC 的精髓在于"适时、团队、空间、协助"这八个字。在风险投资的适时吸纳下，金蝶的发展周期整整缩短了一年，风险投资俨然成了金蝶快速发展的发动机。

适时。从现在来看，1998 年 IDGVC 对深圳金蝶的风险投资无疑是场及时雨。当时，国内的软件产业是一种高收益、高投入、高风险的"三高"行业，在回报巨大的同时，也存在极大的经营风险。而自深圳金蝶成立以来，其营业收入和利润等主要经济指标每年都以300%的速度增长。这时，仅靠深圳金蝶自身的积累已不能满足企业战略和可持续增长的需要。金蝶对大额资金的需求如饥似渴。但1993~1998年，虽然深圳金蝶数次主动向银行申请，也几次有银行上门来洽谈，但因为没有足够的资产作抵押，也缺乏担保，最终只获得了80万元贷款。事实证明，深圳金蝶向银行贷款这条路走不通。而此时，IDG广州太平洋技术创业投资基金找上门来了。这一介入对深圳金蝶来说无疑具有里程碑式的意义。

在寻找风险投资方的过程中，深圳金蝶没有经历国外风险投资申请那样的复杂程式，既不存在中介服务机构的介入，也没有提交过项目建议书，投资竟然是主动找上门的。双方短短3个月的闪电般接触，就达成了合作协议。

团队。美国风险投资之父General Doriot曾说："可以考虑对有二流想法的一流企业家投资，但不能考虑对有一流想法的二流企业家投资。"在IDG广州太平洋技术创业投资基金对深圳金蝶进行考察之时，对IDG董事长麦戈文做出投资决定起着突出作用的就是深圳金蝶以思想开放的徐少春为首的管理团队。这个团队的突出特点是具备超前的战略眼光和企业战略设计能力，始终保持着稳固的务实风格和创新精神。IDG十分注重对风险企业家和他的管理团队的评估，特别看重被投资人的能力、知识、经验、个人人品和团体协作能力。考察结束后，麦戈文对深圳金蝶董事长徐少春给予了高度的评价，认为深圳金蝶是一个有远见、有潜力的高新技术企业，深圳金蝶的队伍是一支年轻而优秀的人才队伍，值得投资。

空间。IDG是以参股形式对深圳金蝶进行投资的，投资后成为深圳金蝶的股东之一，享有股东的权利。但IDG坚持不控股、不过问经营的投资原则，只是通过不断地做一些有益的辅助工作，如介绍和引进专家做报告、开研讨会、帮助企业做决策咨询、提供开发方向的建议等方式来施加影响。而国内的投资机构，要么很管，要么不管，徐少春称之为"越位"和"缺位"，从而导致效率不高，不利于企业的发展。第一笔资金到位后，IDG委派王树担任金蝶的董事，对深圳金蝶进行监控，但王树不过问深圳金蝶的经营。在这看似宽松的合作之下，风险投资带给深圳金蝶的风险意识和发展压力却陡然增加。因为按照深圳金蝶与IDG的合作协议，深圳金蝶必须在获得第一笔投资后的一年间，达到双方规定的目标，即在1997年的基础上，1998年取得200%增长，才有资格获得IDG的第二笔1000万元的投资。正是这种风险压力，促使深圳金蝶迅速地调整自己。

风险投资方IDG这种不直接参与投资对象日常管理的做法，为金蝶赢得了宝贵的空间。然而金蝶却反过来要求IDG参加金蝶的市场活动，扩大金蝶的影响力。比如，深圳金蝶过去对软件的开发高度重视，而对市场占有率却相对忽视。风险投资资金进入后，提出的收入和利润增长指标，都需要依靠市场来实现，于是市场占有率便成了深圳金蝶的营销重点和宣传重点。这就如同催化剂一般，加速了整个公司的成长，金蝶的分支机构由21家猛增到52家，代理商达到360家，员工从300人增加到800人，销售额增长了200%，1998年销售额约为1.5亿元，可见风险投资的影响是潜移默化的。1998年深圳金蝶有着出色的市场作为，根据国家信息产业部信息中心的统计数据指出，深圳金蝶在财务软件市场上的份额由1997年的8%提升到1998年的23%，为财务软件行业成长性最好的企业。

协助。IDG董事长麦戈文在1998年投资时曾说过："IDG全球12000名员工，将帮助你们成为中国ERP市场的领导者。"的确，IDGVC给金蝶带来的不仅是2000万元投资，而且还通过帮助金蝶与国际大公司进行交流，增加金蝶的商业资源，从而进一步拓展金蝶产品的国际性销售渠道，使深圳金蝶在成为国际性的财务软件公司的成长中更上一层楼。

在金蝶历史上具有战略意义的Windows版财务软件也是在美籍华人赵女士的启发之下开发出来的。此外，金蝶在与国际投资方的接触当中，还经历了富有创造激情的国际化商业文化。

当然，金蝶董事长徐少春也认为，外国风险投资机构的意见也必须要进行中国特色的加工。比如外国股东曾提出去纳斯达克上市，但金蝶认为自己虽然是一家外资企业，然而它的主要实体还在国内，中国香港恰恰是一个华人世界，与内地交流没有问题。金蝶只要有一点声音，马上就会反映给投资者，这有利于股票市场与公司经营业绩挂钩。同时中国香港作为自由港也属于全球开放市场的一部分，未来金蝶成熟了，要从这里去更大的市场上也不难。

"金蝶风投案"带给风险企业的启示

风险投资企业和风险企业是互利共赢的关系。从个人天使资本到全球著名的风险投资机构，风险投资为金蝶公司的生存发展提供了强劲的动力引擎，并赋予其高屋建瓴、卓尔不群的企业素质。与此同时，风险投资机构也获得了超常的巨额利润。

初创的金蝶由于技术、市场、财务等方面存在很大的不确定性，因此无法在公开资本市场上找到资金。而缺乏资产可以抵押与担保的金蝶更难指望从以安全经营为第一要务的银行那里获得借贷资本支持。

资金问题成了金蝶发展的极大障碍，此时专事私人权益投资的风险资本恰当地扮演了"及时雨"的角色。由于风险投资是一种高能资本，它相对其他资本形态具有更强烈的获取超常利润的逐利动机和耐受风险、迎难而上的现实态度，因此在风险投资关系中，风险资本家与企业家实际上是在共同创业。

从风险资本家与企业家达成初步投资协议时开始，双方就是一种合作关系，共同计划融资方案，寻找尚缺资金，以求最终实现投资。此后双方继续紧密合作，共同的目标只有一个让企业顺利成长并促其最终成熟，使企业家圆其创业梦，风险资本家也得以撤出投资获得高额回报。

在我国众多的风险企业中，风险投资家自己找上门来，要求投资，而且给予创业者高评价的企业为数甚少。金蝶能够成功引入国际风险投资证明，处于初创期的高科技企业要想得到风险投资基金的青睐，自身必须具备优良的素质，有自己独特的优势。

在"金蝶风投案"中，深圳金蝶所属的财务及企业管理软件行业，作为中国软件产业结构中份额占比最大的产业，正处于发展的黄金期，市场潜力巨大，加之国家的政策倾斜，整个行业的发展前景都十分看好。在这个欣欣向荣的行业中，深圳金蝶又处于市场领头羊的地位。同时，深圳金蝶具备了对软件新技术和市场环境的敏锐感以及超前意识，培养了优秀的战略眼光和战略设计能力，以及稳定、优秀和不断充实的人才队伍……这些优秀的品质不可能不打动风险投资家，以致IDG董事长麦戈文感叹："没有哪一家我投资的公司能让我这么骄傲！金蝶除了在市场上取得的巨大成就和优秀的组织以外，还在产品和服务上拥有独特的技术。它是中国发展步伐最快的财务软件公司。"

"风险投资说到底是对企业家的投资。"几乎没有人会怀疑，金蝶过去10年的快速发展，深深得益于掌门人徐少春卓越的领导能力，而在风险投资家的眼中，金蝶董事长徐少春无疑属于那种值得信赖但却实在稀少的企业家。

金蝶的成功给中国的民营科技企业带来了这样一条成功轨迹：

——通过引入高能风险投资（资金），打造产权结构与治理机制的全新平台（制度）。

——借重并强化企业家的领袖才能（人才），形成独特的创业环境与文化氛围（环境）。

——专注于高屋建瓴、富于前瞻性的技术创新（技术），尽可能多地创造股东价值（通道）。

思考与分析

（1）风险投资家和企业家应该是一种什么样的关系？
（2）深圳金蝶在哪些方面吸引了IDG的投资？
（3）来自IDG的风险投资对金蝶产生了怎样的影响？

第三部分 商业计划书的应用

12. 商业计划书的演示

学习要点

- ◆ 在向投资人介绍你的商业计划书之前,需要做哪些准备?
- ◆ 商业计划书演讲幻灯片的制作需要遵循哪些原则?
- ◆ 商业计划书的演讲内容包括哪些方面?

如果你的商业计划书引起了一位投资人或银行家的兴趣,或者需要与其他竞争者竞争商业机会,你通常需要对自己的商业计划书进行口头介绍。这时,你希望自己做好了充分的准备,充满信心,泰然自若地向别人推荐你的商业计划。如果介绍进展顺利,那么距离获得你所需要的投资就更近一步。如果失败,你的进步就会受到影响,也意味着你希望实践商业机会的尝试暂时受阻。

课堂导读

向 PE/VC 做融资演示的实用技巧

技巧 1:每家 VC 都有自己的风格

在融资演示之前,你应该了解每家 VC 的喜好,尽量多地收集内部信息。他们有博客吗?他们是关注当前财务状况还是关注长远发展目标?他们真正关注创业者的什么特质?他们喜欢什么形式的演示?如果你无法事先找到这些背景信息,那么你在演示的过程中,要注意观察一些信号并及时做出调整。

在融资过程中,跟不同的 VC 演示的 PPT 内容基本相同,但对每家 VC 也要有一些针对性的修改。

技巧 2:提高 PPT 的效率

PPT 本身是不会说服 VC 投资你或你的企业的,VC 更不可能在私下看了你的 PPT，然后就告诉你："我是给你签支票呢还是直接现在就给你现金？" PPT 只不过是你的辅助工具。关键是怎样尽量有效使用它。对于新手来说，一定要做一个有视觉冲击力的 PPT，充斥着大量提纲、大段文字、很多细节，而没有视觉冲击的 PPT 是只会让人昏昏欲睡的。一张图片抵得上千言万语，通过运用图片和寻找能够表达你意思的图片，你会更认真地考虑 PPT 中你要表达的意思，并且如何表达。

VC 跟所有普通人一样也喜欢好看一点的 PPT，加上一些让人眼前一亮的东西会让 PPT 看起来更专业和认真。

技巧 3：保持平常心

创业者在作融资演示的时候，不要感情用事，这一点说起来容易做起来难。不要因为 VC 提了一些五花八门的问题而丧气或者生气，不要为那些不理解、不喜欢、不相信你的想法的 VC 而苦恼。形形色色的 VC 有很多，每家对你的反馈都会不同。VC 也是普通人，没什么特别的。

你事先对他们了解越多，你就会越容易达到这种"来者不惧"的状态。如果你知道某个 VC 跟创业者第一次见面时总是很粗暴，那就随他去吧，不要和他计较。

即便你什么都没准备，也不要担心什么。并不是要每个人都喜欢你，也不是要每个人都理解你。你越不在乎他，你越会觉得从容和放松，演示也会越成功。

技巧 4：关掉你的电脑屏幕保护程序

在创业企业 CEO 作演示的时候，我们常常会对某个问题进行长时间的讨论。在讨论的时候，CEO 用来投影的电脑不要休息。有些 CEO 在屏幕保护出现的时候惊慌失措，即便 VC 当时根本不是在看他的电脑屏幕或投影。大部分 VC 不会在意，但是，如果这种事情会让你分心，那么在你开始演示之前，最好关掉屏幕保护程序。

技巧 5：在午餐会议时，不要吃太多

跟 VC 的午餐会议，对你不是真正的午餐会议，因为你将是那个需要讲话的人。记住，你去开会是为了给 VC 演示你的公司，也就是说，VC 在填饱肚子的时候，你需要演示和回答问题。一定会有你的一份食物，但你可能没有时间吃掉它。如果你的血糖偏低，或者肚子饿的时候容易分神，建议在午餐会开始之前，抓紧时间往嘴里塞点东西填填肚子。

技巧 6：提前到 VC 的办公室

一个好的 VC，他每天的时间都是安排得满满的，他只不过是给你预留了一段时间来听你演示商业计划。通常，对于第一次会面，一般是 1 个小时或者 1.5 小时。跟你会谈之后，VC 可能马上要跟另外一个创业者见面，或者跟某家被投资的公司打电话，因此，你没有太多的时间让 VC 了解你。

你要提前到VC的办公室，因为你可能会遇到一些烦人的技术问题，比如，电脑和投影仪的连接、网络连接、产品或方案展示等。因为只有很少的时间向VC演示公司前景，不要把时间浪费在鼓捣电脑、投影仪接线这些事情上。早点到的话，你就有充足的时间做准备并做个预演，最好能有时间把你的创意再重新过一遍。请你记住，此时可能有另外一个创业者正在隔壁会议室，准备给同一个VC演示他的创意。

虽然我们可以探讨会议迟到是否没有礼貌，但毋庸置疑，用越多的时间介绍公司，你就会获得越多的机会。

技巧7：跟投资早期项目的VC见面，不必穿西装打领带

要是创业者在进入会议室的时候，看到管理团队穿西装打领带，我们通常会觉得很痛苦。并不是不要穿得正式，只是说你给早期投资人作演示的时候，穿衬衣、外套会比西装领带更好（穿运动装也没什么问题）。

在其他地方创业者跟VC会面的时候，也许不适合这条技巧。

我想这条技巧的真实意思是：如果你不知道穿什么好，你可以咨询一下。因为大部分VC都可能会有一个行政助手帮助他安排会议，你可以很容易地问问他，以避免在会议室里出现尴尬。或者你直接打总机，问问大部分创业团队给他们基金作演示的时候穿什么衣服。

技巧8：VC想要多听听你们团队的介绍

对于创业企业来说，团队介绍是最重要的内容之一。VC愿意对这些创始人有尽量多的了解。这可能是一种感觉，因为大部分VC投资的是创意，但这些创意还没有转化成真正的业务。所以，创始人和管理团队就是你的业务。

不管什么原因，CEO在谈论他们的业务的时候，有时会忘记介绍团队的背景和辉煌的历史成就，这种事比你想象的要频繁得多。不要被VC"给我再多介绍一点你的团队"这样的问题搞得措手不及——准备好一个完美的回答让VC印象深刻。不要让VC觉得你是在吹牛皮，要给VC提及你的重大成就及你在其中所扮演的角色。比如，这样的说法就很棒："我是×公司的第三位员工，在我加入两年后，我们将公司以×百万美元的价格出售了。"或者"我手下有30个人"。或者"我上一家公司在XYZ领域获得了重要的知识产权"。

技巧9：带一个保存有演示文件的U盘

跟VC的第一次面谈，你通常需要作融资演示。VC有投影仪，你需要把你的PPT在屏幕上展现出来。通常将你的笔记本电脑连接到投影仪是一件很容易的事情，但是，有时候不是这样。

创业者可以把演示文件拷贝到U盘里，VC可以打印出来看。这样让VC更容易了解他的公司并听他作介绍。

这种事不是经常发生，但我们每个月要看大量的创业企业，所以，这种问题出现的概率很低，但后果很严重。你只有一次展示自己的机会，谁愿意为了一个愚蠢的投影仪把自己搞得很紧张、狼狈，你本来是准备让会议室的 VC 为你的公司兴奋不已的。U 盘是解决技术问题的一个不错的保障，不要指望上网发 E-mail 的方式来接收演示文件，VC 办公室里给你打印文件的人，更愿意接受 U 盘。

技巧 10：调好财务模型格式，以便打印

如果你把 Excel 格式的财务模式发送给 VC，要确保至少财务模型的摘要部分调整成便于打印的格式。我知道这可能听起来有点愚蠢——毕竟，你是要为企业的成长去融资，而不是凭 Microsoft Excel 技巧去赢得什么奖项。但你要知道 VC 可能会怎样查看并且使用这个模型。通常，模型会由一名助理直接在 E-mail 中打开并打印，并在 VC 走进会议室跟你见面之前，把它递交到 VC 的手上。这个时候，VC 会看着模型，然后想："这个创业者都不知道怎么预测公司的资金需求。"

这听起来有点荒谬？有 VC 和基金的几个合伙人与一个创业者会谈。在前几天，创业者曾通过 E-mail 将财务模型和融资 PPT 文件发给了基金的一个合伙人和他的助理——这些都是对的。这个合伙人看着他电脑里的这两份文件，并让他的助理打印出来给参加会议的其他 VC 看。当谈到公司资金需求及资金用途时，所有合伙人都拿起了那份打印的财务模型，它已经被分解成了 40 页，因为没有调整成便于打印的格式（也完全是浪费纸张），有一半的打印页上只有一列数字，让人几乎难以解读，创业者意识到这样的混乱是由于格式错误引起的。当 CEO 试图在投影仪上演示财务模型时，一个合伙人提出创业者似乎并没有搞清楚公司的现金需求。

这很不公平，因为创业者能建立这个模型就已经很不错了，只不过是没有把格式调整到便于打印而已。但是，对于参加会议的大部分 VC 合伙人，这是他们第一次看到你的财务预测模型。现在 VC 合伙人（已经花了时间对公司有所了解）和创业者不得不对财务预测和创业者的能力进行"攻防对抗"，公司的资金使用计划的战略意义已经不再讨论了。这种让他们转移重点的事情也是可以很容易避免的。

因此，当你把财务模型（或者其他材料）发给 VC 的时候，就要想到 VC 的助理可能会把它打印出来。把格式调整好，让它在电脑里看起来不错，打印后看起来也不错。

技巧 11：如果你在演示时要用 WebEx 视频会议系统，提前用邮件把演示 PPT 发过来

保证直拨电话也可用 WebEx 和其他类似的视频会议系统很有用，但是会有一些风险。最近有个公司设置 WebEx 就让 VC 合伙人等了 15 分钟，但 VC 只给他们安排了 1 个小时的会议时间，所以，他们的演示时间就缩短了。

第三部分 商业计划书的应用

不要让技术问题耽误你跟VC的宝贵时间，你只有很有限的时间去打动VC。提前给VC发一份演示PPT不仅可以让VC在跟你见面之前有所准备，而且你也可以避免浪费时间（通常这些技术问题不是他们的服务出了问题，而是创业者这里出了问题）。

当你需要作一个产品演示的时候，VC喜欢看产品演示，这时WebEx最有用。

技巧12：不要给VC展示他们投资后能够获得的IRR（投资回报率）

给VC作退出分析、计算出他们投资你的公司之后能够获得的巨大回报，这是你能犯的最大而且是最初级的错误之一。VC不需要你告诉他投资之后能够赚多少钱，计算退出回报是VC的一项工作内容。下面这样的话或者内容会让VC感觉不舒服：

给我们投资500万美元，4年后将会变成15亿美元。

按投资前1200万美元估值，投资人可以获得2532倍的投资回报。

很明显，如果公司能够在3年内从零做到5000万美元的收入，肯定能获得投资回报。你试图告诉VC他们确切能够获得多少回报是没有必要的。你应该详细解释公司是如何从零成长到5000万美元收入水平的，而把退出模型留给VC自己做吧。

技巧13：技术型的VC喜欢产品和服务演示

就像小孩儿喜欢闪光的东西一样，关注IT的VC喜欢新产品和新服务的演示，当然，前提是你的产品是可以拿出来演示的。很显然这对于很多创业企业来说，是行不通的，特别是"动物排泄物转变生物燃料"的创业者，就不必把他们的转换器拿到VC的办公室里了。但是，如果你能够把"存储硬件设备"的样品让VC传看，这会让你的融资演示更能给VC留下印象。另外，看到一个新的网络应用模式常常会让大部分VC比较激动。所以，你在融资的时候，要利用这一点。

如果你的公司还没设立或者商业计划书还不会写，你的产品演示不会让你获得投资的。但是你要给潜在投资人展示你的产品可以使用，让他们想象一下你的产品如何解决用户面临的某些问题。

技巧14：不要盲目自信

大胆和乐观是对的，你需要向VC展示你对自己的创意的信心，并且你也可以给VC灌输一些你认为真实、有用的信息。但是，你需要提供背后的假设条件来支持你的说法。你不需要将每条假设都说透，但基本的要涉及。"这背后有一些重要的假设……"之类的话就管用。

技巧15：不要急着要钱

都说谈钱伤感情，跟VC也是这样，一开口就要多少多少钱是没有用的。当

> 商业计划书

你作演示的时候，需要向 VC 展示你创业的激情，这一点并不难。你当然也希望 VC 跟你一样兴奋，但是你无法平白无故地把你的兴奋传递给 VC，你也无法仅仅凭着一个概念说服 VC。你需要给他们实实在在的想法和做法才能让他们兴奋：你卖什么东西？怎么卖？收入模式是怎样的？一旦哪个 VC 能够理解你，并通过他自己的判断，把你的激情、想法和做法这三者牢牢地联系在一起，那你离拿到钱就更近了一步。

向 VC 融资是很困难的一件事，需要做大量的准备，还要结合技巧与经验，而创业者很少具备这些。你需要很好的演讲技巧、无穷的热情和一份完美的并且内容充实的推销计划。当然，这还需要一点运气。

(1) 为什么对于创业企业来说，团队介绍是其中最重要的内容之一？
(2) 怎样才能做出吸引 VC 的 PPT？

12.1 商业计划书的演示准备

商业计划书的演示同商业计划书本身一样重要。当你向别人口头介绍自己的商业计划书时，你的观众不只关注你的计划书，他们同样关注你和你的团队。如何推销自己、你的面部表情、你的幻灯片、你怎样应对困难问题等这些特征，对于观众来说，都是评判你是否是一个有效经营者的线索。

12.1.1 商业计划书与执行摘要

融资的第一步应该是准备完善的商业计划书，它是有效的敲门砖，助你与潜在投资者建立联系。现在你已经瞄准了一个行业，并且知道了谁会对你的商业计划书感兴趣，下面要做的就是联系他们。你手上必须要有一份关于你公司的执行摘要，主要内容应该包括：这个商业机会的要点（你做什么）、市场细分（你的客户是谁）以及为什么你会成功（你相对竞争对手有什么优势）。执行摘要通常是个 4~5 页（或者更少）的文件，不包括任何保密内容，可以通过电子邮件发给潜在投资者。

执行摘要是商业计划书的前几页，用来给读者一个指引。一份商业计划书应该描述公司的整个发展策略,包括管理团队、市场策略、产品与服务、市场分析、营销策略、风险应对等。商业计划书不需要 100 页那么长,也不是三五页就可以的,它的含金量在内容,不在页数和格式,它必须内容丰富,并且明确说明你的竞争优势以及获得投资后的增长空间及财务收益状况。

在商业计划书里面,你需要解释清楚这个商业机会是什么,你将给市场提供什么样的解决方案,你将如何执行你的策略,以及你为什么会成功。图片、数据、表格可以帮助你表达你的观点。

商业计划书里面最重要的部分是财务预测。投资者在寻找成长性机会,但是不代表会盲目地夸大对成长性的期望。风险投资者通常会做出资金的预测,与你的数字进行对比,因此你需要做好资金的预测,并且准备好用事实回答他们将提出的问题,这个时候,除非你自己精通财务和金融知识,甚至明白些资本运营的基础知识,否则,最好请专业的财务顾问或融资顾问提供帮助,而不是利用简单的加减法来做财务预测。

保证你的商业计划书具有严密性的一种很好的方式是:按照自下向上的方式来组织计划书(从你手头的资源推导出潜在的收入),并且按照自顶向下的方式来怀疑计划书(从整个目标市场规模推导出你的市场份额)。这种方式将使商业计划书有一种逻辑上的严密性。

商业计划书的财务预测将会在谈判中被使用,并且将会成为投资之后的业务目标指导。创业者,作为公司管理者,将会按照这个预算下达到的业绩来被评价。

同时注意,在谈到任何机密信息之前,可以签一个保密协议。你当然不希望你的商业计划书被提供给第三方,用这种法律保证的方式,你可以保护自己的权利。

12.1.2 公司估值与顾问咨询

(1) 对自己的商业机会进行估值,并准备好谈判底线。

📖 商业计划书

　　投资者用来对潜在交易进行估值的技术没有多少变化。你应该自己预先做好准备，给你的公司估值。这将会避免因为你和投资者的期望不同而导致的没完没了的谈判。投资者通常使用比较法来对你的公司进行估值，也就是说用类似公司的价值作为参考（这里的类似公司是相同细分市场里面的公司，如果是公开上市公司就用其市值，或者用被并购时的交易价值）。另一种常用的估值方法是现金流预测折扣法，每个投资者都有自己的风险因子，用来作为在这一方法中折扣。你可以自己先用这些方法来自我估算一下。

　　通常有这样一个误解：开始的时候先做一个较高的估值来申请融资，之后才能够达成一个适中的协议价值。这样做通常会使你失去很多潜在投资者，因为他们会认为这么高的一个估值，与自己的期望值相差太大，很难达成协议。所以比较好的方法是：开一个你认为是合适的价格，然后坚持住这个价格。一般来说这个价格已经会高于投资者的心理价位了，因为创业者与财务投资者所感受到的风险往往是不同的。

　　与互联网泡沫高点时期相比，现在的投资者会花费更多的时间在项目考察过程上，包括与客户交谈、做背景调查、访问目标公司、寻找外部推荐人、听取融资顾问的意见等。成功的项目通常一轮考察要持续3~4个月，有时甚至长达1年（一般而言，考察是在投资方情愿的前提下，费用投资方自担，创业者不需支付任何费用，除非你找的是中介或骗子）。

　　许多投资者由投资委员会来做出批准决定，在交易的不同阶段，只有获得批准通过，交易团队才能继续进行下一步。

　　第一个批准通常发生在初始调查结束之后，是在投资者拿出投资条款表（Term Sheet）之前。

　　第二个批准通常发生在谈判之后，以及各方开始交流最终合同文件草案之前。

　　在这两次对批准进行审核的委员会会议上（或者甚至进行调查之中），交易都可能被终止，导致融资失败。

　　（2）可能会需要有经验的法律、财务以及融资顾问提供帮助。律师将会帮助创业者与潜在投资者的法律代表打交道。你和律师的交流和合作将帮助你更好地融到资金，同时，又很好地保全自己的利益和权利。当雇用你的律师时，需要确保他有很强的公司法律专业知识，最好是以前有过风险投资交易方面的经验。同时，律师的专业建议对于保护你的知识产权也很重要。

　　尽管投资者往往强调法律帮助的重要性，创业者应该自己和投资者谈好商业方面的问题（估值、股权分配、资产流动性偏好等）。这种谈判产生的文件被称为投资条款表，其背后的思想就是用简单的语言描述交易各方的权利和义务。一旦你与投资者达成了协议，律师的任务就是确认投资条款表中的所有条款完整表达了你们的协议,然后以法律文件的形式写出来。投资条款表是写这些文件草案的指导书,因此是比较简化的,实际的交易文件将包括各方的权利和义务方面的更多细节。

财务专家的作用则是在你对未来企业估值、股权分配、现金流设计以及融资方案设计的过程中,提供相对科学、严谨的参考意见,以避免你在没有融资成功之前,就低价把自己卖了,或者避免你错误地计算财务数据,后期给自己造成无法完成的绩效考核评估值,阻碍企业的发展和影响投资人的信心。

融资顾问的作用则相对全面一些,好的融资顾问,至少本人应该懂财务、法律和企业管理、市场营销等方面的知识,即使不是全能,也起码具备各个方面的经验,但融资顾问的更大作用则体现在商业计划书撰写阶段、融资过程的谈判阶段和帮助寻找其他投资人的作用上,有一个相对专业的融资顾问,创业者在商业计划书撰写、寻找投资人、商务谈判、项目路演等各个阶段,都会有帮助。

12.2 商业计划书演讲

12.2.1 演讲的准备

与投资者见面时,你必须就你的商业计划书做演讲,参加会议,并且介绍将和你一起执行这个项目的团队。记住,团队中的某个人将作为随后融资过程的领导者,通常公司创立者中的一个将作为首席执行官(CEO),或者首席财务官(CFO),花费很多时间来做融资工作(通常是其100%的时间)。你也许必须重复几十次讲你们的故事,但是这些时间花得值得。保持乐观和主动,如果你不知道,不要回避,就说你不知道好了。另外,也不要过度推销你的商业计划书。

如何有效地准备和进行商务演讲非常重要。

首先,尽可能多搜集听众信息,这可能需要你做些跑腿的工作。所有的风险投资公司都有自己的网站,上面会列有公司曾经投资的企业和合作伙伴,通过网络搜索和仔细调查也很容易得到有关投资者的背景信息。如果你的商业计划书要与其他对手一起竞争,那么了解考官的姓名及其背景资料也十分必要。

其次,需要弄清楚自己拥有多少时间并提前做好规划。演讲的重要注意事项就是严格控制时间。如果一群投资者告诉你拥有一个小时的发言时间,但最后半小时是用来接受提问的,你就必须在30分钟内结束演讲,不能延时。同时,着装也要得体,如果你不能确定自己到底应该选择怎样的衣服,可以打电话给即将面试公司的前台,咨询着装事宜。一般情况下,应该身着正装而不应随意穿戴,但如果你要面试的公司拥有标志明显的T恤或其他印有公司名称或标识的衣物,你的团队成员可以选择这样的服装。此外,即使你还是刚入门的新手,也应带好名片。

反复练习演讲也同样重要。许多有经验的创业者在同事和其他观众面前反复练习，以期准确控制演讲时间和获得大家有用的反馈。观摩别人的演讲也是个好办法，从中能总结出一些成功和失败的经验。在许多领域都有商业计划书的竞赛，如果条件允许最好能亲临比赛现场。网络上也有许多演讲的资源，如许多首次公开募股的公司都要对他们的投资银行进行一次"巡回推荐"。

最后，你要尽可能多地了解演讲场地的情况。如果你要在一个小会议厅里演讲，通常不需要做过多的调整，但如果你要置身于一个较大的舞台，你就需要通过扩大幻灯片字体或设计更新颖的方法向更多的观众演示。

12.2.2　商业计划书的 PPT 制作技巧

决定由谁来完成演讲是进行演讲的第一步。如果你是单独创业，很显然演讲将由你独自完成。如果你们是一个团队，让更多的团队成员参与进来是个不错的选择，可以展示团队成员之间的良好合作，激发听众的兴趣与注意力，也使得听众对每一个参与演讲的人都有所了解。

演讲时需要利用好手中的幻灯片（即 PPT）进行口头描述。幻灯片的作用是提供一个总体的框架以及你发言内容的重点，并不是要代替你向人们展示商业计划，你和你的小伙伴才是关键，这点通常很难做到。一份融资 PPT 需要不断完善，不会是一蹴而就的。制作商业计划书的 PPT 有如下技巧：

12.2.2.1　长话短说，深入浅出

做商业计划书 PPT 最重要的原则是"长话短说，深入浅出"。好的 PPT 封面就是"项目名称+一句话"的描述，如"小米电视：做年轻人的第一台电视"，言简意赅，指向明确。另外，封面上还要体现你的参赛组别，方便感兴趣的评委联系你。

人们常常为了听众方便把幻灯片制作得尽可能详细，但这是个误区。幻灯片内容应该简明扼要，只包含主要标题和一些解释性语句。观众应该把大部分时间花在听你演讲而非阅读幻灯片上。只有当幻灯片需要供人审阅而非用来做演讲时例外，这时幻灯片要制作得尽可能详细，必须涵盖你的整个商业计划内容。

演讲幻灯片的制作需要根据演讲环境的不同而做出改变，适应不同的需要。一些专家建议在制作幻灯片时可以遵循 6-6-6 法则，即每行不要超过六个字词，每页不要超过 6 行，连续 6 张纯文字幻灯片后需要一个视觉停顿（采用带有图、表、插图的幻灯片）。太多花哨的点缀会使幻灯片显得过于烦琐且密集，"致命幻灯片"、"幻灯片毒药"就是用来形容它们的。一场二三十分钟的演讲尽量不超过 12 张幻灯片。

12.2.2.2 做到"信达雅"

做融资 PPT 的三大常见问题：

(1) 内容有问题，商业模式自己就没梳理清楚，或者没内容、没数据。

(2) 内容没问题，但呈现出来很凌乱。

(3) 内容没问题，条理也不乱，但是丑。

要解决这三大问题，关键是要在做 PPT 过程中做到"信达雅"。

信：准确。即数据内容真实、准确、全面。拒绝浮夸或者造假。

优秀的创业项目应该在亮相的时候穿件美丽的衣裳。因为项目越优质，商业逻辑就越清晰，数据就越好看，就越不需要绞尽脑汁粉饰美化。

这个需要创业者对项目前期的充分的积累和准备，如组建团队、研究市场、梳理商业模式、实际的运营并做出实在的数据。这与电影为什么成为烂片，主要不是因为演员不会演，道具不够美，而是剧本不行，是一个道理。

除非你打算什么都没有只想靠吹牛融资，否则谁也帮不了你。

达：通顺。在 PPT 中表现为逻辑清晰通顺。

同样，PPT 好不好，直接表现为是否能立观点，并完整、清晰表达观点主张。因此，逻辑清晰最直接关系 PPT 质量，能否让投资者觉得你这个项目好。

那么，这份 PPT 中的核心信息应该有你想说的、对方应该知道的、对方想听的。

具体内容应该包括：

> 我们的项目是什么？
> 市场环境如何——现状、趋势。
> 行业痛点是什么——痛点。
> 我们能做什么——我们的价值。
> 我们怎么做——商业模式。
> 我们凭什么——优势。
> 我们是谁——团队、资质。

这些要素，如果缺少了，直接影响到投资者对项目的评价，即我投资到他这个项目未来到底有没有增值空间，最终能不能赚到钱。

雅：视觉上绝不能丑。

逻辑清晰是 PPT 的核心要求，而 PPT 能不能出彩则在于视觉体验。要打动投资者，少不了一些感官的刺激。

(1) 字。少即是多：PPT 不是 Word 的图片版。呈现文字力求生动简洁，提纲挈领。但是自己的演讲笔记里可以多准备。

注意：不要用宋体，字体的大小最好在 32 以上。

（2）图。信息可视化：商业计划书 Word 文字版应该转化为更加生动简洁利于传播的符号。如图标、图表等。

图片一定要高清、不能变形、风格要统一，并且图文要相关。背景图一定不要过于花哨，容易让观众产生疲劳，还容易丑。

注意：找大图去全景网，找小图去 iconpng。

（3）颜色。

字体颜色：黑或白。如果黑色或者白色字体都不好看，那就是 PPT 背景没选好。

背景颜色：纯色背景最好，颜色不应该太杂。更高级一点是纯色加渐变，可参考乔布斯、罗永浩的 PPT。

（4）动画。要重视过渡动画。一些很炫的动画，要使用一定得分场合，并用在合适的时机，如开场或者结束。用错不如不用，还显得土。

（5）信息分配。

分配：每页都应该有重点，每页的信息都不应该超过 3 个。

强调：重点应该得到强调，方法有加粗、加大或者加框。

（6）一定要掌握的几个软件工具。

Excel 很重要，因为数据是投资者非常看重的！而数据转化成的图表又会成为 PPT 的核心信息。另外还有 PS、AI 等绘图工具。

（7）几个 PPT 制作神器。美化大师、PDF 转 PPT 的神器 PDF Converter、晶格化背景的制作神器 image Triangulator、图片无损放大神器 BenVista PhotoZoom Pro、ok 插件。

（8）从模仿开始，自己动手做。这是所有 PPT 达人的经验。从模仿开始，边学边自己拆分，然后动手做。

12.2.3　商业计划书的路演技巧

（1）永远不要把演讲变得乏味。卓越演说家 Mark Jason Dominus 曾经说过："如果要在娱乐性和知识性之间选择，作为演讲者你应该选择前者。人们会愿意把生命中 45 分钟交给你。" 即使面对一个再有潜力的商业机会，也没有人愿意去听一个枯燥乏味的演讲。

为了达到这一点，以下提供一些小技巧：

- 介绍一下个人经历或趣闻轶事。
- 保持幽默。
- 通过手势或激昂的语调显示你的热情。
- 在关键点介绍时邀请几名观众辅助参与。
- 展示产品的样品。

除了以上几条外，你也可以使用一些其他的技巧，如演讲中通过观众提问而有意停顿，或提高你的声调，使用丰富的表情来吸引观众的注意。麻省理工学院做过的一项权威调查验证了这些技巧的有效性，根据这项调查，沟通设计三个层面：

> 视觉（身体语言）占 55%。
> 声音（语音语调）占 35%。
> 口头表达（用语用词）占 7%。

（2）鼓舞你的观众。进行商务演讲时，还有一个重要的指导思想需要明确，就是不仅要向你的观众传达信息，关键是要感染鼓舞他们。既可以用明显的方式，也可以在不知不觉中感染他们，比如通过介绍个人经历或传奇轶事向观众表明为什么你认为你的事业如此重要并全身心致力于它的成功。举例来说，根据 PAF 创始人杰里米·瑞安的经历，他个人对健身的关注源于他父亲的一次意外。他的父亲在 49 岁那年因为心脏病差点丧命，但通过加入健身中心定期锻炼又重获健康，现 73 岁退休在家，仍保持旺盛精力。在他的商业计划书演讲中，杰里米通过父亲的经历说明，加入健身中心锻炼使得他的父亲身体健康，延年益寿。类似这样真诚的故事，只要能与你的商业计划书有机联系起来，经常能使观众产生共鸣。

（3）反复演练，找到最佳状态。路演的大招，就是"演练"，多演练，继续演练，不断反复演练。路演的第一步是要先准备好 PPT，PPT 的翻页速度最好是每分钟 1~2 页。PPT 准备好了之后，就要进入第二步，准备与 PPT 相对应的路演的文字稿，把想说的落在笔端，多次反复修改，直至最后背下来。第三步进行全过程反复演练，找到最佳状态，找到 PPT 翻页与文字稿的最佳结合点，加入肢体语言，不断对 PPT 进行打磨与润色。

12.2.4 演讲的内容

一次精彩的商业计划书演讲还有一个决定性的因素，就是演讲的内容。很显然，你不可能在一份 25~35 页的商业计划书或一场二三十分钟的演讲中传递所有的信息。所以，你必须把重点放在观众认为最重要的部分。对于风险投资者来说，你的企业发展速度和预期收益率是他们关注的重点；对于银行家来说，你的现金流是否可以预测以及怎样最大限度地降低风险是他们的关注重点。你必须预先确定观众关心的敏感问题，然后依此组织你的演讲内容。

本节的商业计划书演示由 12 张幻灯片组成。根据专家建议，每张幻灯片用时两分钟左右，正好适合一场二三十分钟的演讲。在演讲前，尽量保证你的听众人手一份你的商业计划书，可多带一些备用。

以下是商业计划书的演讲范例。

📖 商业计划书

演讲一般由一张标题幻灯片开始,它在正式陈述前等待观众的准备阶段用于投影播放。

```
                    公司名称/标志
                    创始人姓名
                    创始人联系方式


                    致谢人
                    日期
```

注释:这张幻灯片必须醒目、整齐,务必至少包含有一位创始人的联系方式。必须在首页幻灯片标记上正确的日期以及致谢人,使得演讲更加人性化。

```
                    第 1 张:概述
  ● 产品或服务的简要介绍
  ● 演讲要点的简单介绍
  ● 这项商业活动带来的潜在收益(商业的、社会的及财务的)的简要介绍
```

注释:这张幻灯片应该使观众对于你的这项商业计划以及它的潜在价值有个总体上的认识。适合插入一些故事、轶事或是统计数据生动地向人们展示这项计划的重要性。如果上来没有抓住观众注意力的话,下面就很难办到了。针对你的观众量体裁衣,设计一些发言。如果你的商业计划书中有些闪光点,不妨在这里提出。

```
                    第 2 张:问题
  ● 说明亟待解决的问题
       ——问题在哪?
       ——为什么顾客对现有状况不满意?
       ——问题未来的出路是什么?
  ● 通过调查研究证实问题
       ——潜在顾客的需求是什么?
       ——专家的观点
  ● 问题的严重性
```

注释:首先得提出问题(比如说没有专门针对 50 岁以上中老年人的健身中心),接着说明你的公司(下一张会提到)就是为了解决这个问题。你必须通过原始调查或间接调查验证你的观点。原始调查非常重要,向观众证明你通过与潜在顾客的对话,了解到他们认同你对问题的看法。也可以引用行业专家或服务机

第三部分　商业计划书的应用

构的分析结果,但没有什么比你自己的数据更加令人信服。向观众传递问题的严重性,这些问题通常意味着一个巨大的潜力市场,进而吸引投资人的兴趣。

第 3 张：解决办法
- 说明你的公司就是问题的解决办法
  ——展示你的解决办法与其他解决方案相比的独特之处
- 展示你的解决方案在多大程度上改变顾客的生活,是更富足还是更高效、更实用
- 说明为了防止他人短期内抄袭你的方案设置了什么壁垒

注释：说明你的公司就是问题的解决办法,证明为什么你的解决方案优于别人。还是拿 PAF 的例子来说,已经有许多通用健身中心为中老年人开放,但只有这一家是专门面向中老年人的。说明你的公司将会对顾客的生活产生多大的影响：是微不足道,还是适度或是很多?你也要提到有关抄袭的问题。你怎样防止他人立刻复制你的创意?这里就要牵涉到有关专利和知识产权的问题,你也会因此尝到作为先驱者的甜头。

第 4 张：机会和目标市场
- 清楚地定位具体目标市场
  ——描述保持目标市场广阔前景的商业和环境趋势
- 最好能用图表展示目标市场的规模、预期销售额(最少三年)和预期市场份额
  ——说明怎样达到你的销售额
  ——准备好解答对数据的疑问

注释：清楚地定位具体目标市场。如果你认为有必要,用图示表明怎样进行市场细分。用语言展示你对目标市场以及消费者行为已经有相当了解。具体说明保持目标市场广阔前景的相关趋势。用产出额展示目标市场的规模、最少三年的预期销售额和预期市场份额。图表一定要制作得漂亮些,它能打破那种主要依赖文字进行演讲的枯燥感。要在听众中留下一种对预期的销售额具有高度合理性支撑的印象,并随时准备解答对数据的疑问。

第 5 张：技术
- 如果有需要,介绍你的产品(或服务)的独特之处
  ——不要笼统地论述总体技术方面
  ——使你的描述简单易懂
- 展示产品的图片、相关描述或是样品
  ——如果可以的话,演讲时最好能展示产品的样品
- 说明可能涉及的知识产权问题

注释：这张幻灯片并非必需，但通常情况下都会有。你必须介绍你的技术或是产品服务的任何不寻常之处，务必使用通俗易懂的语言。展示产品或服务的图片（用一个艺术家的作品就足够描述了），可能的情况下展示一个样品。如果你的产品存在一个可展示的样品，演讲时务必带上。如果你创建的是服务性行业，如 PAF、小册子或中心每天的大事记都可以作为样品的内容，还要说明可能涉及的知识产权问题。

第 6 张：竞争

- 详述直接、间接、未来竞争者
- 展示竞争者分析方格
- 通过竞争者分析方格说明你与竞争对手相比的竞争优势
  ——说明为什么你的竞争优势是持久的
  ——如果你的退出策略是被某个实力更强的竞争对手收购，不妨在这里提出这种可能性

注释：展示你面临的竞争格局。不要保守地陈述你目前及将来面临的竞争情况以致降低可信度。通过竞争者分析方格从视觉上更加直观地描述你的竞争优势。说明为什么你的竞争优势是持久的。如果你的退出策略是被某个实力更强的竞争对手收购，不妨在这里提出这种可能性。说明你的竞争优势会给潜在兼并者带来什么益处。

第 7 张：市场和销售

- 描述总体市场计划
- 描述定价策略
- 说明销售过程
  ——说明行业内消费者（厂商）的购买动机是什么
  ——说明怎样唤起消费者对你的产品或服务的注意
  ——说明产品怎么样抵达最终消费者
- 说明是自己培育销售力量还是与中间商合作

注释：从描述的总体市场计划开始，说明定价策略，是使用成本加成定价法还是价值定价法。阐明你的价格与竞争对手相比如何。说明销售过程，让观众了解清楚你怎样唤起消费者对产品或服务的注意，以及产品怎样抵达最终消费者。如果你打算建立自己的销售队伍，谈谈销售人员的酬劳问题。如果你已经展开对消费者购买动机调查或其他有关消费者对该产品的认知的调查测试，不妨在这里公布结果。

> 第8张：管理团队
> - 介绍你现有的管理团队
>   ——介绍他们的个人背景与专长
>   ——介绍他们的背景、专长对这份事业的成功发挥了怎样的作用
>   ——介绍团队如何展开合作
> - 说明管理团队现存的缺陷以及你打算如何弥补
> - 简要地介绍你的董事会或顾问委员会成员

注释：观众会把管理团队看作你事业成功的一个关键因素。介绍团队的组成以及成员的背景、专长对公司的成功发挥的重要作用。如果你已经组成了一批董事会或顾问委员会成员，简要地就关键人物做个介绍。通过展示成员的技能，概括说明管理团队现存的缺陷，并提出你打算如何弥补。如果你已经集结了一批优秀的队伍（如员工或顾问），可以简要谈谈你是如何用自己的理念感染他们的。如果观众发现你能够把一群出色的员工或顾问招至麾下，他们也会相信你能把产品卖给愿意花钱购买的顾客。

> 第9张：财务规划
> - 介绍未来3~5年你总体的收入规划及现金流规划
>   ——尽量把规划内容集中在一张幻灯片上
>   ——如果显示的字体太小，就换另一张幻灯片

注释：务必保证如果有人对细节问题询问时有实际的数据支持。对你的数据了如指掌，如果有人对这份规划中的任何数字提出疑问，回答时不能有迟疑或磕绊。准备对数据背后的假设进行解释。按行业规范给出你的预计销售利润表。

> 第10张：现状
> - 用数据突出已经取得的重大进展
> - 介绍发起人、管理团队、前期投资者已经向企业投入了多少资金
>   ——说明资金是如何被使用的
> - 介绍企业现有的所有权结构
> - 介绍企业的产权形式（如有限责任公司、非纳税公司、普通公司）

注释：通过企业已经取得的重大进展介绍企业的现状。介绍发起人、管理团队、前期投资者已经向企业投入了多少资金，以及资金是如何被使用的。投资者特别关注你的资金使用是否有效率，不要削减已取得成果的价值。介绍企业现有的所有权结构（可以用图表示）和企业的产权形式。

> 第 11 张：财务要求
> - 介绍你想要融资的渠道及资金使用方式
>   ——渠道和资金使用方式的介绍要尽可能具体，尤其是资金的使用方式
> - 介绍资金筹得后与其能取得的重大进展

注释：这张幻灯片具体介绍你想要融资的数目及资金的使用方式。如果你的演讲对象是股权投资者，那么，你就得准备阐述拟让渡出多少股份；如果是想获得银行贷款，交代清楚想获得贷款的期限。介绍资金筹得后能够取得的重大进展。

> 第 12 张：总结
> - 总结企业最大的优势
> - 总结创业团队最大的优势
> - 介绍企业的退出战略
> - 征求反馈
>   ——如果有可能的话召开后续会议

注释：当演讲接近尾声时，要总结一下在风险创业和创业团队中最具有优势的地方（最多三点），要介绍企业的退出战略。如果面对的是银行股权投资者，要征求反馈信息。如果你参加的是一个创业计划书竞赛，还要感谢评委的工作，并准备好回答提问。

12.3 融资谈判与公司发展

12.3.1 投资条款表与尽职审查

拿着你的商业计划书并且经过一些讨论之后，投资者会拿出一个投资条款表，上面写了他们需要的条款，从而可以继续下面的投资过程。一般来说对于这个投资条款表，可以有一段时间让双方来谈判，继续对投资条款表进行更新，从而达成一致，最后形成一个最终版本。

一旦每个人都同意了这些条款，尽职审查的过程就开始了。如果你已经准备好了相关的合同文件，并且更新了所有法律和税务文件，这个过程可以被大大加快。许多公司准备好一份尽职审查书，以及所有需要的文件的一份拷贝，当投资者需要时就提供给他，这样做可以表现出一种专业性的沟通方式。有时需要雇用独立的审计师和律师，通常由创业公司支付其费用，用来评估所有的公司潜在负债（人事、税务等方面）。这些分析中如果有对公司不利的结果，一般通过谈判

的方式进行沟通，尽可能减少对现有投资者产生负债的影响。

12.3.2 公司治理结构的改变

如果这是你第一次把你的公司所有权分配给别人，你需要意识到，即使你仍然持有大多数股份，投资者通常也将会对公司治理结构和透明度做重大的调整。现在公司创立者是在为股东工作了，而不仅是为自己。

投资者会试图构造一个平衡的董事会，他们能够充分地发表观点和获取信息。他们会要求得到董事会席位，并建立某种特权，从而保证能做关键的决策，或者对某些事务具有否决权。这些做法的理念就是为了当公司策略发生改变，但其没有董事会多数席位时，能够保护其投资权益，记住，是你在过去做了一个商业计划书，而所有投资者都批准了你的计划，并决定给了你投资，现在你该执行你的计划书所述内容，来保证他们的权益了。

创业者和CEO之间有重要区别，在刚开始的时候确实比较难注意到，但随着时间的流逝，公司决策将不再会基于简单的创业冲动，而变得越来越结构化和流程化，并且需要各个股东的批准。

通常好的创业者做决策很快，有点倾向于把决策权集中在自己手里。这在商业发展的早期当然是至关重要的，但是当公司成熟之后，这将会危害一个健全公司的发展。发展到一定阶段，就需要一个CEO，由董事授权来管理公司，同时向董事会汇报工作。有时在公司发展过程中，公司创立者也可能离开管理岗位，这些情况下，创立者仍然会通过董事会来介入决策制定，而把日常管理交给专业管理团队和职业经理人。

同样很重要的是需要理解：虽然股东对于公司发展有着同样的利益，但是他们应该较少介入公司日常运营。他们必须给执行管理团队充分的自由度和授权来执行商业计划。

【投资界学堂】桂曙光：创业者拿了VC钱后要注意什么

很多创业者拿到VC的钱后就以为成功了，就开始享受生活了。其实，在VC没有实现退出之前，创业者还没有创业成功，还没有资格享受生活，需要做的事情还很多。

"管理"投资人的技巧

VC一旦投资到某个公司，成为公司的股东，VC跟创业者之间就成了紧密的合作伙伴关系，也许是短暂的，也许是长期的。无论如何，双方保持友好和睦的关系才是最重要的。

有一位成功的创业者，公司获得过VC的投资，公司经营也经历了起起伏伏，可是他一直跟投资他的VC保持非常好的关系。我向他取经，他给我提供了几条小经验。我觉得非常深刻，我保证如果创业者效仿的话，一样可以跟自己的投资人搞好关系。这些经验是：第一，书面汇报，前半年每周一次。半年后每月一次。汇报内容：业务上的任何事情，包括销售情况、员工、合作伙伴等。第二，业务总结，按照VC要求的频率。汇报内容：对业务情况的深度分析，包括行业趋势、战略构想、对比分析等。第三，信息及时分享，好消息先告诉VC公司资历最浅的人，让他们获得一些信誉。坏消息先告诉VC公司资历最深的人。如果跟资深VC有常规会议，确保在会议之前电话确认，并提供详细、完整的议程。第四，找到VC能够提供一些需要帮助的事情，通常来说，VC希望提供帮助，但因为他们不知道如何提供帮助，通常会让他们感到很失落。找到一些VC可以提供帮助的事情，以免他们的注意力被一些毫无价值的事情分散。

创业者这么做，想要达到的总体目标是：不让VC感受到任何意外（No Surprise），无论是好的还是坏的。确保VC公司的任何人都能够回答外人（如VC的出资人）提出的任何有关公司的问题或者关于公司所在行业的问题。确保他们能及时从你这里获得行业的动态。

VC提供的是建议，而不是命令

有些第一次创业的创业者可能是由于年轻或者是缺乏经验，他们在获得VC投资后，把很多公司经营上的事情交给董事会来决定，而不是从董事会获得经营方面的建议。

因为VC对公司很多重要决定拥有否决权，如预算审批、薪酬、融资等，即便他们只拥有20%的股份，他们却拥有远远超过这个股权比例所赋予的权力。但是，很多创业者会在董事会做完演示，然后问："董事会希望我做些什么？"而不是说："我需要投资人批准我做那些我应该做的事情。"

创业者需要在董事会上演示战略规划，但是有些董事（通常是VC）会无视这个创业者深思熟虑的行动方案，然后开个会中会，把原先的战略规划彻底推翻重来。VC在离开会议的时候可能还很得意，以为自己为公司提供了增值服务。而创业者就得去告诉管理团队，VC对他们制订的战略规划非常不满意，公司的发展计划和行动方案需要改变。笔者认为：

（1）这完全是创业者（CEO）的错。这也许就是VC的做事方式，但不得不说，这也是创业者的错。如果创业者不做主，VC会帮你做主的。如果创业者对自

第三部分 商业计划书的应用

己所做的事情非常有信心,在董事会上,你就直接告诉董事们(包括VC)你的行动计划是什么,听取那些深思熟虑的中肯建议,认真考虑这些建议,并根据自己的判断,为公司制定正确的方案。这才是创业者在董事会上应该做的。作决定要快,不要搞一些繁杂的分析,相信自己的判断,把自己的方案清楚地告诉董事们。

(2)为什么VC不应该制定公司的战略。有几个简单的原因:一是VC在董事会上说的话,会后他们还记得的内容不会超过50%。二是VC不认识公司内部的其他人,不知道这个团队能做些什么。三是VC常常和各种各样的创业者、投资人见面,脑袋里有各种各样的主意,其中很多的内容都超出了创业者的能力范围。四是VC会关注公司的长期发展战略(如五年规划),他们也会关注公司的月度、季度工作计划,他们常常会把自己弄得很忙。五是你需要利用和掌控董事会,但是你也不能因为被认为"太独"而被董事会解雇。对于VC来说,如果他真的不同意创业者提出的战略规划,他们也许会认真对待。

后续融资

很少有公司跟VC融资一次之后,就能一直坚持到上市而中间再也不融资。一般说来,除非公司破产了,那么VC会逼着公司在通往上市的道路上一直往前走,公司也会对VC资金有持续的需求,通常是融完A轮融B轮,融完B轮融C轮,少的有两三轮,多的有五六轮。这并不是一件什么坏事,公司在融完A轮之后,无论是创始人、管理团队还是A轮投资人都应该做这样的计划和打算。

外部新投资人

对于后续融资,很多时候公司会引入新的VC,实例如下:

早期的VC可能没有足够的能力和资金全力支持公司走到盈利、扩大规模或是上市。比如Facebook,早期的投资人显然没有能力完全独自在资金上支持公司,目前Facebook的融资已经超过7亿美元,这个数额超过绝大部分VC的基金总额,可以说没有任何一家VC会愿意或者说有能力独自承担的。多家参与早期的VC以及公司都需要新的VC来给公司确定新的估值,上市公司的股票价格和公司市值由市场确定,没有上市的公司的价值也应该由市场来确定,新的VC就代表了市场,只有新的VC进来了,他投资时公司的估值就代表了公司的市场价值。早期VC和公司自己确定的估值是一回事儿,被市场认可的价值又是另外一回事儿。

创业者和早期VC需要新的VC为公司带来更多新的增值服务。

要引入新的投资人,这需要早期投资人的帮助,如其在投资行业的人脉、品牌、信誉等方面的号召力,还需要帮助创业者做好后续融资的计划和指导。另外,有时候早期投资人还需要跟着新的投资人继续投资,以增强他们的信心。当然,最重要的还是公司在拿到投资之后,公司在业务上有不错的发展。

原投资人追加投资

有时候,公司的后续融资不会引入新的VC,由当前的投资人继续投,即所谓的"追加投资"。

通常，这种追加投资会被看作一件不太好的事情，因为在外部人看来，可能是由于公司的经营、团队、市场等方面出了问题，公司没有办法找到新的投资人。这种看法有时是对的。

实际上，"追加投资"有可能意味着公司经营非常好，公司的利润可能很好、资金使用效率很高等。早期的投资人也许觉得公司发展趋势不错，愿意给公司一个更高的、让创业者满意的估值，因此，VC会追加投资，以获得更多的股份。

这也不奇怪，毕竟相对于新的VC，早期投资人更了解公司、团队、业务情况和公司的机会，而且如果早期投资人的报价很有竞争力，他的追加投资也是不错的选择，这可以为公司节省很多时间和精力，毕竟融资是一件费时费力的事。

过去几年，有很多公司曾获得早期投资人的追加投资，我相信这种事情会越来越多。我也相信外部人会认为这是一件不好的事情，但这也有可能是再好不过的事情。

无论后续融资的来源和投入方式如何，从长远来说，对创业者和企业都是有很大帮助的，创业者要做的就是把握好后续融资的进程，保证资金链不断，擦亮眼睛，学会聪明地博弈。

投资VC离职了，该怎么办

如果你是一个获得过VC投资的创业企业，如果在你的董事会里的那个VC离职了，你就成了一个"孤儿项目"。

VC在决定对某个初创企业投资之前，会做大量理性、深入的分析和尽职调查。但是，在VC的投资决策中，也存在一些感情方面的因素。费德·威尔森（Fred Wilson）就认为，对于任何新的投资，VC都有超越信任的情感因素。这种信任因素主要存在于主导投资的VC合伙人那里，他会对VC公司的其他合伙人说："我相信这家公司，这些是我所做的工作，这些是我的想法，然后这就是我要把LP出资人的钱投资给这个创始人并承担风险的原因。如果投资后公司情况变得糟糕，那就由我来负责怎么挽救这项投资。"

项目的主导合伙人会比VC内部其他合伙人更了解被投资的公司。如果公司在发展过程中遇到无法克服的困难，这个合伙人有责任在VC内部拍胸脯，说："我们需要继续支持这个团队。"对于一开始就主导某项投资的合伙人来说，做出这种支持是相对容易的，因为：第一，他在投资决策时就对公司很支持，如果公司发展不错的话，他也会得到更多公司经营上的好消息。第二，他对管理团队有了解，并相信他们的执行能力。第三，他了解公司产品研发规划及其对公司长远规划的意义。第四，由于他在过去几个月甚至几年跟踪这个项目，对市场的需求和容量有非常大的信心。第五，他知道公司在什么地方会怎样用钱，以及这将如何带动公司的商业模式以及给投资人回报。

第三部分 商业计划书的应用

但不管是什么原因,让一个 VC 合伙人接手其他合伙人的"孤儿项目"都是很困难的。做一个积极的董事会成员并管理被投资公司,需要投入大量时间和精力,如果接手的合伙人不相信自己能够把这家公司带到退出,那他也不太可能跟原来的合伙人一样支持这家公司。

VC 公司的其他合伙人由于没有像原来合伙人那样花时间和公司在一起,所以,他不能给公司同样的支持和信任。如果负责投资你的 VC 合伙人离职了,你需要在 VC 公司里面尽快再找到一位新的支持者。通常,你会接到 VC 公司的电话,告诉你一位新的合伙人将会接手原合伙人的工作。你需要尽快跟这个合伙人联络,让他像原来的合伙人那样认可你。

在未来的 18 个月,VC 投资过的公司将会比较难过,因为他们需要继续融资,而投资他们的 VC 合伙人离职了。有些公司可能会得到原来 VC 的继续支持,有些就不会了。如果原来的 VC 不愿意继续追加投资,要想新的 VC 再为你投资,基本上希望渺茫。还有谁会比已经投资你的 VC 更了解公司呢?对于潜在的新投资人来说,最坏的消息就是当前的 VC 不信任公司、不追加投资,即便这是由于 VC 内部人事变动引起的。

VC 合伙人离职后,你的处境

(1) 希望你在挑选 VC 的时候比较明智。

在有些 VC 内部,对于已经投资项目有很好的信息和责任分享机制,会把他们的所有投资组合进行排名。我相信这些 VC 会很好处理合伙人的离职问题,因为不管是由哪个合伙人负责管理,VC 公司都真正了解哪项投资应该得到支持。为什么不是所有的 VC 公司都这样操作呢?因为要对所有投资组合进行排名和保持实时更新需要大量的工作。需要每个投资合伙人、投资总监、投资经理、CFO 以及几个行政人员花几天的时间,很无趣。

但是,我认为这项工作可以让 VC 公司更好、更合理了解每项投资的表现如何,关键的价值推动因素和面临的风险。如果你的公司是被这样的 VC 投资的,而且表现不错,那么你在合伙人变更的时候,其他 VC 同样会好好对待你。

但是,如果 VC 公司管理不善,不知道在负责投资你的合伙人离职后,由谁来接手的话(比如,他的离职消息你是从媒体上得知的,而不是 VC 公司告诉你的),或者你的公司不是很好的话,你就需要先发制人。

这家 VC 是你的唯一投资人吗?有联合投资人吗?如果有联合投资人,你的处境会好一些。这就是为什么创业公司 CEO 在早期融资时,应该寻求几家 VC 联合投资。希望联合投资人愿意继续支持你,这样从其他 VC 那里进行后续融资会容易很多。也希望这个联合投资人能够在短期资金需求上给你提供帮助。

(2) VC 合伙人离职后,你要采取的行动。

一是要搞清楚 VC 公司发生了什么。他们是否募集了新的基金?如果是,那你的处境还好点儿，因为这至少表明 VC 公司还会存在，剩余的团队会稳定。如果 VC 公司最近管理的基金都是几年前募集的，他们又没有计划在短期内募集新基金时，下一步就很关键。

但愿你有一个联合投资合伙人，他能够继续支持你。尽快联系这个合伙人，了解合伙人离职的这家 VC 公司发生什么事，他跟这家 VC 公司新接手的合伙人共事过吗，你需要这家联合投资的 VC 继续积极支持你，并在下一轮对你追加投资。你还可以跟他们讨论是否愿意把合伙人离职的那家 VC 的股份买下来，有时可能把价格降得很低。他们也许有兴趣主导你的后续投资，并将其他投资人清理出去。

二是如果对财务支持有所担心，那就要降低花钱的速度，让公司能够坚持长一些时间。

我觉得最重要的一点是：你要跟你的管理团队一起，安排半天或者一整天，跟新接手的 VC 合伙人沟通，你们需要提醒他投资你的公司对他来说是多么大的一个机会，你的团队多么出色。你的公司要记住，这个新来的合伙人不像离职的那位 VC 合伙人，他没有对你的公司做尽职调查，没有坐在董事会办公室里讨论公司的发展。你要在尽量短的时间内，让他对公司获得跟前任一样的了解。

这很困难，但你做得越好，这个合伙人就越了解你，那理论上公司将能获得他的更多支持。

不要忘记给这个新合伙人提供一些客户方面的信息，客户对公司产品或服务的急迫需求，会让 VC 兴奋的。最好能让新合伙人介绍他所认识的那些客户。这当然也很难，想想看 VC 公司之前是否介绍过客户给公司？如果有这样的客户，他们是你在新合伙人面前最好的说客。

在由哪个合伙人接手的问题上，你也应该给出意见。看看哪个合伙人有时间、有经验并且愿意帮助公司，并考虑在 VC 公司中，谁是更有权利的合伙人，他们可能给你带来更多的资源。

总之，当一个 VC 合伙人离职你的公司成为 VC 的"孤儿项目"时，你可能比较麻烦。但是，你也可以采取行动，让 VC 人事变更的影响不那么大。你需要新合伙人的支持，需要他在 VC 公司支持你，你需要他做个对你有帮助的董事会成员，这需要你付诸行动。

思考与分析

（1）融资成功后，创业者如何同 VC 保持良好的合作关系？

（2）除了投资外，VC 还可以为创业公司带来哪些增值服务？

附录 知名 VC 名单及简介

国内风险投资公司名录（部分）

凯雷投资集团
北京嘉里中心 2418
010-85298823
http://www.carlyle.com

美国黑石集团
www.blackstone.com
暂无中国代表处

软银亚洲信息基础投资基金
北京市东城区建国门北大街 8 号华润大厦 1001
010-85192021
http://www.sbaif.com

IDG 技术创业投资基金会
北京建国门内大街 8 号中粮广场 A 座 616 室
010-65262400
www.idgvc.com.cn

红杉资本中国基金
北京市朝阳区宵云路 36 号国航大厦 2408 室
010-84475668　计越先生
http://www.sequoiacap.com

续表

高盛（中国）有限责任公司北京代表处
北京市西城区金融大街 7 号英蓝国际中心 17 楼
邮政编码：100034
总机号码：(86-10) 6627-3400
传真号码：(86-10) 6627-3300
或：北京建国门外大街国贸大厦 B 座 37 层 01-02 室
邮编：100004 电话：010-65353333 传真：65353300
http：//www2.goldmansachs.com

永威投资有限公司
中国北京市朝阳区东三环北路 2 号南银大厦 2710 室
010-64108068
http：//www.asiavest.com

华登国际投资集团
北京市东城区建国门外大街 8 号中粮广场 A 座 509 室
010-65263730
http：//www.waldenvc.com

中经合创业投资公司
北京市朝阳区工体北路甲二号盈科中心 IBM 大厦八层 806
010-65391365
http：//www.wiharper.com

集富亚洲投资公司
北京市海淀区中关村科学院南路 2 号融科信息中心 A 座 6 层 3 单元
010-62508500
http：//www.jafcoasia.com

中国风险投资有限公司
北京市朝阳区朝外大街吉祥里 208 号
010-65523163
http：//www.c-vc.com.cn

续表

摩根士丹利添惠亚洲投资有限公司
Morgan Stanley
Beijing Representative Office
Unit 2902-05
29/F China World Tower II
China World Trade Center
No. 1 Jian Guo Men Wai Dajie
Beijing 100004
People's Republic of China
Tel：+86 10 6505 8383
Fax：+86 20 6505 8220
http：//www.morganstanley.com

美国华平投资集团
北京朝阳区建国门外大街国贸大厦二座2501
010-65056033
http：//www.warburgpincus.com

联想投资有限公司
北京市海淀区中关村科学院南路2号融科资讯中心A座10层
010-62508000
http：//www.legendcapital.com.cn/zc.htm

北京科技风险投资股份有限公司
北京市海淀区中关村南大街3号海淀科技大厦10层
010-68943739
http：//www.bvcc.com.cn

北京中关村青年科技创业投资有限公司
京市海淀区中关村南大街32号中关村科技发展大厦A座801
010-62770006
http：//www.bjcvc.com.cn/index1.htm

北京高新技术创业投资股份有限公司
北京海淀区中关村南大街32号中关村科技发展大厦A座12层
010-62140588
http：//www.bhti.com.cn

续表

北京首创科技投资有限公司 中国北京海淀区知春路 76 号翠宫饭店写字楼 15 层 010-62639080 http：//www.capitaltech.com.cn 世纪方舟投资有限公司 北京市海淀区白石桥路甲 54 号 010-88026594 http：//www.millenniumark.com.cn 清华科技创业投资有限公司 北京市清华大学华业大厦 2608 室 010-62791192 http：//www.tsinghuavc.com 华夏世纪创业投资有限公司 北京市东城区交道口东大街 101 号北京东方国际文化交流中心四层 010-64067840 http：//www.ccvc.com.cn 清华紫光科技创新投资有限公司 北京紫竹院路 29 号香格里拉大饭店写字楼 468 室 010-68434878 http：//www.cehuar.com 中国创业投资有限公司 北京建国门北大街 8 号华润大厦 707 室 010-85191535 http：//www.chinavest.com

续表

博纳德投资有限公司
北京市朝阳区安贞西里三区十号楼六层
010-51961999
http://www.bonanza.com.cn

美国康赛可全球投资有限公司
北京建国门外大街1号国贸大厦1座518室
8610-65055636
http://www.conseco.com

信中利投资有限公司
北京市国贸西楼516室
010-65056280
www.chinaequity.net

德丰杰全球创业投资基金
北京建国门外大街1号国贸大厦1座2113室
010-65059396
http://www.dfjeplanet.com

DCM风险投资公司
http://www.dcmvc.com/

高通公司创业投资基金
010-85296529
中国北京朝阳区光华路1号北京嘉里中心北楼2601
http://www.qualcomm.com/press

盈富泰克创业投资有限公司
北京市海淀区中关村南大街2号数码大厦B座2003
010-82512080
http://www.infovc.com

续表

富国集团　CEO Richard Yan. http：//www.richinacapital.com Richina House 56 Jiang Xi Zhong Road, The Bund Shanghai 200002 China Telephone：+86 21 6323-1200 Facsimile：+86 21 6323-1511
华晶创投 http：//www.crystalventures.com 暂无中国代表处，曾投资新浪网
戈壁合伙人有限公司 021-52929729 http：//www.gobi.cn 投资重点：媒体；电信；IT 服务；互联网
兰馨亚洲投资集团 中国上海南京西路 1515 号上海嘉里中心 2706 室 邮编：200040 电话：021-52986222 传真：021-52985210
金沙江创业投资基金 北京市中关村知春路 27 号量子广场 1607 室 010-82358811 http：//www.gsrventures.cn
宏基创投集团 上海市淮海中路 398 号世纪巴士大厦 11 楼 E 室 021-63868708 http：//www.acervc.com.cn

续表

汉鼎亚太投资公司 上海花园石桥路 33 号花旗集团大厦 20 楼 2011 室 021-68878080 http：//www.hqap.com
上海华盈创业投资基金管理有限公司 上海市徐汇区淮海中路 1010 号嘉华中心 2505 室 021-54670500 http：//www.venturetdf.com
寰慧投资咨询（上海）有限公司 上海市淮海中路 1010 号嘉华中心 3503 021-54670266 http：//www.ggvc.com
英国 3i 亚太有限公司上海代表处 长乐路 989 号 39 楼 3905 室 021-54076188 http：//www.3i.com/index.html
时代创新投资公司 上海市浦东张江高科技园松涛路 563 号 4 楼 021-50803282 http：//www.time-iv.com/
上海张江创业投资有限公司 上海市浦东区东方路 818 号众城大厦 6 楼 B 座 021-58208054 http：//www.zj-vc.com
上海创业投资公司 上海淮海中路 1634 号 2 楼 021-64336311 http：//www.shvc.com.cn

续表

上海联创投资管理有限公司
021-53832000
上海市淮海中路381号上海中环广场2901室
http：//www.newmargin.com

上海交大创业投资有限公司
上海市淮海西路55号申通信息广场9楼A座
021-52989040
http：//www.sjtu-vc.com/home.php

上海浦东创业投资有限公司
上海浦东张江高科技园区春晓路350号南一楼
021-50801211
http：//www.pdvc.com

上海科技投资股份有限公司
上海市建国西路285号
021-64338288
http：//www.sstic.com.cn

上海英特尔风险投资公司
上海市漕河泾桂平路485号18幢4楼
021-64852828
http：//www.intel.com

今日资本集团
上海浦东世纪大道88号金茂大厦31楼
021-28909699
香港中环交易广场一期39楼
0852-28685526
http：//www.capitaltoday.com

续表

上海贯通风险投资管理有限公司
上海浦东银城东路139号19楼
021-68634510-8155
http://www.xcsc.com

上海三峰投资管理有限责任公司
上海浦东张江高科技园区蔡伦路780号药谷大厦701~702
021-51320633
http://www.tjtz.com/index.asp

成为投资上海有限公司
上海市长乐路672弄33号
021-54048566
http://www.chengwei.com

软件银行中国风险投资基金会
上海市延安西路728号华敏翰尊国际15层A~C座
021-52534888
http://www.sbcvc.com

汇丰直接投资（亚洲）有限公司中国大陆代表处
上海市浦东陆家嘴环路1000号汇丰大厦36层
021-38883888
http://www.hsbc.com

维众创业投资集团（中国）有限公司
上海市江苏路369号兆丰世贸大厦28层
021-62124668
http://www.ucigroup.org

戈壁风险投资基金
上海市南京西路1168号中信泰福广场
021-52929729
http://www.gobi.cn

续表

橡子园创业投资管理（上海）有限公司 上海市浦东新区郭守敬路498号9号楼2层 021-50806686 http：//shanghai.acorncampus.com	
天津泰达科技风险投资股份有限公司 天津经济技术开发区第四大街80号天大科技园软件大厦北楼三层 86-22-66299990 http：//www.tedavc.com.cn	
新纪元风险投资有限公司 天津南开区华苑产业园区华天道6号海泰大厦A座2层 022-23709978 http：//www.neweravc.com.cn	
天津科技发展投资总公司 天津市河西区卫津南路13号体北综合楼4楼 022-23525512 http：//www.stic.com.cn	
天津环渤海创业投资管理有限公司 天津河西区友谊北路51号合众大厦B座1702室 022-83281468 http：//www.cvcm.com.cn	
天津天宝创业投资有限公司 天津市和平区赤峰道33号701室 022-23393884 http：//www.tjtianbao.com	
天津市南大科技投资有限公司 天津市解放北路50号 022-27111477 http：//www.nk809.com.cn	

续表

天津市金硕科技投资集团 天津市南开区红旗南路 251 号新华园大厦 10F 022-23675858 http://www.jinshuo.com.cn
赛富成长（天津）创业投资管理有限公司 天津市河西区围堤道 125 号天信大厦 1601~1602 室 022-28408550 http://www.sbaiftj.com
黑龙江辰能哈工大高科技风险投资有限公司 哈尔滨市南岗区玉山路 22 号 0451-82285705 http://www.hlj-cvc.com
大庆开发区高科技风险投资有限公司 黑龙江大庆开发区创新大厦 6 楼 0459-6280016 http://www.dq-vc.com
长春科技风险投资公司 长春市前进大街 3003 号高科技大厦 A 座 5 层 0431-5188007 http://www.chinacvc.com
大连科技风险投资有限公司 大连高新园区海外学子创业园 403 0411-4754598 http://www.dstvc.com.cn
青岛科技风险投资有限公司 青岛市太平角一路 18 号 0532-5063788 http://www.qdstvc.com

续表

山东省高新技术投资有限公司 山东省济南市解放路166号 0531-6965156 http://www.sdvc.com.cn
武汉华工创业投资有限责任公司 武汉市洪山区珞瑜路243号华工科技产业大厦13层 027-87522618 http://www.hustvc.com.cn
湖南高科技创业投资有限公司 0731-5167219 长沙市芙蓉中路465号金源大酒店南座10楼 http://www.it2008.net/hnhvc/index.asp
南京市高新技术风险投资股份有限公司 南京市汉中路268号汉中华厦7楼 025-86579659 http://www.nj-vc.com
无锡高新技术风险投资股份有限公司 江苏省无锡市旺庄路56号 0510-5226986 http://www.wxvc.com.cn
江苏高科技投资集团有限公司 南京市中山路268号汇杰广场22楼 025-83116299 http://www.js-vc.com
中新苏州工业园区创业投资有限公司 苏州市工业园区旺墩路158号置业商务广场9楼 0512-62882861 http://www.sipis.com.cn/fp_csvc.asp

续表

浙江省科技风险投资有限公司
杭州市文二路 212 号高新大厦 16 楼
0571-88869571
http://www.zvc-zj.com

广东省风险投资集团
广州市先烈中路 100 号高中心大楼 14~15 层
020-87620388
http://www.gdtvic.com

广州科技创业投资有限公司
广州龙口东路 352 号天诚广场裙楼 405 室
020-87588188
http://www.gzvc.cn

深圳市创新投资集团有限公司
深圳市福田中心区深南大道 4009 号投资大厦 11 层
0755-82912888
http://www.szvc.com.cn

深圳清华力合创业投资有限公司
深圳市高新技术产业园南区清华大学研究院大楼 B 区三层
755-26551416
http://www.leaguer.com.cn

深圳市达晨创业投资有限公司
深圳市深南大道 6008 号特区报业大厦 23 层东区 D、E、F 座
0755-83515065
http://www.fortunevc.com

光大控股创业投资（深圳）有限公司
深圳市彩田路联合广场 A 座 602
0755-82900855
http://www.everbright165.com.hk

续表

中美风险投资集团 深圳福田区金田路2222#安联大厦A座15楼 0755-88285808 http：//www.chinausgroup.com
深圳国成科技投资有限公司 深圳深南大道6008号特区报业大厦21C 0755-83516448 http：//www.szgcvc.com
厦门松涛风险投资股份有限公司 厦门市湖滨南路国贸大厦35层 0592-5167261 http：//www.songtao.com.cn
成都创新风险投资有限公司 成都市顺城大街308号冠城广场22楼 028-86528368 http：//www.cd-vc.com
重庆科技风险投资有限公司 中国重庆市石桥铺渝州路西亚楼二楼 023-68615989 http：//www.investcn.cn/includes/tzjgshow.php?id=180

参考文献

（一）相关书籍

[1] 国家科技风险开发事业中心：《商业计划书编写指南》，北京：电子工业出版社，2012年版。

[2] 李家华：《创业基础》，北京：北京师范大学出版社，2013年版。

[3] 桂曙光：《创业之初你不可不知的融资知识：寻找风险投资全揭秘》，北京：机械工业出版社，2010年版。

[4] [美] 沃尔特·艾萨克森：《史蒂夫·乔布斯传》，管延圻等译，北京：中信出版社，2011年版。

[5] [美] 布鲁斯·R.巴林杰克：《创业计划：从创意到执行方案》，陈忠卫等译，北京：机械工程出版社，2009年版。

[6] [以] 马诺：《从创业国度到智慧国度：如何利用以色列在高科技创业、风险投资领域的经验进行国际合作》，王琦等译，北京：化学工业出版社，2014年版。

[7] 周延鲸、熊钟琪：《国外企业创新案例选》，北京：国防科技大学出版社，2006年版。

[8] [美] 哈佛商学院出版公司：《制订商业计划》，王春颖译，北京：商务印书馆，2011年版。

（二）重要网站

[1] 创业邦：http：//www.cyzone.cn/.

[2] 36氪：http：//36kr.com/.

[3] 创业网：http：//www.cye.com.cn/model/.

[4] 青年创业网：http：//www.qncye.com/qibu/moshi/03303819.html.

[5] 投资界：http：//www.pedaily.cn/.

[6] 网易公开课：http：//open.163.com/special/opencourse/startup.html.